그대여,
사색의 시간을
가져라

이 시대의 **대학생들**에게 들려주고 싶은 **이야기**

그대여, 사색의 시간을 가져라

이진호 지음

이담
Books

자신의 한계를 극복한 사람의 인생은 앞날에 새로운 지평이 열린다. 그런데 안타깝게도 오늘날 많은 젊은이가 자신의 한계를 극복하는 노력도 제대로 해보지 않고 포기하는 모습을 보인다. 좋은 건물, 큰 건물을 지으려면 기초를 잘 닦는 일에서 시작해야 한다. 대학은 기초를 닦는 과정이다. 시대와 국가를 초월하여 교육의 기본적인 목표는 개인이 가진 잠재력을 육성하는 것이다. 그러므로 교육을 받는 기간 동안 배우는 사람인 학인(學人)은 자신의 한계 극복과 잠재력 육성을 위해 열심히 노력해야 한다. 자신이 얼마나 행복한 삶을 살고 큰일을 하느냐 하는 것이 대학에서 닦는 기초에 의해 좌우된다고 해도 과언이 아닐 정도로 대학생활은 대단히 중요하다.

인간 삶에서 중요한 것은 운이 아니라 인간에게 주어진 몫인 노력을 통한 준비와 도전이다. 성취는 노력과 제반 환경 요소인 운이 동시에 작용하여 이루어지는 것으로 환경 요소는 개인이 어떻게 할 수 없다. 하지만 노력은 조정할 수 있으므로 운보다 준비와 노력이 더 중요하다. 운을 변화시킬 수 있는 것은 인간의 노력에 의한 준비 상태와 정도이다. 그러므로 천운을 타고난 사람도 노력하지 않고 가만히 있으면 운을 살리지 못하고 아무것도 이루지 못한다. 그러나 불운을 타고난 사람도 자신이 노력하여 그것을 극복하면 큰일을 하고 큰 것을 이루는 등 운의 내용과 크기가 노력에 따라 변화한다.

자신이 최고라고 생각한 것, 한계라고 생각한 일, 과거에는 감히 상상하지 못했던 일, 해결할 방법이 없다고 생각했거나 불가능한 것으로 여겼던 일들이 오늘날 과학기술의 발전으로 가능하게 된 것이 너무나 많다. 앞으로도 마찬가지일 것이다. 이 모든 것들이 인간의 창의성과 의지, 집념과 열정, 노력과 도전으로 이루어져 왔다. 특히, 새로운 것을 생각해 내는 특성인 창의성(創意性)은 인간이 한계를 극복하고 최고 수준을 갱신하는 데 결정적인 역할을 한다. 그러므로 현재 우리가 최고라고 생각하는 것, 최고라고 쌓아 온 것, 최고라고 성취한 것은 더 높아질 수 있다는 점을 명심하고 새로운 도전을 위해 우리는 창의성과 의지, 집념과 열정을 갖고 더욱 열심히 노력해야 한다. 그러면 우리는 그만큼 더 성취하고 발전할 수 있다.

대학생활에서 가장 중요한 것이 무엇이냐고 물으면 대개 공부라고 말한다. 공부가 중요한 것은 맞다. 그러나 공부 못지않게 중요한 것이 좋은 만남이다. 세상은 인간관계에 의해 모든 것이 좌우된다. 세파에 부딪히면서도 어려운 일을 감당하며 자신을 지탱하고 살아가는 힘이 인간관계에서 나온다. 또한 성공의 기회도 사람에게서 나온다. 인생에서 대학생활은 이해관계에 크게 얽매이지 않고 다른 사람과 자유로운 만남을 가질 수 있는 가장 좋은 기회다. 수많은 사람이 오늘도 당면한 문제의 실마리를 얻기 위해 고민한다. 하지만 모든 인간이 얻고자 하는 해답과 최고는 먼 곳에 있는 것이 아니다. 항상 우리 자신에게 있다.

2012년 3월 1일
이 진 호

:: 차 례

2장 대학생이 꼭 해보아야 할 21가지 … 165

발전적인 대학생활을
위한 사색의 시간

1. 직선으로 나아가는 길이 항상 빠른 것은 아니다

사람들의 생각 속에는 직선으로 이동하는 것이 가장 빠를 것이라는 환상이 있다. 실제 그런 경우가 많다. 확실하게 평면상의 한 지점에서 다른 지점으로 이동할 때는 직선으로 나아가는 길이 가장 빠르다. 물체도 직선으로 움직이게 하는 것이 목표에 가장 빠르고 정확하게 보낼 수 있다. 하지만 이것은 일반론이다. 세상은 항상 그런 것은 아니다. 사람이 살아가는 길도 마찬가지이다. 여기서 말하고자 하는 것은 세상에는 예외라는 것도 있으므로 사고의 유연성을 가져야 한다는 점이다.

그럼 먼저 직선으로 목표를 향해 나아가는 것이 항상 빠른 것이 아니라는 것을 증명해보자. 첫째는 미분과 적분 원리 발견의 바탕이 되었다고 하는 물체의 이동 실험이다. 평면 위 같은 높이의 지점에 한쪽은 45도 정도의 직선 경사면 위에 공을 놓고, 다른 쪽은 아래쪽으로 볼록한 타원 경사면 위에 공을 나란하게 놓고 동시에 공을 아래쪽으로 움직이게 하면 양쪽 중 타원 경사면에서 아래로 움직인 공이 초기 경사각도 차이에서 유발되는 가속도 때문에 먼저 목표 지점에 도달한다. 이것은 이미 실험으로 입증되었다. 둘째는 장애물이 있는 곳에서의 이동이다. 한 지점에서 다른 한 지점으로 두 사람이 이동할 때 중간에 산과 하천, 들판이 있다고 가정하자. 이때 이동하는 사람은 산의 높이, 논에 농작물이 있느냐 없느냐, 하천에 있는 물의 깊이 등에 따라 영향을 받는다. 하지만 직선으로 곧장 앞으로 나아가는 것보다는 대개 길을 따라 이동하는 것이 빠르다. 사람들이 길을 만들고 길을 따라 이동하는 이유가 여기에 있다.

일의 진행에는 여러 가지 변수가 많다. 목표를 향해 나아가는 내 앞에 지금 장애물이 있어 지체되고 시간이 많이 소모되더라도 너무 조급해할 필요는 없다. 중요한 것은 노력과 의지, 사고의 유연성이지 장애물이 아니다. 지금은 장애물 때문에 어려움을 겪고 계획보다 목표에 다소 늦게 도착할지 몰라도 어려움이 항상 나쁜 것만도 아니다. 사람은 누구나 한번 헤쳐 나온 어려움은 다음에는 훨씬 빨리 해결하고 쉽게 통과한다. 경험을 통하여 그 방법을 터득하기 때문이다. 그리고 목표를 향해 나아갈 때 처음에 예측하지 못한 장애물과 문제가 중간에 나타난다는 것을 안 경험은 다음에 일을 할 때는 그러한 점을 고려하여 여유를 두고 계획하게 하므로 목표 달성에 유용하다.

2. 세상은 생각대로 잘 안 되는 것이 정상이다

　생각은 마음에 느끼는 의견, 바라는 마음, 의도, 목적이라는 뜻이다. '세상이 생각대로 잘 안 된다'는 것은 '세상이 생각대로 안 된다'는 것과는 그 의미가 전혀 다르다. 안은 '아니'의 준말이다. '아니'는 용언 앞에 쓰여 부정 또는 반대의 뜻을 나타내는 말이다. '되다'와 '안 되다'는 반대말이다. 그러나 '잘 안 된다'는 '된다'의 반대말도 '안 된다'와 같은 말도 아니다. '잘 안 된다'에는 '된다'는 의미가 포함되어 있다. 즉, '잘 안 된다'는 되기는 하는데 만족하게 또는 훌륭하게 되지 않을 때 사용한다. 그러므로 '세상이 생각대로 잘 안 된다'는 말을 다르게 해석하면, '세상은 생각대로 된다'라는 뜻을 포함하는 것으로 볼 수 있다.

　각자 마음에 따라 흡족하지는 않지만, 생각대로 되는 것으로 만족하는 사람은 그렇게 살아도 좋다. 그러나 더 나은 삶을 원한다면 생각대로 잘되게 해야 하고, 그렇게 하기 위해서는 더 많은 노력이 필요하다. 우리가 추구하는 삶에서 생각한 것이 저절로 이루어지는 것은 없다. 만일 저절로 이루어진 것이 있다고 하더라도 그것은 그렇게 느낀 것일 뿐 나와 타인의 노력의 바탕 위에 이루어진 것이다. 생각이 나의 현실적 능력과 지나치게 동떨어져 있으면 실현하기 어렵지만, 나의 능력이 반영되어 설정된 것은 충분히 실현할 수 있다. 이렇게 생각 중에는 실현 가능한 것과 실현이 어려운 것이 있다. 하지만 실현할 수 있는 것이라도 생각과 실현 사이에는 실행의 문제가 존재한다.

실행 중에는 예측하지 못한 장애물이 돌출하거나 문제가 발생하기도 한다. 그러므로 생각을 실현하고 성취하기 위해서는 목표의식, 도전의지를 갖추고 열심히 준비하고 노력해야 한다. 그렇게 해도 되는 것보다는 안 되는 것이 더 많다. 세상이 생각대로 잘 안 되고 잘 안 풀리더라도 너무 비관하지는 말자. 만물은 모두 필요한 것이기 때문에 존재한다. 세상이 생각대로 안 되고 힘들고 괴로운 사람들도 많지만, 이것도 인간의 삶에 필요한 것이다. 세상이 내가 바라는 마음이나 의도하는 대로 모두 된다면 삶의 의미가 없다.

자신이 하는 일이나 공부가 생각대로 안 되고 있는 사람들이 들으면 화를 낼지도 모르겠다. 하지만 세상은 생각대로 안 되어야 한다. 생각대로 모두 되면 노력할 것도 성취할 것도 없고 행복도 느낄 수 없다. 잘 안 되기 때문에 노력하고 애를 써서 성취했을 때 기쁨과 즐거움, 행복을 느낀다. 그러므로 지금 너무 힘들고 어렵다고 생각하는 사람들에게도 반드시 자신에게 힘 드는 것과 어려움에 비례하는 기쁨과 즐거움, 행복을 느끼게 될 날이 있을 것이다. '고진감래(苦盡甘來)'라는 말이 그냥 생긴 것이 아니다. 참고 견디어 보자. 반드시 좋은 날이 올 것이다.

3. 인생에서 가장 나쁜 것은 도전과 노력을 포기하는 것이다

인생에서 가장 나쁜 것은 도전과 노력의 포기이다. 현재 어려움에 부닥쳐 있더라도 인생은 그것으로 끝이 아니다. 더불어 살아가야 할 가족이 있고 내 목숨이 남아 있는 한 계속 살아야 한다. 살아 있는 동안에는 무엇인가 해보려고 몸부림을 쳐보아야 한다. 그런데 고난에 봉착하면 안타깝게도 너무 많은 사람이 자신을 스스로 창살 없는 감옥에 가둔다. 여러 가지 노력이 헛일로 돌아가 갈 데도 없고 오라는 데도 없는 것이 원인이다. 하지만 이런 경우라 하더라도 무위도식하지 말고 자신의 현실에 대해 생각하고 어떻게 미래를 만들어 나갈 것인지 방법을 찾고 무엇인가 목표를 세우고 준비하는 노력을 해야 한다. 할 것이 없으면 그냥 길거리에 나가 서성거리는 것도 괜찮다. 아무것도 안 하고 집 안에 틀어박혀 있는 것보다는 낫다. 힘이 남아 있는 한 무엇인가 도전해 보아야 한다. 내가 아직 살아 있기 때문이다.

1) 능력 부족하다고 너무 쉽게 포기해서는 안 된다

인간에게는 무한한 잠재능력이 있다. 단지 그것을 개발하는 방법을 잘 모를 뿐이다. 많은 사람이 '여기까지가 내 능력의 한계다. 나는 안 돼. 사람의 재능은 타고난다' 등 부정적인 생각을 하는 것을 어렵지 않게 볼 수 있다. 자신이 그렇게 느끼고 노력과 도전을 포기하면 분명 거기까지가 능력의 한계다. 하지만 자신이 잠재능력 개발 노력을 포기하지 않고 열심히 하면 얼마든지 능력은 향상될 수 있다. 인생은 할 수 있다고 생각하고 방법을 찾는 사람들의 노력과 도전 때문에 발전해 왔다. 그러므로 능력이 부족하다고 포기하기 전에 반드시 노력을 제대로 해보아야 한다.

노력도 그냥 하는 것이 아니라 온 힘을 다하면서 몰입해 1만 시간을 투입해보고 그래도 안 되면 그때는 능력의 한계를 인정하고 포기해도 좋다. 그러나 그전에는 결코 자기 능력을 의심하거나 포기해서는 안 된다. 나에게는 충분한 능력이 있다. 갓난아이가 전력 질주를 할 수 있게 될 때까지 2천여 번이나 넘어진다고 한다. 아이에 따라 개인적인 차이가 있을 것이고, 이러한 연구 결과가 정확한 것인지도 모른다. 그러나 중요한 사실은 아이가 자기 혼자 힘으로 일어서고 걷고 뛸 수 있게 되기까지는 많이 넘어지지만, 숙련된 후에는 잘 넘어지지 않는다는 사실이다. 이렇게 아이가 일어서고 걷고 전력 질주할 수 있게 되기까지 넘어지면 또 일어나는 끊임없는 도전과 노력이 반복되고 그 과정에 많은 시간이 소요된다.

넘어지는 횟수가 얼마나 되고, 그 기간이 몇 년이 되던 그런 과정을 거쳐 오늘의 내가 존재한다. 그러므로 나는 세상 어떤 어려움도 혼자 능히 극복하고 한계도 넘을 수 있는 능력을 이미 갖추고 있다. 아이가 전력 질주할 수 있게 되기까지 넘어진 횟수만큼 한 가지 목표를 향해 도전하고 그 시간만큼 노력해도 안 된다면 그때는 포기해도 좋다. 그런데 사람들은 대부분 작심해도 삼일을 못 넘긴다. 안타까운 일이다. 보통의 지능을 가진 사람들은 같은 행동을 적어도 백 번 이상 반복하고 같은 책을 백 번 이상 읽으면 대부분 이해하고 숙련이 된다. '나는 지금 내 능력을 생각하고 목표를 고려할 때 이렇게 백번 이상 반복하는 노력을 해 보았는가' 하고 자문해 볼 필요가 있다.

예프게니 키신(Evgeny Kissin: 피아노 연주가, 1971년 10월 10일~)은 이미 두 살 때 귀로 듣기만 한 것을 그대로 피아노로 연주할 정도의 천재성을 타고났지만, 지금도 자신의 천재성으로 승부를 겨루지 않고 연주여행 중에도 예외 없이 하루 6~7시간을 꼬박 피아노에 몰입하는 지독한 연습을 하는 것으로 알려졌다. 김연아는 '잠자는 시간을 빼놓고는 연습'이라 할 만큼 지독한 연습벌레였다. 그 덕분에 열아홉 살 어린 나이에 은반의 여제가 됐다.

프로골퍼 최경주는 하루 8시간씩 4,000번 이상 공을 쳐 내는 피나는 연습 끝에 세계무대에 우뚝 섰다. '슈투트가르트의 강철 나비'라 불리는 발레리나 강수진은 2009년 마흔두 살이라는 나이에도 아랑곳하지 않고 한 시즌에 토슈즈(toe shoes)를 십여 켤레씩 버릴 만큼 연습에 연습을 거듭하며 무대에 올랐다. 그녀는 말한다 "더 못한다고, 이 정도면 됐다고 생각할 때 그 사람의 예술 인생은 거기서 끝나는 것"이라고.

최초의 흑인 홈런왕 행크 에런(Hank Aaron)은 이렇게 말했다. "매일 정신이 아득할 정도로 많은 시간을 연습에 쏟고 나면 이상한 능력이 생긴다. 다른 선수들에게는 없는 능력이 생기는 것이다. 예를 들면 투수가 공을 던지기 전부터 그 공이 커브냐, 직구냐를 알 수 있게 된다. 그리고 날아오는 공이 수박 덩어리처럼 크게 보인다." 결국 연습의 힘은 마법을 만든다. 아니 세상의 모든 기적과 마법의 진짜 비밀은 연습에 있다. 영화 '바람의 파이터'의 실재 인물이자 '극진(極眞) 가라

데(당수)'의 창시자인 최배달은 생전에 이렇게 말했다. "일천일의 연습을 '단(鍛)'이라 하고, 일만 일의 연습을 '연(鍊)'이라 한다. 그런 혹독한 단련이 있고 나서야 비로소 승리를 기대할 수 있다." 그렇다. 승리는 끊임없는 연습과 단련의 결과일 뿐이다.[1)]

동기화란 환상적이고 목표는 위대한 것이지만, 힘들게 노력하지 않으면 이 모두가 소용이 없다. 만약 성취할 만한 가치가 있는 일이 있다면, 전력을 다해 노력해야 한다. 인생에서 좋은 일이란 시간과 에너지를 적절하게 투입하고, 희생과 실패를 감수해야 이룰 수 있다. 그래서 성공하려면 어느 정도 강인함이 필요하다. 이는 도전을 두려워하지 않고, 뜻이 있으면서 열심히 일하는 사람에게나 가능하다. 힘들여 열심히 일하는 이유는 우리가 꿈을 실현하기 위해서만은 아니다.

분명히 또 다른 보상과 이득이 있다. 힘들게 하는 일은 우리의 기분을 좋게 한다. 할 일을 다 해놓은 후 얻는 성취나 우리가 최선을 다했다는 것을 아는 것보다 더한 만족감은 없다. 힘든 일을 해내면 무엇보다도 자기 자신을 존경하게 된다. 우리가 성공하든 못하든 열심히 노력할 때 우리는 더 좋은 느낌이 든다. 성공에 이르는 데에는 지름길이나 눈속임, 계교(計較)나 비밀이 있을 수 없다. 성공을 위해서는 노력만이 필요할 뿐이다. 노력을 대신할 만한 것은 없다.[2)]

세상에는 타고난 천재성에도 고군분투 대신 나태와 오만함에 몸을 맡겨 버리는 사람들도 많다. 그들은 한때 번쩍임과 예리함으로 세인들의 이목을 집중시키기도 하지만, 타고난 재능만 믿고 게으른 자는 결국 번쩍임과 예리함을 잃어버린 채 아무 의미도 소용도 없는 존재

---

1) 중앙일보 2009. 4. 4.
2) 할 어반 저, 김문주 옮김(2006), 『인생의 목적』, 더난출판, pp.221~227.

로 살다가 간다. 하지만 평범한 사람으로 타고났지만, 끊임없이 우직하게 연습하고 단련해 번쩍임과 예리함을 만든 사람도 적지 않다. 연습은 수많은 땀과 인내의 시간이 필요하다. 그러나 성공과 완전함을 만드는 것은 연습이다. 내가 번쩍이는 보석 같은 존재가 되도록 할 것인가, 별 볼 일 없는 존재로 살도록 내버려둘 것인가? 지금 그 선택과 결단 앞에 우리는 예외 없이 서 있다.

2) 실수나 실패 너무 두려워하지 마라

인간은 불완전한 존재이기 때문에 누구나 실수할 수 있다. 그리고 사람이나 내용에 따라 차이는 있지만, 대개 일을 하다 보면 성공하는 일보다는 실패하는 것이 더 많다. 새로운 일은 더욱 그렇다. 하지만 실패하더라도 낙담할 필요는 없다. 실패 속에서 교훈을 얻고 분발하면 더 큰 것을 얻고 이루는 기회로 작용하는 일도 있기 때문이다. 그러한 사례의 대표적인 사람 중 한 명이 빌 게이츠이다.

(1) 빌 게이츠, 실수는 내 윈도다

빌 게이츠(William H. Gates) 마이크로소프트(Microsoft Corporation) 회장은 "내 예측은 여러 번 틀렸다… 실수는 내 윈도다"라고 말했다. 한국경제에 소개된 실수와 연관된 빌 게이츠의 삶을 한번 따라보자.

◆ 독서왕 빌

빌 게이츠. 그의 이름을 들어보지 않았다면 그는 '지구인'이 아닐 것이다. 1955년 유복한 집안 출생, 1973년 하버드대 법학과 입학, 중퇴, 1975년 마이크로소프트사 설립, 1995년 윈도 95 출시, 2008년 경영에서 은퇴, 세계 2위 부자(2011년 포브스 집계). 그의 인생은 굴곡이 없어 보일 만큼 화려했다. '버려진 아이' 스티브 잡스[3](Steve Jobs)와 늘 비교됐던 빌, 윌리엄 헨리 게이츠 3세가 본명인 그의 성장기와 비즈니스(business, 사업) 속으로 들어가 보자.

우연일까. 스티브 잡스가 태어난 1955년 빌 게이츠가 시애틀에서 첫 울음을 터뜨렸다. 대학생 사이에 출생해 곧 입양된 스티브와 달리 빌은 변호사인 아버지와 금융기업 이사인 어머니의 정을 한껏 받고 컸다. 스티브는 생물학적 부모를 끝내 거부했지만, 빌은 부모의 슬하에서 구김 없이 컸다. 너무도 다른 이 두 사람이 정보기술 시장에서 운명적 조우를 할 줄이야!

빌은 어릴 적 못 말리는 독서광이었다고 한다. 그가 가지고 논 것은 백과사전. 10살이 되기 전에 빌은 백과사전을 독파했다. 집 근처 공립도서관에서 열린 독서경진대회에서 아동부문 1등과 전체 1등을 차지할 정도였다. 굵은 안경을 쓴 이 아이는 어른이 된 후 "나는 평일에 최소한 매일 밤 1시간, 주말에는 3~4시간 독서시간을 가지려 노력했다. 독서가 나의 안목을 넓혀줬다"고 술회했다.

빌은 13살 때인 1967년 사립학교 레이크사이드스쿨(Lakeside School)

---

3) 스티브 잡스(Steve Jobs, 1955. 2. 24.~2011. 10. 5.)는 미국의 기업가이며 애플사(社)의 창업자이다. 매킨토시 컴퓨터를 선보이고 성공을 거두었지만, 회사 내부 사정으로 애플을 떠나고 넥스트사(社)를 세웠다. 그러나 애플이 넥스트스텝을 인수하면서 경영 컨설턴트로 복귀했다. 애플 CEO(최고 경영자)로 활동하며 아이폰, 아이패드를 출시, 정보기술(IT) 업계에 새로운 바람을 불러일으켰다.

로 진학했다. 졸업생의 25%가량이 미국 아이비리그4)(Ivy league)에 진학하는 명문학교였다. 8학년 때 빌은 컴퓨터 부문에서 남다른 천재성을 발휘했다. 학교 '어머니회'를 제너럴일렉트릭(GE, General Electric Company) 컴퓨터와 연결해 컴퓨터를 할 수 있게 했다. 공유 터미널을 이용하려고 생각한 아이는 빌뿐이었다.5)

◈ 컴퓨터 프로그램에 몰두

이때부터 빌은 컴퓨터 프로그래밍에 몰두하기 시작했다. 그가 만든 첫 작품은 컴퓨터를 상대로 할 수 있는 간단한 게임이었다. 학교의 반 편성 프로그램을 만들었고 이를 악용(?)해 여학생이 자기 반의 대다수를 차지하게 만들기도 했다. 심지어 한 회사의 급여 관리 프로그램을 주는 대가로 로열티(royalty)를 받는 수완도 발휘했다. 고교생인 빌은 이미 워싱턴주립대(Washington State University)에 진학해 있던 폴 앨런(Paul Allen)과 함께 교통량 데이터 분석프로그램을 만들어 돈을 더 벌었다. 마이크로소프트 공동 창업자가 되는 폴 앨런을 만난 것이다.

1973년 빌은 변호사인 아버지 등의 영향을 받아 하버드대(Harvard University) 법학과에 진학했다. 하지만 그는 곧 수학과로 전과했다. 컴퓨터광이 법학에 재미를 느끼지 못했을 것은 뻔했을 터다. 빌은 대학생활에 큰 흥미를 느끼지 못했다. 좀 더 자유로워지고 싶었다. 스티브 잡스와 마찬가지로 빌은 결국 대학을 중퇴했다. 천재들은 대학을 싫

---

4) 아이비리그(Ivy league)는 미국 동북부에 있는 여덟 개의 명문 대학을 통틀어 이르는 말. 코넬, 컬럼비아, 예일, 프린스턴, 하버드, 다트머스, 브라운, 펜실베이니아 대학을 가리킨다.
5) 한국경제 2011. 12. 9.

어하는 것일까.6)

◆ 1,500달러로 회사 설립

대학을 중퇴한 그는 1975년 형뻘인 앨런과 회사를 차렸다. 마이크
로소프트가 탄생하는 순간이었다. 회사 설립에 필요한 1,500달러 자
본금은 하버드 기숙사에서 친구와 포커(poker: 트럼프 놀이의 하나)를
쳐 따서 마련했다는 소문도 있다. 마이크로소프트는 마이크로컴퓨터와
소프트웨어를 합친 것으로 초기 이름은 'Micro-Soft'였으나 그해 겨울
단순하게 'Microsoft'로 변경됐다. 창업 후인 1981년 회사는 당시 세계
최대의 컴퓨터 회사인 IBM(International Business Machines Corporation)사
로부터 개인용 컴퓨터(PC, personal computer)에 사용할 운영체제 프로
그램(후에 DOS라고 명명됨) 개발을 의뢰받아 매출을 올렸다.

마이크로소프트가 오늘날처럼 성공한 계기는 1983년에 마련됐다.
컴퓨터에 '창(windows)'을 단 것. 물론 이보다 앞서 애플사가 세계 최
초로 이 방식을 썼었다. 하지만 이 방식이 적용된 운영체제는 큰 인
기를 끌지 못했다. 이 당시에는 여러 회사가 나름대로 운영체제를 만
들어 마케팅(marketing)에 나섰지만, 시장이 무르익지 않아 고배를 마
시던 중이었다.

대부분의 개인용 컴퓨터가 운영체제로 윈도를 쓰기 시작한 것은
1990년 마이크로소프트가 내놓은 윈도 3.0이 시장의 반응을 얻으면서
부터다. 프로그램 관리자와 아이콘(icon)의 역할이 강조되고 하드웨어
(hardware)보다 소프트웨어(software)의 중요성이 서서히 주목받던 때였

---

6) 한국경제 2011. 12. 9.

다. 기업용 컴퓨터 시대에서 개인용 컴퓨터로 시장이 옮겨가는 시기였다. 개인용 컴퓨터 시대가 열리기 이전 대형컴퓨터 생산에만 열을 올리던 IBM의 시대에 처음으로 어두운 그림자가 드리운 때이기도 했다.[7]

◈ 세계로 향한 '창'

1995년 8월 '윈도 95'를 출시, 개인용 컴퓨터 운영체제의 획기적 전환을 가져왔다. 이용자 편익이 극대화된 제품으로 발매 4일 만에 전 세계적으로 100만 개 이상이 팔려나갔다. 개인용 컴퓨터(PC)의 급속한 확산과 더불어 세계 컴퓨터 운영체제 시장의 주도권을 장악해 나갔다. 거의 모든 개인용 컴퓨터에는 윈도가 탑재돼 전 세계적으로 돈을 쓸어 담을 정도였다. 이후 마이크로소프트는 이번 버전(version)의 오류를 개선한 윈도(Windows) 시리즈(series)를 잇달아 출시, 지금의 아이폰(iPhone) 못지않은 인기를 누렸다. 특히, 마이크로소프트는 IBM이 새로운 개인용 컴퓨터를 개발할 때마다 새로운 소프트웨어를 개발, 운영체제의 표준으로 자리매김했다.

개인용 컴퓨터와 소프트웨어 시장의 가능성에 대한 정확한 예측과 남보다 앞선 제품개발을 통해 전 세계에 마이크로소프트 열풍을 만들어 냈다는 평가다. MS-DOS, 엑셀(Excel), 윈도(Windows)로 이어진 핵심 소프트웨어는 자동차나 대형 유조선을 만드는 것보다 훨씬 부가가치가 높은 제품으로 전 세계에 소프트웨어의 중요성을 일깨웠다.[8]

---

7) 한국경제 2011. 12. 9.
8) 한국경제 2011. 12. 9.

◈ 경영 33년… 그리고 은퇴

2008년 빌 게이츠는 33년간 경영해온 회사를 떠났다. 그는 직원들에게 "MS와 MS의 일이 내 삶에서 단 하루라도 떠난 적이 없다"며 고별사를 했다. "큰 변화가 일어나는데도 모르고 놓치는 경우가 있습니다. 탁월한 사람들을 투입하지 않으면 이런 일이 생깁니다. 가장 위험한 실수지요." 그는 또 자신이 떠남으로써 생길 수 있는 공백에 대해 이렇게 말했다. "저의 부재는 다른 사람들이 두각을 나타낼 기회가 될 수 있습니다. 저는 이제 물러나야 하며 뭔가 새로운 일이 나타날 수 있도록 해야 합니다."

그는 실수도 언급했다. "내 예측은 여러 번 틀린 적이 있습니다. 우리는 실수를 했고, 실수했다는 것을 알고 있어요. 하지만 그것에서 우리는 배웠고 업적도 낳았습니다." MS가 야심을 품고 내놓은 '비스타(Vista)'는 그 실수 중 하나였다. 구글(Google)의 검색시장 석권에도 제대로 대응하지 못했다. 애플의 아이팟(iPod)과 아이폰에는 손도 한 번 못 써보고 성공을 지켜봐야 했다. 새로운 사람이 필요한 이유를 그는 이렇게 설명한 것이다.

그는 세 가지 혁신을 이뤘다는 게 전문가들의 평가다. 첫 번째가 작고 가벼운 것이 무겁고 큰 것을 이긴다는 것이었다. IBM 시대에 하드웨어 우선에서 벗어나 모든 컴퓨터에서 작동되는 소프트웨어를 개발했다는 의미다. 두 번째가 표준화에 대한 남다른 혁신이다. 컴퓨터 생산업체에 소프트웨어를 헐값으로 장착시켜 표준제품이 되도록 해버렸다. 마지막으로 시장의 요구를 재빨리 받아들이는 민첩성이다. IBM이 갑작스럽게 새로운 운영 체계(operating system, OS)를 요구하자 그는 제품을 새로 개발하기보다 디지털 리서치회사의 제품을 모방한 업그레이드 제품을 잽싸게 내놨다. 이 때문에 스티브 잡스는 빌 게이츠를 아이디어 모방의 대가로 비난했다. 빌이 만든 제품 중 그의 독자적인 아이디어는 하나도 없다고 할 만큼 스티브는 비판적이었다. 윈도 95는 스티브 잡스의 MAC(multi access computer: 다중 접근 컴퓨터) 운영 체계를 그대로 본떴다. 하지만 꿩 잡는 게 매라고 했던가. 그는 나름대로 업그레이드(upgrade)하고 새로운 변화로 시장을 석권했다. 빌 게이츠 마이크로소프트 회장 겸 이사회 의장은 엇갈린 평가에도 세계에서 두 번째로 돈 많은 부자로 남아 있다.9)

(2) 온 힘을 다했을 때 호랑이의 사냥 성공률 10%

오늘날 세계는 이미 무한경쟁의 무대가 되었다. 세계화 이전의 세계가 숲이었다면, 세계화 이후의 세계는 대초원과 같다. 세계화 이전에는 숲 속 여기저기에 옹기종기 모여 자유로운 삶을 영위할 수 있었다. 비즈니스 세계도 마찬가지로 웬만한 다국적기업이 아닌 기업은 국내시장에만 안주하여도 경쟁력을 갖고 충분히 성장할 수 있었다. 하지만 세계화 시대가 도래한 이상 이런 삶은 옛날이야기에 불과하다. 자유로이 거닐 수 있었던 숲은 사라지고 대초원이 전개된 것이다. 비즈니스 세계에서 이야기하는 국경이 무너지는 지구촌 시대가 되었다.

국경이 사라지면서 나타나기 시작한 현상은 먹을 것이 많아지게 되었다는 점과 이를 먹겠다고 달려드는 이가 많아졌다는 사실이다. 비즈니스 세계에서 볼 때, 무한경쟁체제가 이루어지게 된 것을 의미

---

9) 한국경제 2011. 12. 9.

한다. 대초원을 지배하는 동물은 사자이다. 하지만 사자 중 경쟁에서 도태되는 사자는 사냥에 실패하고 결국 굶어 죽게 되는 것이 냉혹한 현실이다. 아무리 강력하고 우월한 사자라 할지라도 무한경쟁체제 하에서는 잠시라도 방심하면 도태되는 것처럼 비즈니스 세계도 마찬가지이다. 현재 잘나가는 기업이라 할지라도 언제든지 방심하면 뒤처질 수 있다.

사자의 사냥 성공률은 단지 10%밖에 되지 않는다.[10] 호랑이도 비슷하다. 보통 호랑이 한 마리가 야생에서 살아가기 위해서는 일주일에 큰 멧돼지 한 마리가 필요하다. 호랑이의 멧돼지 사냥 성공률은 5~10%로, 10회 정도 멧돼지를 쫓아야 겨우 한 마리를 잡을 수 있는 셈이다.[11] 밀림의 왕자나 초원의 왕자라고 불리는 동물이라는 점을 고려하면 부끄러운 성공률이라고 할 수 있으나, 이것이 현실이다. 중요한 것은 사자와 호랑이의 사냥 성공률이 10%밖에 안 된다는 점이다.

배고픈 사자가 생존하기 위하여 사냥을 대충하지는 않았을 것이다. 굶어 죽지 않기 위하여 죽기 살기로 사냥을 했을 것이다. 인간세상도 마찬가지이다. 어떤 분야에서 성공하기 위해서는 죽기 살기로 노력하지 않으면 안 된다. 그래도 10%밖에 성공할 수 없다는 것이다. 10%의 범위에 들어가는 성공하는 사람이 되기 위해서는 다섯 가지 단계가 필요하다. 1단계는 관찰, 2단계는 목표설정, 3단계는 목표물 접근, 4단계는 승부의 순간 그리고 마지막 5단계는 마무리와 새로운 시작으로 접근하는 것이다. 이 다섯 가지 법칙을 지키기 위해서는 끈기, 집요함, 인내, 목숨을 건 노력 등의 자질을 갖추고 있어야 한다.[12]

---

10) 데일리안 2011. 10. 3.
11) 국민일보 쿠키뉴스 2009. 3. 31.
12) 데일리안 2011. 10. 3.

(3) 홈런 714개, 삼진 1,330개 기록한 베이브 루스

베이브 루스(Babe Ruth, 1895. 2. 6.~1948. 8. 16.)는 미국에서 가장 인기가 많았던 프로야구 선수로 메이저리그(major league)를 대표하는 홈런 타자였다. 볼티모어팀에서 프로선수를 시작해 보스턴 레드삭스를 거쳐 뉴욕 양키스에서 활약하며 메이저리그 최다홈런 기록을 수립하였다. 1895년 2월 6일 미국 메릴랜드주(Maryland) 볼티모어(Baltimore)에서 태어났으며, 본명은 조지 허먼 루스(George Herman Ruth)이다. 1914년 마이너리그에 소속된 볼티모어팀에서 프로선수생활을 시작하여, 보스턴 레드삭스(Boston Redsox)의 투수로 스카우트되었다.

1916년과 1918년 투수로서 월드시리즈(World Series)에 진출하여 29와 2/3이닝 연속 무실점을 기록하기도 하였다. 왼손잡이 투수로서 통산 94승 46패, 방어율 2.25를 기록하였으며, 1918년부터는 타격자질을 인정받아 외야수이자 타자로 전향하였다. 1920년 1월 보스턴 구단주가 펜웨이 파크(Fenway Park) 건설자금 융자조건을 붙여 12만 5,000달러라는 헐값으로 뉴욕 양키스(New York Yankees)팀에 팔았는데, 보스턴 레드삭스는 이후 단 한 번도 월드시리즈 우승을 이루지 못해 '밤비노의 저주[13]'란 말이 생겨났다. 베이브 루스는 양키스에서는 1930년과 1931년에 당시 사상 최고 액수인 8만 달러의 연봉을 받았다.

185cm의 키에 몸무게 95kg인 왼손잡이 타자로서 1918~1931년(1922년과 1925년 제외)까지 아메리칸리그에서 12회 홈런왕이 되었다. 1919~1921년까지 3년 연속 메이저리그 최다홈런 기록을 세웠고, 1919년에는 29개

---

13) 밤비노의 저주는 미 메이저리그의 보스턴 레드삭스가 '밤비노'라는 애칭으로 불린 베이브 루스를 뉴욕 양키스로 선수교환 한 뒤 한 차례도 우승하지 못하자 생긴 말이다.

의 홈런으로, 1927년에는 60개의 홈런으로 최다홈런 기록을 수립하였다. 메이저리그에서 22시즌(season)을 뛰는 동안 통산 714개의 홈런을 기록했는데, 이 기록은 1974년에 행크 에런(Hank Aaron: 본명 Henry Louis Aaron)에 의해 깨질 때까지 최고의 기록이었다.

월드시리즈에 10차례 출전하여 41경기를 치르는 동안 3할 2푼 6리의 타율과 15개의 홈런, 장타율 7할 4푼 4리의 기록을 세웠다. 1928년 월드시리즈에서는 4경기에 출전하여 6할 2푼 5리의 타율을 기록하기도 하였다. 메이저리그 정규시즌에서는 통산 2,503게임에 출전하여 714개의 홈런, 2,056개의 포볼, 2,211개의 타점, 2,056개의 4구, 1,330개의 삼진, 2,873개의 안타, 506개의 2루타, 136개의 3루타, 장타율 6할 9푼, 통산타율 3할 4푼 2리를 기록하였다.

1935년 보스턴 브레이브스(Boston Braves)에서 은퇴하였고, 브루클린 다저스(Brooklyn Dodgers: 지금의 LA 다저스)의 코치를 지냈지만, 무책임하다는 평판 때문에 감독에는 오르지 못한 채 1938년 야구계를 떠났다. 그가 타격에서 이룩한 위업은 다른 모든 홈런타자를 평가하는 기준이 되었으며, 1936년 야구 전당에 들어간 최초의 5명의 선수 가운데 1명이다. 1948년 8월 16일 뉴욕에서 암으로 사망하였다. 로버트 크리머(Robert Creamer)가 쓴 전기 『베이브(*Babe*)』가 1974년에 출판되는 등 많은 관련 서적이 나왔다.[14]

3) 도전하지 않으면 아무것도 이룰 수 없다

우연(偶然)은 아무런 인과 관계가 없이 뜻하지 않게 일어난 일, 도

---

14) doopedia 두산백과.

전(挑戰)은 싸움을 걸거나 돋움, 비유적으로 어려운 사업이나 기록 경신에 맞섬을 뜻한다. 사람이 하는 일은 대부분 의식 속에서 의도적으로 하는 일이다. 우연히 이루어진 것으로 느끼는 일도 사실은 저절로 이루어지는 것이 아니라 반드시 누군가의 노력 결과이다. 단지 결과를 취하는 사람이 우연이라고 느낄 뿐이다. 만약 우연히 어떤 일이 이루어지더라도 그것은 결코 지속하거나 연속하지는 않는다. 사람이 하는 일은 나와 타인의 아무런 노력 없이 그냥 이루어지는 것은 없다. 최소한 일이 일어나기 위해서는 내가 존재해야 한다.

의식(意識)은 자각(自覺)의 뜻, 자각(自覺)은 자기 결점이나 지위·책임이 무엇인가를 스스로 깨달음, 자신도 앎, 의지(意志)는 어떤 일을 이루려는 굳은 마음이다. 매일 유사한 일을 반복할 때, 사람들은 목표를 의식하지 않고 일을 하는 경우가 많다. 그저 주어진 일을 열심히 하면 된다고 생각하는 경향이 있다. 공부도 마찬가지다. 하지만 열심히 하는 것과 뚜렷한 목표의식을 갖고 일을 하는 것은 결과가 전혀 다르다.

목표를 설정해 성취하려고 하는 사람은 도전적인 자세를 가져야 한다. 도전을 통해 성취하려고 하는 사람은 우선 목표를 설정하는 일에서 출발하는 의식적인 행동을 통해 반드시 그것을 달성해야 하겠다는 굳은 의지를 갖추고, 열심히 준비하고, 기회를 포착하고, 도전하는 힘겨운 과정을 거친다. 남들이 일을 쉽게 하는 것처럼 보여도 당사자는 온 힘을 기울인다. 도전을 하다 보면 성공하는 것도 있고 실패하는 것도 있다. 하지만 도전하지 않으면 이룰 것은 아무것도 없다.

미국의 로버트 리플리(Ripley)가 쓴 『믿거나 말거나(*Believe It or Not*)』라는 책에 이런 글이 있다고 한다. '고물상에 팔면 3천 원 받을 쇳덩

이를 말편자로 만들면 3만 원, 섬세한 바늘로 만들면 30만 원, 날카로운 면도날로 만들면 300만 원, 시계의 스프링을 만들면 무려 3억 원이나 된다.' 같은 재료를 가지고도 3천 원어치의 가치를 지니게 되는가 하면 3억 원의 가치를 지니게도 된다. 사람들의 삶도 마찬가지이다. 다른 사람들과 같은 재료를 가지고 있더라도, 자신이 어떻게 하느냐에 따라 자신의 삶을 3천 원짜리로 만들 수도 있고 3억 원짜리로 만들 수도 있다.

삶에 있어서 중요한 일 중 하나는 지금 자신의 생각이나 행동을 바꾼다면 훨씬 값진 삶을 살 수 있다는 점을 깨닫는 것이다. 자신의 삶을 가치 있게 만들려면, 먼저 내가 누구이며 현재 무엇을 하고 있는가에 대해 정확하게 알아야 한다. 자신이 자신을 알 수 없을 때 삶은 엉망이 되고 결국 불행해질 수밖에 없다. 그리고 자신을 정확하게 알게 되었다면, 그것을 바탕으로 자신이 원하는 것에 도전해야 한다. 실패를 두려워하지 말라. 호랑이의 사냥 성공률은 5~10%이고, 베이브 루스도 무수한 실패를 했다. 실패를 딛고 다시 서려는 자세가 중요한 것이다. 자신의 삶을 3천 원으로 만드느냐 3억 원으로 만드느냐는 오로지 자신에게 달렸다.[15)]

4) 진짜 실패란 무엇인가

성공과 실패의 기준은 선을 그어 명확히 단정 짓기 어렵다. 하지만 실패는 명확하다. 성공하려고 가다가 포기를 해버리면 그것은 명확한 실패다. 성공할 때까지 노력하면 성공할 수밖에 없다. 성공으로 가는

---

15) 이신화(2011), 『희망이 청춘에게 답하다』, 화담, pp.4~6.

과정 중 실패는 수없이 많다. 하지만 꿈이 있으면 끝까지 놓지 않고 가봐야 한다.[16] 실패(失敗)는 일을 잘못하여 그르침이고, 반대말은 성공이다. 성공(成功)은 목적을 이룸, 뜻을 이룸, 낮은 데서 몸을 일으켜 크게 됨, 부(富)나 명예, 사회적인 지위를 얻음이다. '꺾이다'는 '꺾음을 당하다. 기세나 기운 따위가 약해지다'라는 뜻이다.

진짜 실패는 일을 잘못하여 그르치는 것이 아니다. 실패를 두려워하여 도전에 나서지 못하고 망설이거나 회피하는 것, 자신이 실패했다고 인정하고 도전을 포기하는 것, 실패했을 때 실패에 꺾여 약해지는 것이다. 실패를 인정하지 않고 용기를 갖고 계속해서 도전하고 포기하거나 꺾이지 않고 기력을 회복하여 다시 도전하는 한 실패한 것이 아니다. 그래서 사람들이 '성공의 반대말은 실패가 아니다. 성공의 반대말은 도전하지 않는 것이다. 실패가 두려워 아무것도 하지 않는 것이야말로 진짜 실패다'[17]라는 말을 한다.

---

16) MK뉴스 2011. 12. 27.
17) 김만기(2011), 『20대에는 사람을 쫓고 30대에는 일에 미쳐라』, 위즈덤하우스, p.212.

4. 최고란 무엇이고 어디에 있는가

1) 최고란 무엇인가

최고(最高)는 가장 높음 또는 제일임을 뜻한다. 인간에게 있어 최고는 자신이 할 수 있는 모든 정신적·육체적 노력을 기울이고 온 힘을 투입하여 도달할 수 있는 가장 높은 수준의 실력을 말한다. 하지만 인간은 측정하기 어려운 엄청난 잠재력을 가지고 있어 현실 속에서 달성하는 최고는 진정한 의미의 최고라고 말하기 어렵다. 자신이 최고라고 생각한 것, 한계라고 생각한 일, 과거에는 감히 상상하지 못했던 일, 해결할 방법이 없다고 생각했거나 불가능한 것으로 여겼던 일들이 오늘날 과학기술의 발전으로 가능하게 된 것이 너무나 많다. 앞으로도 마찬가지일 것이다.

이 모든 것들이 인간의 창의성과 의지, 집념과 열정, 노력과 도전으로 이루어져 왔다. 특히, 새로운 것을 생각해 내는 특성인 창의성(創意性)은 인간이 한계를 극복하고 최고 수준을 갱신하는 데 결정적인 역할을 한다. 그러므로 현재 우리가 최고라고 생각하는 것, 최고라고 쌓아온 것, 최고라고 성취한 것은 더 높아질 수 있다는 점을 명심하고 새로운 도전을 위해 우리는 창의성과 의지, 집념과 열정을 갖고 더욱 열심히 노력해야 한다. 그러면 우리는 그만큼 더 성취하고 발전할 수 있다.

2) 최고와 해답은 어디에 있는가

수많은 사람이 오늘도 당면한 문제의 실마리를 얻기 위해 고민한다. 하지만 모든 인간이 얻고자 하는 해답과 최고는 먼 곳에 있는 것이 아니다. 항상 우리 자신에게 있다. 좀 더 구체적으로 말하면 뇌 속에서 조합된 생각에서 나온다. 자신이 당면한 문제를 해결하고 한계를 극복하기 위해 우리는 끊임없이 해답을 필요로 한다. 그런데 그 답이 우리 자신에게 있다고 말하면 사람들은 잘 믿지 못한다. 믿지 못하는 이유는 그 실체를 보지 못했기 때문이다. 하지만 사람들은 평상시에도 자신이 수많은 해답을 스스로 낸다. 해답이 우리 자신에게 있다는 것을 못 믿는 사람들은 자신 안에 있는 해답을 찾지 못했다는 것을 의미한다.

가령 시험문제에서 옳은 답을 내거나 퀴즈를 풀고, 퍼즐을 맞추고 공부와 일을 효율적으로 하는 방법을 찾았다면, 그것은 모두 우리 자신에게 있는 내용물을 끄집어낸 것이다. 이 내용물 속에는 교육을 통해 습득된 것들이 많기는 하지만 교육이나 공부, 지식과 정보가 항상 우리가 당면하는 일에 대한 답을 주지는 않는다. 인간이 문제를 인지하고 그것에 필요한 답을 뇌에서 생각해낸 것이다. 즉, 해답은 생각 속에 있다. 필요할 때 필요한 답을 내기 위해서는 수많은 지식을 습득하고 경험을 쌓아야 하며, 정보가 필요한 때도 있다. 그러나 결론은 내가 인지하는 문제에 대한 답은 의식적, 무의식적인 여러 가지 두뇌 활동을 통해 생각해낸 것이라는 점이다.

해답이 우리 자신에게 있다는 것을 제대로 못 믿는 것처럼 최고가 우리 안에 있다는 것도 사람들은 잘 믿지 못한다. 경제개발을 시작할

즈음 한국은 세계에서 가장 가난한 나라 중 하나였다. 그때 우리나라 제품 중에 세계인들로부터 최고라고 인정받고 세계시장 점유율 1위를 차지한 제품은 아무것도 없었다. 그러나 50년이 지난 오늘날 우리나라는 많은 세계 시장 점유율 1위와 세계인들로부터 최고라고 인정받는 제품을 생산하고 있다. 2008년 12월 지식경제부가 일류상품으로 선정된 품목을 대상으로 세계시장 점유율을 조사한 결과, 1위 품목은 2004년 78개에서 2005년 86개로 늘어났고, 2006년에는 121개로 100개 품목을 넘어섰으며, 2007년 다시 6개 품목이 더 늘어난 127개 품목으로 집계됐다.[18]

2009년 12월 15일 지식경제부 발표에 의하면 광 조이스틱, 정수기, 인조 잔디 등 58개 품목이 세계일류상품으로 추가 선정됐다. 지식경제부는 현재 세계시장 점유율 5위권에 드는 상품과 앞으로 여기에 들 가능성이 큰 차세대 유망상품을 '세계일류상품'으로 선정하고 있다. 현재 세계일류상품으로 선정된 제품 수는 총 584개이며, 이 가운데 현재 세계시장 점유율 5위권에 드는 '현재일류상품'은 387개, 앞으로 세계 5위권 내에 들 '차세대일류상품'은 197개이다. 현재일류상품 가운데 메모리반도체, 해수 담수화 설비, 범용상선, 자전거용 신발, 냉장고 등 121개 품목은 세계 1위를 달리고 있다[19]고 했다.

이들 제품을 생산하는 기술 중 초기에는 상당 부분 외국과 합작생산이나 기술제휴를 한 것들도 없지는 않다. 하지만 이제는 우리 기술로 만들고 있는 것들이다. 2011년 누계로 1월 1일부터 12월 5일까지 우리나라가 무역 1조 달러를 돌파했다. 수출액이 5,150억 달러이고,

---

18) 한국정책방송(KTV) 2008. 12. 12.
19) 지식경제부 경제다반사 블로그.

수출과 수입을 합한 교역 규모가 1조 달러를 돌파한 것이다. 무역 1조 달러를 달성한 것은 세계 9번째다. 이로써 한 해 수출액이 5,000억 달러를 넘어선 8번째 나라가 됐고, 미국, 독일, 중국, 일본, 프랑스, 영국, 네덜란드, 이탈리아에 이어 세계 9번째로 무역 1조 달러가 넘는 나라가 됐다.

1948년 대한민국 정부가 수립될 당시 수출 규모는 2,200만 달러에 불과했다. 그러던 대한민국의 수출 규모는 1964년 1억, 1971년 10억, 1977년 100억, 1995년 1,000억, 2004년 2,000억, 2006년 3,000억, 2008년 4,000억 달러로 급신장하며, 마침내 경제개발 반세기 만에 수출액이 5,000배로 증가한 것이다. 정부 수립 당시 대한민국은 1인당 국민소득(GNP)이 50달러밖에 되지 않던, 세계에서 가장 가난한 나라였다. 지금은 국내총생산(GDP) 세계 15위, 1인당 소득은 2만 달러가 넘고, 자동차 생산 세계 5위, 반도체 매출액 세계 2위인 나라가 됐다.

대한민국이 이렇게 경이적인 '경제 기적(經濟奇蹟)'을 이루게 된 것은 자유무역을 기초로 한 시장경제 덕분이다.[20] 이처럼 과거에 존재하지 않았던 것들이 오늘날 세계 최고로 존재하게 된 것은, 모두 우리 자신에게 있는 최고를 우리 스스로 끄집어낸 것이다. 세계 최고는 타인이나 다른 나라 사람에게 있는 것이 아니라 우리 안에 존재하고 있다. 우리가 최고가 못 되었던 것은 우리 안에 존재하는 최고를 인식하고 끄집어내지 못했기 때문이다.

해답이 우리 자신에게 있는 것처럼 창조적 리더십과 세계 최고도 모두 우리 안에 있다. 우리가 당면한 문제에 해답을 못 내놓는 것은 자신 안에 있는 것을 끄집어내지 못했다는 것을 의미하므로 우리 안

20) 문화일보 2011. 12. 8.

에 있는 것을 찾고 끄집어내도록 우리는 더욱 열심히 노력해야 한다. 인간에게 있어 최고의 성취와 성공은 자기 안에 있는 최고를 끄집어 내는 것이다. 미래 리더로 성장을 꿈꾸는 개인이라면 "실험은 결코 실패하지 않는다(Experiments never fail)"는 말을 명심하고, 자기 안에 있는 최고를 끄집어내는 새로운 일에 도전하는 자세를 잊지 말아야 할 것이다.[21]

21) 노용진(2005), "리더십 진화를 촉진시키는 리더십역량 평가 모델" 〈LG주간경제〉, LG경제연구원, p.7.

5. 사회정의 구현을 위한 현실 참여

　　사회정의(社會正義)는 사회 일반의 통념으로 판단한 올바른 도리, 정의(正義)는 올바른 도리, 구현(具現)은 구체적으로 나타냄, 도리(道理)는 사람이 마땅히 행하여야 할 바른길이다. 사회정의의 일반적인 범주는 법규이지만, 풍속(風俗)이 예로부터 그 사회에 전해 오는 의·식·주 그 밖의 모든 생활에 관한 습관이므로 넓게 보면 미풍양속(美風良俗)까지 포함하는 것으로 볼 수 있다. 바람직한 사회는 정의가 구현되는 사회라는 것은 누구나 아는 사실이다. 하지만 세상은 인간의 불완전함과 욕심으로 말미암아 사회정의 구현보다는 이기주의적으로 행동하는 사람들이 적지 않다. 개인의 부귀와 영달을 누리기 위해 입신출세를 지향하며 권력을 독점하려는 사람들이 있고, 이들이 갈등을 조장하고 혼란을 양산한다. 그 결과 정의는 도전받고 불평등과 비리가 끊이지 않는다.

　　불공정하고 불의가 난무하는 사회는 좋은 사회가 아니다. 세상은 자신이 만들어 가는 것이고, 내가 사는 세상에서 정의가 구현되도록 하기 위해서는 모든 국민은 열심히 노력해야 한다. 세상에 노력 없이 이루어지는 것은 없다. 나는 노력하지 않고 다른 사람이 노력한 것을 취하려고 하는 것은 이기주의다. 불공정과 불의와 맞서는 것은 다른 사람이 아닌 나 자신을 위한 일이다. 사회정의가 구현되지 않고 있다

고 생각하면, 그런 생각이 들 때마다 정의를 위해 행동해야 한다. 평
상시에는 가만히 있다가 어느 날 갑자기 자극을 받아 떼를 지어 들고
일어나 시위를 하는 등 과격한 방법으로 잘못을 바로잡으려고 하는
것은 바람직하지 않다.

　문제가 있으면 민주적인 절차와 방법에 따라야 한다. 도리를 구현
하려고 하면서, 도리에 벗어나거나 반하는 방법을 사용해서는 안 된
다. 학생들이 사회정의를 구현하기 위해 행동하는 방법은 선거에 적
극적으로 참여하여 리더십이 뛰어난 지도자를 선출하는 것, 문제가
있을 때 잘못을 지적하고 시정을 요구하는 일이다. 요즈음에는 소셜
네트워크 서비스(SNS, Social Network Service)를 통해 자신의 의사를 표
현하는 사람들이 점차 증가하고 있다. 이러한 현상은 바람직하지만,
근거 없이 내 마음에 안 든다고 다른 사람을 비난하거나 정부 정책을
비판하는 것은 하지 말아야 한다. 시국선언이나 시위는 부정선거를
통해 당선된 정치인이나 국민의 주권을 훼손한 정권을 축출할 때는
필요하다. 하지만 평상시에는 될 수 있으면 사용하지 않는 것이 바람
직하다. 민주주의는 투쟁으로 발전하는 것이 아니다. 민주주의 발전
을 위해 모든 사회문제는 다수결의 원리와 법치주의 등 민주주의 원
리를 존중하며 대화와 타협, 양보를 통해 해결해야 한다.

　집단 의사나 불만 표출도 반드시 절차에 따라야 한다. 개인은 자신
의 신념에 따라 투쟁을 지향할 수는 있지만, 민주주의에서 사회정의
구현은 투쟁으로 실현할 수 있는 것이 아니다. 민주주의 원리를 존중
하며 법규를 지키고 절차에 따라 발전적인 방향으로 순리적으로 일
을 처리해 나아가야 한다. 우리나라의 민주주의 체계에는 민주적으로
의사를 표출하고 문제를 해결할 방법이 충분히 갖추어져 있다. 사회

정의 구현을 통한 인간 존엄성 실현과 민주주의 발전을 위해 청춘이 싫어할 훈수 한마디. 화가 나거든 참지 마라. 옳다고 믿거든 소리 높여 외쳐라. 꼭 짱돌을 들 필요는 없으나, 벗의 손을 잡아라. 당신은 힘이 세다.22)

---

22) 경향신문 2011. 3. 30.

6. 세상을 지배하는 것은 사람의 마음이다

세상을 지배하는 것은 사람의 마음이라고 하면 선뜻 이해하지 못하는 사람들이 있을 수 있다. 그러나 세상을 지배하는 것은 사람이고, 사람을 지배하는 것은 마음이라고 하면 대부분 수긍(首肯)한다. 이것은 세상과 마음의 뜻을 알면 금방 이해할 수 있다. 세상(世上)은 모든 사람이 사는 사회의 통칭이므로 세상을 지배하는 것은 당연히 사람이다. 또한 사람을 지배하는 것은 마음이다. 혹자는 사람을 지배하는 것이 정신이라고 생각할 수 있다. 사람은 정신과 육체로 이루어져 있지만, 사람을 지배하는 것은 마음이다.

마음은 첫 번째는 사람의 지(智)·정(情)·의(意)의 움직임 또는 그 움직임의 근원이 되는 정신적 상태의 총체, 두 번째는 시비와 선악을 판단하고 행동을 결정하는 정신 활동, 사려(思慮) 분별, 세 번째는 겉으로는 알 수 없는 속으로 가지는 생각, 네 번째는 성격, 천성, 다섯 번째는 기분(氣分), 감정, 느낌, 여섯 번째는 인정, 인심, 일곱 번째는 의사, 의향, 생각, 여덟 번째는 성의, 정성, 아홉 번째는 도량이다. 마음에는 이처럼 여러 가지 뜻이 있다. 마음에 대한 뜻을 보고도 왜 사람을 지배하는 것이 마음인지 잘 이해가 되지 않는다면 마음에 관한 관용구를 살펴보면 도움이 된다. 여기서 대표적인 것 몇 가지만 소개하면 다음과 같다.

'마음에 있다'는 무엇을 하고 싶은 생각이 있다. 관심을 둘 만큼 마음에 들다. '마음에 차다'는 마음에 흡족하게 여기다. '마음은 굴뚝같다'는 마음은 간절하다. '마음(을) 놓다'는 의심하거나 걱정하지 아니하다. 안심하다. '마음(을) 붙이다'는 마음을 기울여 전념(專念)하다. '마음을 비우다'는 사심이나 욕심을 버리다. '마음(을) 사다'는 흥미를 끌어 관심을 두게 하다. 호감을 품게 하다. '마음(을) 쓰다'는 신경을 써서 배려하다. 마음을 가지다. 마음을 품다. '마음(을) 졸이다'는 걱정되어 마음이 몹시 쓰이다. 몹시 걱정하다. '마음의 문을 열다'는 외부의 영향을 받아들일 태도가 되어 있다. '마음의 준비'는 어떤 일을 하기 위한 계획이나 각오를 뜻한다.

정신(精神)은 마음이나 영혼, 생각하고 판단하는 능력이나 작용, 근본이 되는 이념이나 사상, 철학에서는 우주의 근원을 이루는 비물질적인 실체이다. 이렇게 정신(精神)에도 마음이라는 뜻이 있지만, 마음과 정신의 총체적인 뜻은 다르다. 정신에 대한 관용구를 보면 그것이 더욱 뚜렷해진다. '정신(을) 들이다'는 정신 차려 하다. '정신을 잃다'는 의식을 잃다. 실신(失神)하다. '정신(을) 차리다'는 정신을 가다듬다. 어떤 실패의 원인을 알아서 반성하다. 정신 나다. 정신 들다. '정신(이) 나가다'는 얼빠지다. '정신(이) 사납다'는 정신이 어지럽다. 제정신을 차릴 수가 없다. '정신(이) 팔리다'는 자기가 할 일을 잊을 정도로 다른 데에 정신이 쏠리다라는 뜻이다.

이제 우리는 '세상을 지배하는 것은 사람의 마음이다'라는 것을 어느 정도 알게 되었다. 아는 것은 중요하다. 그런데 아는 것보다 더 중요한 것은 활용하고 실천하는 것이다. 아무리 많이 알아도 활용하지 않고 실천하지 않으면 소용이 없다. 사람은 누구나 마음을 갖고 있지만, 모두 세상을 지배할 수 있는 것은 아니다. 마음씨가 좋은 사람도 있고 나쁜 사람도 있다. 내가 가진 마음으로 실제 세상을 지배하는 사람이 되기 위해서는 당연히 좋은 마음을 가져야 한다. 하지만 좋은 마음만 가진다고 세상을 지배할 수 있는 것은 아니다. 큰일을 하기 위해서는 열심히 잠재력을 개발하고 자신의 마음을 올바르게 관리할 줄 알아야 한다. 이러한 일을 하는 시작이 절제(節制)를 생활화하는 수신(修身)이다. 절제(節制)는 정도를 넘지 않도록 알맞게 조절하여 제한함, 수신(修身)은 마음과 행실을 바르게 하도록 심신을 닦는 일이다. 수신 다음에 제가, 치국, 평천하로 나아가면 만사가 순조롭다.

7. 진정한 기쁨과 행복은 어디서 오는가

같은 집단이나 사회에 소속되어 공동체 생활을 하더라도 각자에게 주어진 환경과 여건은 다르다. 돈이 없어 공부하는 데 필요한 책도 못 사고, 학원에도 못 다니고, 어학연수도 못 가고, 매일 시간을 쪼개 열심히 아르바이트해도 학비도 제대로 마련하지 못해 휴학까지 해야 하는 사람들도 있다. 그런가 하면 부모가 사주는 차를 타고 다니며, 최신 유행하는 옷을 사 입으며, 방학이면 가족과 함께 외국여행을 즐기는 사람들도 있다. 또한 별로 공부를 많이 하는 것 같지도 않은데 시험을 보면 성적을 잘 받는 사람도 있고, 밤을 새우고 코피까지 쏟아가며 열심히 공부하는데도 원하는 성적이 나오지 않아 힘겨워하는 사람도 있다.

누구나 다른 사람이 갖지 못한 것이나 좋은 조건을 갖고 있으면 부러운 마음이 들고, 내가 처한 어려운 현실적인 여건이나 환경이 더욱 움츠러들게 한다. 하지만 아무리 좋은 여건과 환경을 가진 것처럼 보이는 사람에게도 모두 그들 나름대로 어려움과 한계가 있다. 그들이 느끼는 어려움과 한계가 내가 느끼는 것과 크게 다르지 않다. 여건(輿件)은 주어진 조건, 환경(環境)은 생활하는 주위의 상태를 말한다. 아무래도 여건이나 환경이 좋으면 좋다. 하지만 인생에서 중요한 것은 여건이나 환경이 아니라 자신이 느끼는 어려움과 한계를 넘어서는 힘의 구비 여부다.

내가 스스로 이루지 못한 것은 언제든지 무너질 수 있다. 기쁨이나 행복도 타인이 주는 것보다는 내가 만들고 느끼는 것이 진정한 것이다. 세상에 별다른 노력 없이 쉽게 얻어지는 것은 많지 않다. 진정한 기쁨이나 행복도 마찬가지이다. 쉽게 얻어지지 않는다. 진정한 기쁨과 행복은 어렵고 힘들고 잘 안 되는 것을 수많은 연습과 도전, 노력을 통해 넘어서거나 한계를 극복했을 때 느낄 수 있다. 이때 자신이나 자신이 하는 일에 자부심을 느끼게 되고 자신감도 생긴다. 자신감이 생기면 어떤 일도 해낼 수 있다는 마음을 갖게 되고 실제로 큰일을 감당해 내는 힘이 생긴다. 이 힘과 자신감은 자신만이 느낄 수 있다. 그러므로 진정한 기쁨과 행복을 누리기 위해 우리가 관심을 둬야할 것은 현재 주어진 여건이나 환경 자체가 아니라 그것을 어떻게 극복하느냐 하는 것이다.

8. 필요함을 절실히 느끼는 사람이 바라는 것을 이룬다

　사람들은 모두 자신이 원하는 것이나 목표하는 것을 이루기 위해 열심히 노력한다. 그런데 열심히 노력한다고 모두 이룰 수 있는 것은 아니다. 성취하는 사람보다는 성취하지 못하는 사람들이 훨씬 많다. 결과가 발표되거나 드러난 후에는 대개 성공과 실패에 대해 원인을 분석할 수 있지만, 노력하고 도전을 진행과정에서는 자신이 하는 행동의 잘잘못을 잘 알지 못한다. 주위에서 충고나 조언을 해주고 잘못을 지적해주어도 잘 들으려고 하지도 않고 이해도 못 한다. 그러나 좋지 않은 결과에 직면하면 무엇인가 문제가 있고 잘못되었다는 것을 알고 후회하지만, 이미 때는 늦었다.

　자신이 노력하고 도전하는 동안에 전문가나 먼저 그런 과정을 거친 경험이 있는 사람들이 해주는 충고나 조언에 귀를 잘 기울이지 않는 이유는, 그들이 말하는 대로 하려고 해도 잘 안 되거나 나름대로 온 힘을 다하고 있으며, 자신이 쌓은 지식과 알고 있는 방법 중 가장 효율적인 것을 선택하여 노력하고 있다고 생각하기 때문이다. 도전하고 노력하는 것은 나 자신이고 사람은 각자 주어진 여건과 환경에 차이가 있으므로, 다른 사람들의 조언과 충고가 나와 맞지 않거나 도움이 되지 않는 것도 있다. 사람들은 자신이 하고자 하는 일에 몰입하는 사람, 즐기는 사람, 열심히 노력하는 사람이 자신이 원하는 것을 이룬다고 말하지만, 제한된 사람을 채용하는 시험에서 같은 방식으로 일하고 노력해도 결과가 같이 나올 수 없다. 그러나 결과론적인 측면에서 볼 때 무엇인가 절실히 필요를 느끼는 사람은 자신이 바라는 것을 이룬다.

'절실하다'는 '느낌이나 생각이 뼈저리게 강렬한 상태에 있다'는 뜻이다. 절실함을 느끼는 사람과 그렇지 않은 사람은 행동과 태도, 자세, 의지와 집중, 노력하는 시간에 큰 차이가 난다. 노력하고 도전하는 과정에 필요를 절실히 느끼는 상태에서 노력한 사람들이 대부분 좋은 결과를 얻는다. 무엇보다 절실함을 느끼는 사람들은 반드시 자신이 목표하는 것을 이루어야 하겠다는 강렬한 열망을 가지고 강한 의지로 그 일에만 집중하기 때문이다. 이것은 목표 달성을 해야 하는 동기가 자기 내부에 있다는 것을 의미한다. 자기 내부에 동기가 있는 사람은 목표를 달성하기 위해 자발적으로 일을 찾아서 한다.

9. 대학은 자신에게 주어진 생애 가장 귀중한 시간

가정 형편이 어려워 스스로 학비를 마련해야 하는 어려운 사람들도 있지만, 대학에 다닐 수 있다는 축복은 사람만이 누릴 수 있는 행복한 시간이다. 가족의 지원 속에 자신의 잠재력을 개발하고, 도전을 통해 역량을 시험하며, 사회에 나가 세상을 살아가는 데 필요한 것을 준비할 수 있는 절호의 기회이다. 이 기회를 어떻게 운용하느냐에 따라 이후 세상살이가 크게 달라진다. 학벌을 강하게 의식하는 사람 중에 자신이 현재 다니고 있는 학교가 유명대학이나 명문 대학이 아니라서 출세나 성공에 어려움이나 한계가 있을 것으로 생각하고 미리부터 의기소침해 있는 사람들도 있다. 그러나 세상은 학교 공부나 학벌이 모두가 아니다.

물론 좋은 대학을 나온 사람들은 사회적 인지도가 높으므로 취업에 유리한 것은 사실이다. 하지만 이것은 누가 만들어 준 것이 아니라 자신들이 만든 것이다. 사회에 진출한 선배나 동문이 확보한 기득권의 영향을 받는 후광효과에 의해 일시적인 도움을 받을 수 있을지 모르지만, 세상은 자신이 사는 것이다. 내가 실력이 부족하면 나보다 뛰어난 사람들이 수두룩한데 단순하게 유명대학이나 명문 대학을 나왔다는 이유만으로 경쟁에서 앞서 나갈 수 있겠는가? 아니다. 자신이 현재 다니는 학교의 사회적인 인지도 여부와 상관없이 자신이 실력이 있어야 한다.

　유명대학이나 명문 대학이 유지되는 이유도 치열한 경쟁을 통해 우수한 학생들이 진학하기도 하지만 재학 중에도 열심히 노력하고 졸업 후 사회에 진출해서도 자신들의 역량을 사회적으로 인정받은 결과이다. 현재 자신이 유명대학이나 명문 대학에 다니고 있는 사람은 그들 나름대로 자신의 꿈과 이상을 실현하고 경쟁력을 유지 발전하기 위해 노력해야 하겠지만, 그렇지 않은 학교에 다니는 사람들은 더욱더 열심히 노력하고 자신의 실력을 쌓는 데 심혈을 기울여야 한다. 그런데 우리나라 대학교 학생들의 행태를 보면 더 열심히 공부하는 것은 유명대학이나 명문 대학에 재학 중인 학생인 것 같다. 유명하지 않은 학교에 다니면서 더 열심히 공부하지 않는 것은 참으로 안타까운 일이다. 실력이 부족하고 경쟁력도 약하고 사회적인 인지도마저 낮으면 결과는 뻔하다. 그렇다고 너무 실망할 필요는 없다.

　사람에게는 각자 고유의 능력이 있다. 대부분 성공한 사람들은 잠재하는 자신의 고유 능력을 인식하고 그것을 육성했다. 세상에는 1만 가지가 넘는 직업 종류가 있고, 실력 종류도 직업 종류 수만큼 많다. 공부가 중요한 것은 맞다. 그러나 공부가 생각대로 잘 안 되는 사람은 내속에 있는 고유 능력을 찾아 육성해야 한다. 좋은 옷은 다른 사람들이 좋다고 말하는 옷이 아니라 입었을 때 내가 편하고 나에게 어울리는 옷이다. 내가 잘하는 것을 두고 잘 못하는 것을 하여 성공하기는 어렵다. 대학은 자율 속에서 자기 주도로 인생을 살아갈 준비를 하는 자신에게 주어진 생애 가장 소중한 시간이다. 이 시간을 헛되이 낭비하면 반드시 후회한다. 대학생활 4년은 결코 짧은 기간이 아니다.

10. 내가 가진 것이 있어야 다른 사람의 도움을 받기 쉽다

세상은 혼자 힘으로 할 수 있는 일과 할 수 없는 일이 있다. 혼자 할 수 있는 일은 자신이 하고 싶을 때, 필요를 느낄 때 하면 된다. 그런데 혼자 할 수 없는 일은 상호 도움을 주고 도움을 받거나 협력해서 해야 한다. 도움은 남을 돕는 일, 도와줌, 협력(協力)은 힘을 모아 서로 도움을 말한다. 문제는 내가 다른 사람에게 도움을 주기도 쉽지 않지만, 다른 사람들의 도움을 받는 것은 참으로 어렵다.

다른 사람이 무엇을 필요로 하는지 잘 모르는데다 그들이 필요로 하는 것을 알더라도 내가 갖춘 능력과 일치해야 하고, 도움을 제공할 수 있는 여유가 있어야 한다. 또한 능력이 있어도 돕고 싶은 마음이 있어야 하고 실행에 옮겨야 한다. 그래야 실질적인 도움이 된다. 다른 사람을 충분히 도울 수 있는 능력이 있는 사람들도 대개는 자신이 하는 일이 바쁘거나 마음에 여유가 없어 다른 사람을 돕지 못하는 때가 많다.

모든 사람에게 있어 항상 가장 우선적인 판단의 기준은 자신의 편익과 안전이다. 집단이나 사회 속에서 공익을 우선시하는 것도 모두의 안전과 안정, 이익에 도움이 되고, 이러한 것들이 결과적으로 나의 안전과 안정, 이익에 도움이 된다고 생각하기 때문이다. 자기중심적인 사고와 행동을 하는 것은 인간이 자신의 삶을 유지하기 위해 타고난 본능이다. 모든 사람에게 최고의 관심사는 자신의 삶이다. 다른 사람들이 어떻게 사는지에 대해 관심을 두는 것도, 나 자신의 더욱 나은 삶을 위해서이다.

사회 속에서 인간 삶은 기본적으로 끊임없는 의무이행, 역할분담, 협력, 이해의 교환을 통해 이루어지지만, 개인의 삶은 자신의 노력을 통한 재화의 창출과 이해교환, 사랑을 중심으로 이루어진다. 이 과정에서 서로 도움을 주고받거나 협력하게 된다. 그럼 다른 사람의 도움을 가장 쉽게 받는 방법은 무엇일까? 그것은 이해(利害)의 교환이다. 내가 필요한 것을 상대에게서 얻는 이익을 취하고, 상대가 필요한 것을 내가 제공하는 손해의 교환이다. 이것은 언뜻 보기에는 제로섬게임[23]처럼 보인다. 하지만 실제로는 필요한 것을 구하는 것이 우선이므로 양쪽 모두에게 도움이 되고 승자가 되는 것과 같다. 양쪽이 잉여물을 제공할 때는 그 의미가 더욱 뚜렷해진다.

내가 가진 것은 대개 내 능력으로 얻을 수 있다. 그러나 다른 사람이 가진 것은 내가 쉽게 얻을 수 없는 경우가 많다. 서로 필요한 것을 얻었으니 당연히 윈-윈(win-win)이 된다. 시장이 성립한 것도 이해교환의 필요성 때문이다. 내가 필요로 하는 것을 얻기 위해서는 무엇인가 타인에게 줄 것이 있어야 한다. 나는 줄 것이나 내놓을 것이 아무것도 없는 상태에서 다른 사람으로부터 능력을 인정받고 도움을 받기는 쉽지 않다. 협력하고 서로 도와야 할 때나 타인으로부터 내가 도움을 받아야 할 때, 내가 갖춘 능력이나 축적된 지식 등 무엇인가 내

---

23) 제로섬게임(zero-sum game)은 승자의 득점과 패자의 실점 합계가 영(零)이 되는 게임. 승패의 합계가 항상 일정한 일정 합 게임(constant sum game)의 하나이다. 이 게임에서는 승자의 득점은 항상 패자의 실점에 관계하므로 심한 경쟁을 일으키는 경향이 있다. 이에 반해 승패의 합계가 제로가 아닌 경우의 게임을 넌 제로섬게임(non zero-sum game)이라 하며, 게임의 결과에 따라 달라지는 것을 변동 합 게임(variable sum game)이라 한다.

가 가진 것이 있어야 능력을 인정받을 수 있고, 다른 사람들의 도움도 더 잘 받을 수 있다.

　나는 아무것도 주지 않으면서 다른 사람에게 일방적으로 달라고 하면 처음에 한두 번은 주기도 하지만, 같은 행동이 되풀이되면 거지 취급을 하고 그 사람과 만나는 것을 꺼리게 된다. 현대 자본주의에서 give and take(대등한 교환, 대화와 농담 그리고 재치 등의 주고받음)는 사회활동의 기본이다. 다른 사람의 도움을 받기 위해 우리가 가져야 할 것은 무엇인가? 사람들은 이해 교환이라는 측면을 많이 고려하므로, 대개 돈이나 물건 등 사람의 욕망을 만족하게 하는 물질인 재화(財貨)로 생각하기 쉽다. 물론 돈이나 물건은 이해 교환의 대상으로 많이 활용된다. 하지만 우리가 이해를 교환할 수 있는 것은 다양하다. 특히, 학생들은 재능을 비롯한 자신의 잠재력을 개발하고 지식을 함양하는 일이 무엇보다 중요하다.

　개인기, 지식, 기술, 공인 자격증, 문제를 해결할 수 있는 능력, 효율적으로 일하는 방법 등 얼마든지 많다. 당장은 이런 것들이 크게 도움이 되지 않을 수도 있지만, 사회생활을 하는 동안 대부분 유용하게 쓰인다. 사회에서 가장 많은 이익을 교환할 수 있는 사람은 정치 지도자, 기업 총수를 비롯한 공인된 최고 직위를 차지하여 활동하는 사람들이다. 이들의 공통점은 다른 사람과 교환할 수 있는 것을 가장 많이 가진 사람에 속한다는 것이다. 그러므로 어느 시대를 막론하고 항상 최고 권력자들에게는 이해 교환을 위해 찾아오는 사람들로 붐빈다. 대학에 다니는 동안 타인으로부터 능력으로 인정받을 수 있는 무엇인가를 적어도 한 가지 이상은 준비해두자.

11. 공부를 통하여 얻을 수 있는 것

    살아 있는 모든 생물은 움직임을 하게 되어 있다. 살아 있기 때문에 그렇다. 공부한다고 움직이지 않는 것은 아니지만, 공부하는 동안에는 특정한 신체 부분을 주로 움직이고 다른 부분은 통제하는 것이 불가피하다. 통제는 항상 고통을 수반한다. 그것은 통제가 자유로운 활동을 억압하기 때문이다. 하루 이틀도 아니고 16년 이상 그렇게 행동을 지속하며 공부를 한다는 것은 대단히 힘겨운 일이다. 그럼에도 공부를 하는 것은 공부가 주류 사회에 편입하는 가장 손쉬운 방법이 되는 등 살아가는데 유용하고 도움이 되는 등 반드시 필요하기 때문이다.

1) 공부에 대한 사색

    공부의 어원에 따르면 공부(工夫)의 工(功)은 '공사, 공정(工程)'을 뜻하는 공과, '부역(賦役), 노역'을 뜻하는 부라는 말이 합쳐진 한자어다. 문자 그대로 풀이하면 공들여 하는 힘든 일이 공부이다. 얼마나 공부가 힘들었으면 예부터 한자어가 이렇게 표현되었을까? 그러면 이렇게 힘든 일을 왜 해야 하는가? 고진감래(苦盡甘來)하기 때문이다. '쓸 고(苦), 다할 진(盡), 달 감(甘), 올 래(來)', 즉 '고생 끝에 낙이 온다'는 뜻이다.
    이 사자성어 유래에는 중국 명나라 말 도종의(陶宗儀, ?~1369)의 일

대기와 관련되어 있다. 그는 원래 가난한 농부로 돈이 없어 공부를 위해 서당에 갈 꿈도 못 꾸고 요즘 말로 홈 스터디(home study, 가정학습) 했다. 공부할 필기구조차 없어서 숯을 연필로, 나뭇잎을 종이로 하여 공부하였는데, 선비로서 학자로서 크게 성공했다. 그는 『철경록(輟耕錄)』, 『서사회요(書史會要)』, 『남촌시집(南村詩集)』 등의 저서로 유명하다.

그럼 성공을 하게 되면 공부는 끝나는가? 그렇지 않다. 현대사회는 워낙 빠른 속도로 발전하기 때문에 늘 새로운 지식과 기술을 배워야 한다. 평생직장이 없어지고 있으므로 직장을 구하고 유지하기 위해서라도 평생 공부해야 한다. 부처님이 삶은 고통이라고 했는데, 이 중에는 살아 있는 한 공부라는 짐을 지어야 한다는 점에서도 고통인 셈이다. 그런데 옛날에는 공부는 삶이 끝나도 계속되어야 하는 것으로 생각한 사람들도 있었다.

고대 이집트에는 『사자의 서(書)』라는 책이 있었다. 왕이 죽으면 미라 옆에 파피루스(papyrus)로 된 책을 두었는데 말하자면 죽어서 읽어야 할 책이었다. 티베트(Tibet)에도 역시 같은 제목의 책이 있다. 죽은 사람을 천도하기 위해 읽어주는 책으로 거의 같은 의미를 지닌다. 이처럼 공부는 사는 동안 삶의 떨어지지 않는 일부로서 그 핵심으로 존재한다. 살아 있다는 것은 곧 공부하는 것이고, 공부를 통해 삶은 더욱 승화한다.

모든 살아 있는 것들은 살아남기 위해 진화한다. 고등한 생물들은 학습을 통해 빠르게 진화한다. 공부는 살아 있음의 또 다른 측면이다. 공부가 고통스럽고 힘든 일이라면 그것을 이길 수 있는 방법은 없을까? 있다. 일과 비교해 생각해 보자. 육체적인 노동이 필요한 토목이나 건축공사는 힘이 많이 든다. 그렇지만 그런 일을 하는 사람에게도 군데군데 즐거움은 있다. 좋은 사람과 만나 함께 일하는 기쁨, 자신이 기획했던 것이 실현되는 즐거움, 하다못해 하루 3끼의 식사 외에 먹는 새참의 즐거움은 이루 말할 수 없다. 그런데 어떻게 일하느냐 따라 일의 고통은 줄고 일의 즐거움이 커진다.

인터넷에서 흔히 볼 수 있는 유명한 세 근로자 이야기가 있다. 어느 날 학교를 짓는 공사장 옆을 지나가던 나그네가 돌을 깨는 현장을 찾아서 "지금 뭐 하고 계세요?"라고 물었다. 첫 번째 근로자는 귀찮은 듯이 "보면 몰라요? 돌 깨고 있잖아요"라고 답을 했다. 그는 고통을 느끼고 있었다. 두 번째 근로자에게 다가가 물었다. "돈 받기 위해 일합니다. 가족 먹여 살려야죠." 그는 일을 받아들였지만 즐거움은 없었다. 세 번째 근로자에게 물었다. 그는 즐겁게 일하고 있었다. "저는 아이들의 미래를 짓고 있습니다. 많은 아이가 이곳에서 자신의 미래를 밝힐 지식을 쌓을 것입니다." 같은 힘든 일이지만, 일의 의미를 어떻게 부여하느냐에 따라 일은 즐거워진다. '공사 공, 부역 부, 공부'는 이런 의미도 담고 있는 것이다. 공부하는 일에 의미를 부여하는 것이 이토록 중요하다.

지금 내 앞의 책 한 권을 놓고, 사이버강의를 들으며 이것이 주는 의미를 되새기면 눈이 게임으로 달려가고 마음이 친구나 애인으로 달려가고 몸이 해수욕장으로 가는 것을 참아낼 수 있다. 또한 내 앞에 놓인 영어 단어장에서 내가 해야 할 임무를 다 하는 것이 얼마나 숭고하고 성스러운 일의 일부라는 점을 깨달으면 즐거운 마음으로 공부할 수 있을 것이다. 만약 내가 미래에 행할 세상을 위한 구체적인 그림을 마음에 그릴 수만 있다면 더욱 좋은 일이다.

혹자는 공부하는 일에 몰두하기 위해 속된 금언들에 마음을 바친다. '10분 더 공부하면 남편(아내) 얼굴이 바뀐다.' 이런 식의 경고성 문구로는 마음을 다잡을 수 없다. 그 이유는 지금 당장 달콤한 유혹을 미래의 욕망이 이겨낼 수 없기 때문이다. 생각해 보라. 당장 2만 원의 돈이 절실하게 필요한 사람에게 누군가 20년 후 20억 원을 준다고 약속을 하는 것과 지금 당장 2만 원을 주겠다고 하는 것 사이에서 결과적으로 어느 쪽의 영향력이 크겠는가?

이런 식의 구호도 있다. '지금 이 순간에도 적들의 책장은 넘어가고 있다.' 이러한 경쟁의식도 마음을 다잡진 못한다. 오히려 불편한 경쟁의식은 스트레스(stress)만 가중시키고 공부하는 것보다는 경쟁 자체에 에너지를 쏟게 한다. 공부는 늙어 죽을 때까지 해야 한다. 그러므로 학창시절인 지금 나는 내 인생의 황금기를 위해 주어진 임무를 뚜벅뚜벅 수행해야 한다는 점을 인식하여야 한다. 이때 공부에 대한 열정을 키우기 위해서는 더 나은 세상을 위해 크게 이바지 하는 내 인생의 황금기를 구체적으로 그리고, 그러한 인생 황금기에 도달하기 위한 주요 경로를 마음속에 깊이 새기는 것이 중요하다는 것이다. 이 그림을 비전(vision)이라고 한다.

비전은 구체적일수록 좋다. 미술가 지망생이 자신의 성공 목표 나이 40세에 전시회를 열었는데 언론에 대서특필된 대표작을 머리에 선명하게 그릴 수 있으면, 이미 성공한 것 아닌가! 누구나 비전을 머리에 그릴 때에는 사진보다는 영상이, 2D(Dimension, 차원) 영상보다는 3D 영상이, 3D 영상보다 4D 영상이 더 좋다. 4D 영화관에 가면 냄새도 나고 감각도 느낄 수 있다. 돌을 깨면서 좋은 학교를 만드는 뿌듯함을 느끼는 근로자처럼 영어단어 공부를 하면서도 위대한 일을 해내기 위한 한 걸음임을 인식하는 것이 필요하다. 어쩌면 진짜 공부는 공부하는 어려움을 이겨내는 의지를 배우는 것, 공부를 통해 원하는 성과를 얻는 원리를 깨닫는 것이다. 지금 우리 앞에 놓인 공부를 통해 이런 점을 깨달을 수 있었으면 참으로 좋겠다.[24)

2) 공부란 무엇이고 왜 교육을 하는가

(1) 공부란 무엇인가

공부(工夫)의 사전적 의미는 학문이나 기술을 배우고 익히는 일을 말한다. 그러나 이것으로 공부를 설명하기에는 부족함이 많다. 실질적이고 보다 현실적으로 정의하면 공부란 사물의 이치를 깨우치고 지혜의 폭을 넓히기 위해 인간이 필요로 하는 정보를 머리에 집어넣고 축적된 지식의 활용을 통해 당면하는 문제들을 해결할 수 있는 능력을 키우는 훈련과정이라고 할 수 있다. 우리가 필요로 하는 정보는 대개 타인이 경험을 통해서 합리적이고 필요한 것으로 인정하거나 인식하여 축적해 놓은 지식이 담긴 책을 통해 공부가 이루어지지만, 자기 수련과 그 과정에서 문제 해결 방법을 터득하는 것도 공부의 한 가지 방법에 속한다.

좀 더 구체적으로 설명하면 공부에는 두 가지 형태가 있다. 첫째는 외부의 지식이나 정보를 받아들이는 작업인 내면화이다. 내면화(internalization)는 외부적인 표준, 생각, 가치를 완전히 자신의 것으로 받아들이는 것이나 받아들이는 과정이다. 일반적으로 타인의 인지기능, 태도, 가치관 등을 자신의 사고체계에 병합시키는 것을 일컫는다. 그런데 내면

---

24) 매일경제 2011. 7. 14.

화 이론을 구축한 비고츠키(Vygotsky, 러시아 발달심리학자)에 따르면, 내면화란 역사와 더불어 창조되고 변형된 사회적 지식이 원래는 개인 밖의 사회에 외재하고 있다가 개인 간 상호작용을 통해 개인의 의식세계에 내재하게 되는 것을 의미한다. 다시 말해 외적 지식이 개인 내로 들어와 재구성되는 과정이다. 비고츠키는 모든 고등정신기능은 사람들 간에 공유되는, 특히 아동과 성인 사이에 공유되는 특징을 가진다고 말한다. 내면화 과정은 점진적으로 진행되는데, 처음에는 성인이나 보다 유능한 또래의 안내를 받아 문제 해결에 참여하다가 점차 독립적으로 문제를 해결할 수 있게 됨으로써 고등정신기능을 내면화하게 된다. 인간은 지식의 내면화를 통해 사회와 자연에 대한 이해력을 향상하고 창의력을 발달시킬 수 있다. 자기가 필요한 정보는 단편적으로 터득하게 되는 것도 많이 있지만, 이것들은 대개 우리가 살아가면서 알아야 하는 상식에 속하는 것이 많다. 단편적인 정보는 체계적으로 교육되고 공부된 것과는 근본적으로 그 활용도와 가치가 다르다. 그러므로 우리는 체계성을 갖는 학교 교육을 중요시하게 된다. 내면화 공부의 대표적인 형태는 가정교육, 공교육 또는 학교 교육이나 일을 하는 데 필요한 지식을 습득하는 직무교육 등으로 현대인들의 가장 보편적인 공부 방법에 속한다. 둘째는 수행을 통해 인간이 내적으로 타고난 능력을 갈고 닦아 사물의 이치를 스스로 깨닫고 지혜를 확장하여 미래의 변화를 예측할 수 있는 안목을 갖게 되고 통찰력 등이 발현되도록 하는 작업이다. 가장 대표적인 것이 불가(佛家)에서 하는 참선이 여기에 해당하며 다양한 방법의 수련을 통하여 깨달음을 추구하는 사람들도 적지 않다.

공부는 필요한 정보를 인위적으로 머리에 넣는 것이나 자신의 내부에서 깨달음을 얻는 것이므로 결코 만만하거나 쉬운 일이 아니다. 안 들어가려고 하는 지식이나 정보를 억지로 머릿속에 집어넣어 이치를 깨닫고 내가 살아가는 과정에서 당면하는 여러 가지 문제를 해결하거나 일을 처리해 낼 수 있는 능력을 만들어내야 하는 힘겨운 일이다. 나를 둘러싸고 있는 현실적인 여건 속에서 갖가지 장애를 극복하고 필요성을 실현하려는 머리 내부체계의 가치조정을 통해 삶의 지혜를 확장시켜가는 작업, 즉 자신과의 싸움이다.

단순히 머리에 지식이나 정보를 집어넣고 그것을 찾는 것만으로 끝나는 것이 아니라 필요할 때 끄집어내고 때로는 그것을 다른 사람들에게 말이나 글로 내보일 수 있어야 한다. 또한 기존의 정보나 지식과 조합을 통하여 이해력을 넓히고 활용을 할 수 있어야 그 가치가 발휘된다. 공부를 많이 한 사람이나 배운 것이 가치를 인정받는 이유 속에는 힘든 일을 참고 인내한 노고에 대한 칭찬과 부러움이 포함되어 있다.

(2) 공부는 왜 하는가

공부하거나 교육을 하는 사람에게 '왜' 공부를 해야 하며 '무엇'을 공부해야 할 것인가 하는 것은 교육의 근원적인 화두로 과거나 현대에도 쉽게 풀리지 않는 고민거리이다. 아직 시원한 답이 나오지 않고 있다. 어쩌면 개인이 각자 자신의 관점이나 입장에서 답을 찾아야 할 과제가 아닌가 생각된다.

무엇을 공부할 것인가에 대한 답은 자신이 좋아하는 것, 잘하는 것, 하고 싶은 것, 사회가 원하는 것, 호기심이나 궁금증 해소 또는 살아가는 데 도움이 되고 필요한 것을 중심으로 공부를 진행하면 되니까 그래도 좀 나은 편이라고 할 수 있다. 그러나 왜 공부를 해야 하는가 하는 의문에 대한 답을 제시하기는 쉽지 않다. 현대교육에서 자아실현을 이야기하기도 하지만 너무 추상적이다. 사회화라고 주장하는 사람도 있으나 이해가 잘되지 않는다. 그냥 단순하게 먹고사는 방편, 즉 직업을 가지기 위해 하는 것 같기도 하고 아닌 것 같기도 하다. 직업을 구하기 위해서라면 우리는 불필요한 것들을 힘들여 너무 많이 배운다.

과거 우리 선조가 해 왔던 유학(儒學)에서 공부론[25]의 핵심은 '나'를 찾아가는 과정이었다. 이것은 공부를 통하여 인간의 마음에 있는 본성(本然之性)을 되찾아, 참된 나를 회복하고 마침내 성인(聖人)의 세계에 다다르는 과정이다. 조선시대의 지식체계는 지식과 덕성이 결합한 매우 특이한 형식에 속한다. 성리학에서 지식이란 곧 사물에 담긴 이치(理)를 발견하는 행위, 즉 지식과 덕성의 조화를 이루는 것이라고 할 수 있다.

조선시대의 교육도 오늘날 교육이 지향하는 지육·덕육·체육이나 세계의 명문학교들이 공부, 인성, 운동을 아우르는 우수한 인재를 키우려고 하는 것과 크게 다르지 않다. 그리고 지식과 덕성의 조화를 추구했던 공부가 취업이나 생활유지의 문제와 무관했는가 하면 그것도 아니다. 선비나 양반들 역시 과거(科擧)를 통해 입신출세를 꾀하고 생활기반을 마련하고 집현전 등에 출사하여 학문을 본격적으로 연구하기도 했으므로 오늘날 우리가 공부하는 것과 맥락은 같다. 그럼에도 현대사회에서는 일반인도 그렇지만 심지어는 교육 분야에 종사하는 상당수 사람도 참된 나를 회복하는 일이 교육의 핵심이라고 생각하지 않는다. 그러면 참된 나를 회복하고 성인의 세계에 다다르는 공

---

25) 정순우(2007), 『공부의 발견』, 현암사, pp.18~36.

부가 현대교육에 배제되고 있는가 하면 그것도 아니다. 단지 그것이 공부와 덕육 또는 인성이라는 표현으로 대체된 것일 뿐이다.

이렇게 과거와 현대의 교육이 지향하는 바를 비교해보아도 역시 공부를 왜 해야 하는지에 대한 의문의 답은 쉽게 풀리지 않는다. 그런데 인간이 공부해야 하는 이유에 대한 의문의 정답이라고 단정 지을 수는 없지만, 정답에 근접하고 어렵지 않게 이해할 수 있는 내용이 여기에 있다. 수학을 싫어하는 사람 중에는 수학이 살아가는 데 별 도움이 되지 않는 학문이라고 자기 합리화를 하는 이들이 적지 않다. 그런데 국내에서 가장 많이 팔린 교육교재로 알려진『수학의 정석』의 저자이자 상산고등학교 설립자인 홍성대 씨가 '수학공부가 왜 중요하냐'는 질문에 대해 설명한 것이 그것이다.

"소수의 학문하는 분들을 제외하고 일반 사람들이 사회생활을 할 때는 우리가 사칙연산이라고 하는 덧셈, 뺄셈, 곱셈, 나눗셈만 알면 됩니다. 요즘은 계산기가 있으니까 그마저도 필요 없죠. 계산기 자판을 누를 줄만 알면 되니까요. 그 때문에 무엇을 하려고 골치 아프게 수학 공부를 하느냐는 의문을 제기하는 사람도 있습니다. 그러나 수학이 모든 학문의 기초라는 사실에는 이론(異論)이 없잖아요? 그리고 그것보다 더 중요한 것은 수학이 여러 가지 사고력을 길러 준다는 점이에요. 논리적 사고력, 연역적 사고력, 추리적 사고력 등을 길러 주는 학문이 수학입니다. 이것들은 모두 우리 생활에 필요한 사고력들이죠. 그냥 수업시간에 삼각함수를 배우고 사인(sin), 코사인(cos) 등을 익혔다고 칩시다. 한 시간 동안 배운 것을 교실 문을 나오면서 다 잊어버려도 그것은 결코 헛된 시간이 아닙니다. 그 시간이나마 골똘히 생각하고 따지는 시간을 가졌기 때문이죠. 그게 살아가는 데 도움을 주는 겁니다. 매사를 깊게 생각하고 판단하는 힘을 길러 주는 것이니까요. 수학 공식은 다 잊어버렸어도 어쨌든 따져 보고 생각해 봤다는 게 중요한 것입니다."[26]

이처럼 교육과 공부는 단순한 성적이나 성공의 개념을 훌쩍 뛰어넘어 나 자신의 실체를 확인하고, 살아가면서 당면하는 수많은 문제의 해결과 의문을 풀어내는 바탕으로 지혜를 확장하고, 삶의 의미와 목적을 찾고, 생존까지를 포함하는 자신의 안위를 유지하도록 해주기 때문에 인간에게 필수불가결한 요소이다. 그래서 아는 것이 힘이고, 아는 자에게 이길 수 없다고 하는 것이다.

우리가 공부하는 목적은 사리분별능력 제고, 욕망을 절제하는 인내력 향상, 고통이 수반되는 수련과 훈련, 능력의 한계에 대한 치열한 자신과의 싸움, 새로운 목표에 대한 도전과 성취 과정을 통하여 첫째는 삶의 지혜를 얻고, 둘째는 사물의 이치를 파악하여 인생을 살아가는 올바른 방법을 깨우치며, 셋째는 정체성 확립과 확인을 통한 자아존중감 고양, 넷째는 스스로 무엇이든지 할 수 있다는 자신감을 얻는 것, 다섯째는 일을 감당하는 힘을 얻는 것이다.

이러한 목적이 달성되면 자신의 가치를 발견하고 인정하게 되며 자신 속에 있는 힘과 역량이 확인되므로 어떠한 고난과 어려움이 닥쳐도 도전정신을 발휘하며 문제를 해결하고 앞으로 나아가는 발전적인 삶을 살 수 있게 된다. 이를 위한 가장 좋은 방법이 책을 통한 공부이고, 공부할 수 있는 여건을 조성하고 바람직한 결과가 나오도록 지도하는 것이 교육이다. 공부는 목표를 정해 놓고 엉덩이와 가슴으로 해야 한다고 하는 이유도 인내와 의지, 도전과 훈련, 자기 주도 학

26) 조선일보 2009. 6. 24.

습이 연계되어야 하기 때문이다.

지식은 인간이 축적한 가장 보편적이고 유용한 정보의 정수로 지식 전수와 활용을 통하여 인류 역사는 발전해왔다. 이제까지 우리 인류가 만든 그 어떤 체계도 축적된 지식만큼 한 인간이 잠재력을 발휘하는 데 큰 영향을 미치는 것은 없다. 성인으로 자신의 삶을 주도적으로 개척해나가는데 20년이라는 성장기간이 필요한 인간이 만물의 영장이 될 수 있는 이유도 시대를 초월하여 전수되는 지식이 있기 때문에 가능한 일이다. 동물과 같이 습관적이고 제한된 몇 가지 단순한 지식을 전수하거나 지식을 전수하지 않는 삶을 산다면 인간 또한 동물이 살아가는 것처럼 일차원적으로 생존에 급급하며 그때그때 채집하고 사냥하는 삶을 벗어나지 못했을 것이다.

공부를 매체(媒體)로 시대를 초월하여 축적된 지식을 습득하고 활용함으로써 현재 상태에서 더 발전적인 상황을 개척해나갈 수 있다. 이처럼 공부는 인간이 자신의 삶을 효율적으로 개척하고 지향하는 바를 성취하도록 하는 윤활작용을 한다. 자신의 앞가림은 물론 가장 짧은 시간에 주류사회에 편입되게 하는 등 자신의 인생을 윤택하게 하고 성취감을 느끼며 사회발전에 이바지할 수 있는 가장 효율적인 방법이라는 것을 사람들은 경험적으로 알고 있기 때문에 공부를 하는 것이다. 그런데 교육의 목적이 좋은 성적, 유명학교 진학, 공인자격의 취득이나 원하는 직장 취업으로 잘못 생각하는 사람들이 적지 않은 것 같다. 물론 이러한 것들도 중요한 요소이기는 하다. 하지만 이것들은 자신 속에 있는 힘과 역량을 확인하고 공부의 목적을 달성하기 위한 과정이라는 점을 기억해둘 필요가 있다.

학교 다닐 때 공부를 하는 것과 사회에 진출한 후의 성취나 출세의 정도가 다른 것도 모두 자신 속에 있는 힘과 어떤 일을 해내는 힘의 정도인 역량(力量)의 차이 때문이다. 그것은 성장단계에서 형성되는 것으로, 학벌이나 학교공부와 반드시 일치하는 것이 아니다. 개인에 따라 큰 차이가 난다. 적게 배우고도 많이 성취하는 사람도 있고, 많이 배우고도 제대로 풀어쓰지 못하는 사람도 있다. 그러므로 더 큰 힘과 역량을 갖고 싶다면 스스로 공부하고 도전하는 것이 바람직하다.

(3) 교육의 필요성·목적·얻을 수 있는 것

인간에게 교육이 반드시 필요하다는 설명은 생물학적인 관점에서부터 시작하는 것이 가장 쉬울 것이다. 인간은 무한한 잠재적 가능성을 지니고 있는 존재이지만, 다른 동물에 비해 자립하여 살 수 있는 능력이 가장 모자란 상태로 태어난다. 또한 인간은 모든 동물 가운데 자신의 성장과 발달의 한계에 가장 늦게 도달하게 된다. 이는 인간과 동물 사이의 근본적인 차이점을 보여주는 것으로서, 동물은 많은 현실 적응능력과 극히 적은 잠재 가능성을 지니고 태어나며, 인간은 이와 상반된 상태로 태어난다. 그러므로 인간의 무한한 가능성이 제대로 실현되기 위해서는 교육의 도움이 필요하다.[27) 프랑스에서 발견된 야생아와 캄보디아에서 발견된 야생녀[28)는 인간이 교육을 받지

---

27) 정영근(2000), 『삶과 인격형성을 위한 인간이해와 교육학』, 문음사, p.103.
28) 캄보디아, 정글서 19년 지낸 '야생녀' 발견
　　2007년 1월 22일 AFP 통신은 19년 전 숲 속에서 물소를 돌보다 실종된 한 여성이 캄보디아의 수도 프놈펜(Phnom Penh)에서 동북쪽으로 600km 떨어진 라타나키리(Ratanakkiri) 지방의 숲 속에서 살로우 씨가 원숭이처럼 몸을 구부리고 쌀 낟알을 주워 먹고 있던 로첨 프니기앙(Rochom P'ngieng)을 발견했다고 보도했다. 오야다오(Oyadao) 마을에서 경찰관으로 근무하고 있는 살로우(Sal Lou) 씨는 그녀가 19년 전 실종된 자신의 딸이라고 주장했다. 살로우는 AFP와의 인터뷰에서 "프니기앙이 현재 말을 할 수는 없지만, 자신들의 언어를 듣고 이해하기 시작했다"며, "조만간 말하는 법을 알게 될 것"이라고 말했다.

않고 사회와 동떨어져 자연 속에서 혼자 삶을 영위할 때 어떤 상태가 되는지를 잘 보여준다.

교육과 공부를 통하여 인간은 무엇을 얻을 수 있는가 하는 점을 살펴보면 다음과 같다. 첫 번째는 세상을 살아가는 데 필요한 기술 및 지식의 습득, 두 번째는 단체생활을 통해 법과 질서 준수, 관습 등 규범을 익히고 인간관계를 하며 여러 사람과 더불어 살아가는 방법을 배우고 익히는 사회화, 세 번째는 자신에게 내재하여 있는 힘과 역량 등 자신이 가지고 있는 고유의 가치 발견, 네 번째는 목표설정, 도전과 성취 과정을 통한 한계극복 훈련을 통해 세상을 자기 힘으로 살아가고 무엇이든 할 수 있다는 자신감 획득, 다섯 번째는 축적된 지식을 바탕으로 옳은 것과 옳지 않은 것 등 가치를 구분할 수 있는 판단 기준, 즉 가치관 형성, 여섯 번째는 세상을 올바르게 살아가는 방법과 삶의 지혜 터득, 일곱 번째는 훈련과 인내를 통해 자신의 욕망을 적절하게 조절하고 통제할 수 있는 능력 확보, 여덟 번째는 이해의 부족에서 오는 불안감 해소를 통한 마음의 평화와 안정 획득, 아홉 번째는 인간관계를 통하여 혼자서 해결하기 어려운 일을 공동의 노력으로 해결하는 법과 협동심을 배우고 타인을 활용함으로써 경영역량과 지도력 학습, 열 번째는 동기나 동창 등의 동료나 친구, 선후배와 교류를 통한 활동영역 확장, 열한 번째는 내재해 있는 능력과 창의성을 체계적으로 발휘하는 방법 터득, 열두 번째는 자연과 인간을 포함한 사물의 이치와 원리 등에 대한 이해와 사고의 확장, 열세 번째는 과거 역사와 접촉하고 현재의 수련을 통해 미래의 변화를 예측하고 움직여 나갈 수 있는 능력을 축적하여 자아 존중감을 높이고 자신의 잠재력과 가능성을 최대한으로 실현하는 자아실현의 단계에 도달함으로써 가치 있는 삶을 살아갈 수 있게 된다. 이를 위해서는 일정한 과정의 체계적인 교육과 훈련이 필요한데, 이것이 대학까지 포함되는 16년 이상 소요되는 공교육이다. 따라서 자신이 공부를 좀 잘한다고 하여 지식과 기능 습득에 의존하여 조기졸업을 하는 것은 반드시 좋은 것만은 아니다.

그럼 교육의 목표는 무엇일까? 교육목표는 자기실현에 있다. 자기실현(自己實現)은 자아실현과 같은 말이다. 자아실현(self-realization)은 자신의 잠재력과 가능성을 최대한으로 실현하는 것을 가리킨다.

(4) 공부 한계극복을 추구하는 자신과의 싸움

공부는 인간이 삶에 필요한 내용을 습득하여 정보로 축적하기 위한 지식의 습득 작업이다. 짧은 시간에 많은 것을 공부하면 좋지만, 사람의 머리는 한꺼번에 여러 가지 지식이 유입되는 것을 제어하려는 기능이 있다. 이것은 정보의 유입, 분류, 저장, 재배치, 폐기처분하는 머리 내부체계의 균형을 유지하기 위해 작동하는 기능이다. 이러한 내부체계의 자기조절기능을 통하여, 인지된 정보를 중요한 것은 강화하고 내재화하여 활용 가능한 차별화된 정보로 저장하는가 하면, 상황과 필요에 따라 정보 유입을 통제하기도 한다.

어떤 때는 외부정보를 잘 받아들이고 동시에 유입된 정보의 검색과 조합 등 소화 작용을 통해 해법을 그때그때 찾아내도록 조정한다. 하지만 어떤 때는 외부정보의 유입을 강력하게 거부하거나 차단한다. 이로 말미암아 여러 번 공부한 것이 아무리 해도 생각이 안 나게 하기도 한다. 머리 내부체계의 자기조절기능과 공부한 것을 외부로부터 받아들이는 유입기능을 일치시키는 것을 한마디로 표현하면 자기 정신작용의 통제, 더 쉬운 말로는 집중이라고 할 수 있다. 우리는 자기 정신작용에 대한 통제, 즉 집중이 잘되면 공부한 것이 머리에 잘 들어가고 이해도 잘되며 흥미를 느낀다. 하지만 이것이 잘 안 될 때는 공부가 잘 안 된다고 생각한다. 한꺼번에 너무 여러 가지 지식이나 어려운 것을 습득하려 할 때는 머리가 아프고 공부가 하기 싫어진다.

이러한 머리 내부체계의 자기조절기능과 외부 유입기능의 존재를 사람들이 가장 쉽게 느낄 수 있는 것은 ▲공부하고 있을 때 잘된다는 느낌 ▲필요로 하는 지식이 잘 생각날 때 ▲나의 의도와는 상관없이 나타나는 생각이나 과거의 일에 대한 회상 ▲하품과 졸음 ▲공부를 그만하고 싶다는 마음이 생기는 것 ▲공부를 많이 할 때 과부하로 머리에서 열이 나는 것 등이다. 문제는 이러한 자기조절기능과 외부에서 정보가 유입되는 것을 일치시키기가 쉽지 않다는 데 공부의 어려움이 있다. 공부를 필요로 하는 마음과 공부한 것을 받아들이지 않으려는 마음이 나 자신 속에 동시에 존재한다. 그러므로 공부가 잘되도록 필요에 따라 조정하고 집중하기 위해 치열하게 자기 자신과 싸움을 벌여야 한다.

공부가 나 자신과의 싸움인 이유는 첫째, 정신작용의 통제와의 싸움이다. 공부는 책에 있는 지식을 인위적으로 머리에 집어넣는 작업이다. 집어넣은 것은 필요할 때 활용할 수 있도록 중요도에 따라 분류하여 저장하기 위해서는 정신작용을 효율적인 공부가 되도록 통제해야 한다. 이때 나타나는 저항이나 거부감을 제거하기 위해 치열하게 싸움을 벌이지 않으면 안 된다. 공부를 잘하기 위해서는 머리 내부체계의 자기조절기능과 외부유입 기능을 일치시키기 위한 자기 내부의 기능

조정이 필요하다. 머리 내부체계의 자기조절기능과 외부유입 기능을 자신이 의도하고 목적하는 바대로 일치시키는 작업은 그렇게 간단하지가 않다. 방해하거나 제어하려는 요소가 작용하는 것은 균형이나 안정이 일시에 깨어져 인간이 위험에 처하는 것을 막으려는 본능적 작용에서 비롯된 것이다. 가령 음식을 구하기 위해 폭력이 필요한 것으로 인식할 때 폭력을 제어하려는 이성 장벽 요소가 작동하지 않으면 어느 정도의 폭력을 행사하게 될지, 언제 끝날지, 그로 말미암아 어떤 결과가 초래될지 알 수 없는 일이다. 균형이 깨어져 수시로 발현되는 나의 폭력은 결국 타인의 폭력을 불러와 나 자신의 생명유지라는 자기 존중감 실현을 위협하는 요소로 작용할 수밖에 없다. 따라서 자신을 위험에 빠뜨리지 않으면서 받아들이도록 하는 수준까지 유지해야 하는데, 그 범위를 모를 뿐만 아니라 웬만한 노력으로는 그것이 쉽게 조정되지 않는다는 점이다. 좀 더 쉽게 설명하면, 집중해 공부가 잘되도록 하기 위해서는 잡념이 일어나지 않게 해야 한다. 그런데 이 잡념을 인위적으로 제어하여 공부에 집중하기가 어렵다. 그렇다고 자기조절기능과 외부 유입기능의 조정을 너무 어렵게 생각할 일만은 아니다. 의도대로 잘 안 된다는 것이지 안 된다는 말이 아니다. 사람은 자고 일어나 피로가 풀려 맑은 정신이 되면 공부가 잘된다. 스스로 강한 동기나 목적의식을 가졌을 때도 마찬가지다. 즉, 건강관리와 휴식만 적절하게 해도 머리에서 공부한 내용을 잘 받아들인다. 이것은 지식을 받아들이려고 하는 마음과 방해하는 마음 또는 자기조절기능과 외부유입기능 두 가지가 모두 나의 속에 존재하고 있으므로 지극히 통제가 어려운 자기와의 싸움이다. 둘째, 생리적인 현상과의 싸움이다. 자고 싶은 잠을 다 자고 남들보다 공부를 잘할 수 있는 사람은 거의 없다. 잠은 생리적인 현상이다. 일시적 제어는 어느 정도 가능하지만, 그것은 한계가 있다. 안 자려고 애를 쓴다고 근본적으로 안 잘 수 있는 것이 아니다. 셋째, 행동 통제와의 싸움이다. 유기체는 에너지를 확보하여 섭취하고 소화해 인체 각 부분에 운반하며, 운반된 것들이 발산되는 과정에 지속해서 움직이도록 생체 흐름이 체계화되어 있다. 그런데 그 움직임 중 상당 부분을 공부나 일을 하기 위해 일정한 방식으로 장시간 지속적 통제를 할 때 느끼는 고통과의 싸움이다. 머리, 어깨, 허리, 목, 손가락이 아픈 때도 있다. 온종일 책상 앞에만 앉아 있는 것은 쉬운 일이 아니다. 공부를 머리뿐만 아니라 엉덩이로 해야 한다는 이유가 여기에 있다. 넷째, 자신의 한계와 효율 향상의 싸움이다. 인간에게 있어서 일은 대부분 시간의 제약을 받는다. 이 시간 제약의 문제에 대응하기 위해서는 그냥 일하는 것만으로는 안 된다. 같은 일을 하더라도 시간 내에 마치기 위해서는 효율적으로 일하는 것이 필요하다. 그런데 사람은 저마다 능력에 한계가 있다. 일의 양이 정도를 넘으면 효율적으로 일하더라도 결국은 다할 수 없게 된다. 분량이 너무 많아 노력해도 소용이 없을 것 같고, 그렇다고 안 할 수 없는 난감한 상황에서 개인이 취할 수 있는 가장 합리적인 방법은 무엇인가? 그것은 포기보다는 도전을 선택하고, 최선을 다해 매진하면서 자신의 능력 한계를 극복하고 효율을 더 증가시켜 대응하는 것이다. 한 번에 한계를 극복할 수는 없지만, 같은 도전과 일을 반복하다 보면 요령을 터득하고 때로는 비결까지 알게 된다. 시간이 지날수록, 도전과 반복횟수가 증가할수록 숙련도가 높아지고 효율은 향상한다. 그리고 이번에 당장 목표에 도달하지는 못하더라도 다음에는 나름대로 노력한 결과를 인정받는 경우도 많다. 공부도 마찬가지이다. 한 번에 다 잘할 수는 없다.

하지만 계속하다 보면 효율이 향상되므로 공부는 자신을 한 단계 더 높이기 위한 또 다른 싸움이다.

날마다 많은 적(敵)들이 우리를 끊임없이 괴롭히지만, 가장 무서운 적은 항상 내 안에 있다. 욕망, 나약함 그리고 게으름이라는 심각한 아군 같은 적들이다. 세상에서 가장 강한 사람은 '자기와의 싸움에서 이기는 사람'이다. 인생의 본질(本質)은 다른 것에 있지 않고 바로 여기에 있다. 세상만사 모든 일도 알고 보면 자신과의 싸움에 관한 일이다. 열심히 일하는 것, 다이어트(diet)[29] 하는 일, 용서하고 사랑하는 일뿐만 아니라 타인과의 싸움까지도 전부 자신과의 싸움에 속하는 일들이다. 남과의 싸움에서는 목숨 걸고 싸우면서도 자신과의 싸움에서는 어이없게도 전의(戰意)조차 상실한 채 처참하게 무너지는 사람들이 너무 많다.

한때 우리가 성공했다고 생각했던 사람들도 자신과의 싸움에서 참패하여 한순간에 인생의 막장으로 내려가 신문의 사회면을 장식하는 사례도 적지 않다. 인생에서 싸우지 않고 얻을 수 있는 것은 아무것도 없다. 자신과의 싸움에서 진다면 우리가 인생에서 얻을 것이라고는 아무것도 없다. 사람들은 일이 잘되면 자신이 능력이 있어 그렇게 된 것으로 생각하고 안 되면 모든 것을 타인이나 조상, 운(運)의 탓으로 돌리려는 경향이 있다. 어떤 일이든 조상이나 운(運)을 탓할 것이 아니라 자신과의 싸움에서 실패(失敗)한 자신을 질책(質責)해야 한다. 이것이 자신의 오만을 극복(克服)하는 자세다.

---

29) 다이어트(diet)는 미용·건강을 위해서, 살이 찌지 않도록 섭취하는 규정식(規定食). 또는 살이 너무 찌지 않도록 먹는 것을 제한하는 일.

12. 세상은 시험 성적만 좋다고 모두 되는 것이 아니다

학벌이 좋지 않은 사람들이 자신의 경쟁력을 높이는 방법으로 널리 사용하는 것이 실력 향상이다. 이것은 좋은 방법이다. 그런데 실력을 중시하는 사람들이 착각하는 부분이 있다. 시험 성적이나 평가 점수를 잘 받으면 덩달아 실력이나 경쟁력이 높아진 것으로 생각하는 경향이 있다. 그래서 시험 성적이 높은 자신은 불합격하고 시험 성적이 다소 낮은 데도 유명학교 출신자가 합격했다는 것을 알면 당사자들은 몹시 억울하고 분해한다.

사전에 평가방법을 공시(公示)했으면, 그 기준에 따라 높은 점수를 획득한 사람이 합격하는 것은 당연하다. 그런데도 필기시험과 같은 부분평가에서 높은 성적을 받은 사람이 불합격하는 경우가 종종 발생한다. 그 이유는 면접이나 서류심사에서 낮은 점수를 받아 종합평가 점수가 다른 사람보다 낮았기 때문으로 볼 수 있다. 실제 이렇게 필기시험에서는 높은 점수를 받고도 서류심사나 면접 점수가 낮아 불합격하는 사람이 발생하는 것이 현실이다.

여기서 우리는 생각해 보아야 한다. 시험에 합격하려면 누구나 높은 성적을 받도록 노력해야 한다. 그런데 실력에는 반드시 시험성적만 해당하는 것이 아니라는 점이다. 선발을 위한 시험은 하나의 과정이고, 실질적인 것은 선발 후 함께 생활하고 협력해 일하는 데 필요한 요소도 포함된다는 점이다. 시험성적보다 면접이나 서류심사 결과가 강한 영향을 미치는 것도 이 때문이다. 즉, 실력에는 리더십, 화합, 협력, 배경, 인적 네트워크, 사회적 공인 자격, 특기, 덕망, 창의성, 추진력, 도덕성, 이타성 등 여러 가지 요소가 고려된다는 점이다. 구체적인 내용은 평가기관이나 주체마다 차이가 난다. 하지만 회사에 따라 창의성이나 인성을 가장 먼저 살펴보고 부수적으로 특기나 학벌 등을 고려할 수도 있다. 어느 집단이든 선발은 자신들이 정한 판단 기준에 따라 자신들이 원하는 사람을 뽑는다.

많은 학생이 자신의 실력이 뛰어난데도 학벌에 밀렸다고 생각하는 것은 다른 원인을 이해하지 못한 이유도 있지만, 실제 많은 회사가 시험성적 외에 학벌 등을 선발의 중요한 요소로 고려하기 때문에 나타나는 현상이다. 선발에서 학벌을 반영하는 것은 능력평가의 불완전성과 사회적 공신력을 반영한 결과다. 이번 평가에서는 실력이 다소 저조하더라도 일정한 학력이나 유명학교를 졸업한 사람은 기본적인 실력을 갖추고 있을 것이라고 믿기 때문이다. 유명대학이나 명문 대학은 그냥 만들어지는 것이 아니다. 유명대학이나 명문 대학이 유지 발전하는 것은 매년 입학하는 신입생과 재학생, 졸업생들의 치열한 노력과 도전을 통한 성공이 사회적 지위를 이어가기 때문에 가능한 일이다. 공짜로 주어지는 것이 아니다. 그런 의미에서 유명대학이나 명문 대학에 재학 중인 학생들은 자부심을 느낄 만하다.

어느 나라 할 것 없이 정도의 차이는 있어도 학벌주의는 있고, 어느 시대 할 것 없이 좋은 대학을 가는 것은 젊은이들의 꿈이다. 항상 자신이 좋은 대학에 진학했다고 우쭐하는 사람도 있고 지방대학이나 삼류대학에 다닌다며 의기소침해 하는 사람들도 있다. 그러나 좋은 대학이라고 하여 졸업생들에게 꿈을 실현해주고 장래를 보장하는 것은 아니다. 일부 대기업이 대학 수준이나 서열을 고려하여 선별적으로 입사 설명회를 하고 지원서를 보내는 것이 현실이다. 그러나 그런 행동을 하는 대기업도 멍청이가 아니다. 그들이 다년간 경험을 통해 볼 때 자신들이 원하는 인재들이 좋은 대학에서 배출되더라는 경험에서 우러나온 행동이다. 그러나 사람은 만능이 아니다.

유명대학 출신자가 실력을 제대로 발휘하지 못하면 대개 그들에게 가졌던 기대 이상 실망도 크기 마련이다. 결국 중요한 것은 유명대학 출신이냐 아니냐 하는 것이 아니라 자신을 지탱하는 것은 자신의 실력이다. 삼류대학, 지방대학 출신 중에 탁월한 능력을 갖춘 사람이 있는데도 그들을 마다하는 기업은 없다. 어느 집단이나 사회할 것 없이 모두 인재를 필요로 한다. 고졸 이하의 학력에도 능력을 인정받아 대기업의 임원이 되고 자기 사업체를 만들어 잘 운영해 나가는 사람들도 얼마든지 많다. 가장 중요한 것은 자신의 실력이다. 실력이 있으면 세상 어디에 있든 자신의 힘으로 살아갈 수 있다. 기업에서 내 능력을 인정해 주지 않으면 내가 기업을 만들면 된다.

내가 가지고 있는 능력은 어디 가지 않는다. 그런데 학벌주의에 주눅이 든 사람들은 대부분 자신이 주류사회에 편입하기 어려울 것이라는 잘못된 생각을 하고 있으며, 안타깝게도 자신의 한계를 극복하는 노력도 제대로 해보지 않는다는 점이다. 자신의 한계를 극복한 사람의 인생은 앞날에 새로운 지평이 열린다. 다른 사람들이 가지고 있는 편견은 어떻게 할 수 없다. 그렇다고 취업을 포기하고 싶지도 않다. 이런 때에는 평가시험의 성적으로 드러나는 실력 외에 다른 사람과 차별화할 수 있는 특기를 개발해 준비해 두는 것이 필요하다. 실력에는 단순하게 시험성적만 있는 것이 아니라는 사실을 반드시 기억해 두자.

13. 운, 노력, 기회, 성취의 상관관계

1) 대학생들 성공은, 운과 기회로 생각

대학생 10명 중 4명은 성공은 운과 기회라고 생각했다. 아르바이트 포털 알바몬은 2011년 11월 23일부터 30일까지 대학생 423명을 대상으로 '성공에 대한 조건'을 조사했다. 조사 결과 [표 1-1]에서 보는 바와 같이 성공은 '운·기회'라는 답변이 40.9%(복수응답)로 가장 많았다.

[표 1-1] 대학생 성공은 ○○이다

(단위: %)

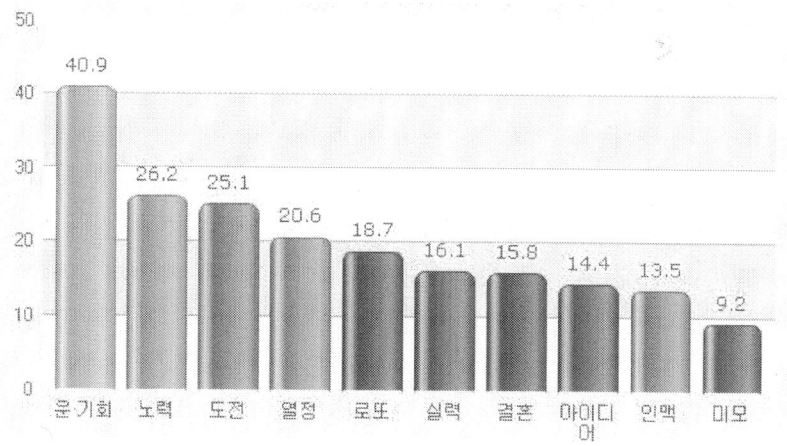

출처: 알바몬

이어 응답자의 26.2%가 노력이라고 답했다. 도전(25.1%), 열정(20.6%), 로또(18.7%), 실력(16.1%), 결혼(15.8%), 아이디어(14.4%), 인맥(13.5%) 등의 순이었다. 대학생들 스스로 생각하는 자신의 성공 확률은 평균 55.2%였다. 학년별로 보면 ▲1학년 63.0% ▲2학년 59.0% ▲3학년 35.8% ▲4학년 50.7%로 학년이 높아질수록 성공에 대한 기대 정도는 낮아졌다. 자수성가 가능성에 대해서는 58.0%가 불가능한 일로 생각했다. 정말 특출한 소수의 몇 명만이 자수성가를 할 수 있다(32.6%). 과거에는 가능했을지 몰라도 현재는 거의 불가능한 일이다(22.7%)는 등의 의견이 있었다.[30]

여기서 대학생들이 염두에 두어야 할 것이 있다. 자수성가에 성공한 사람은 자수성가할 수 있다고 말하고, 자수성가에 실패한 사람은 자수성가하기 어렵다고 말한다. 하지만 실제 자수성가의 성공은 그것이 가능하다고 생각하는 사람들에 의해 이루어져 왔다. 그러므로 자신을 자수성가한 사람으로 이끌 것인가 아닌가 하는 것은 여건이나 환경이 아니라 자신의 마음먹기에 달렸다. 어느 시대를 막론하고, 심지어는 전쟁을 치르는 어려운 시절에도 항상 자수성가한 사람은 있었다.

2) 운이란 무엇인가

사람들은 세상을 살아가면서 자신이 생각한 일이 잘되고 잘 풀리면 '아주 운이 좋았다'고 말하고, 많은 준비와 노력을 해도 기대한 대로 일이 안되거나 잘 안 풀리면 '운이 따르지 않는다. 운이 나쁘다. 운

---

30) 데이터뉴스 2011. 12. 2.

이 사납다'고 말한다. 이때 말하는 운(運)은 '운수(運數)'의 준말이다. 운수는 사람에게 정해진 운명의 좋고 나쁨, 곧 인간의 능력을 초월하는 천운(天運)과 기수(氣數)를 말한다. 천운은 하늘이 정한 운수이고, 기수는 저절로 오고 가고 한다는 길흉·화복의 운수, 길흉화복(吉凶禍福)은 길흉과 화복을 뜻한다.

길흉(吉凶)은 좋은 일과 언짢은 일 또는 행복과 재앙(災殃), 화복(禍福)은 재화(災禍)와 복록(福祿)이다. 재화는 재액(災厄)과 화난(禍難), 화난은 재앙(災殃)과 환난(患難)을 말한다. 재앙은 천변지이(天變地異)로 말미암은 불행한 사고, 환난은 근심과 재난(災難), 재액은 재앙과 액운(厄運), 액운은 액을 당할 운수, 액(厄)은 모질고 사나운 운수이다.

동양적 사고에서 운(運)은 아주 중요한 요소로, 인간 노력 이외의 결과에 영향을 미치는 요소를 총칭한다. 따라서 자신이 할 수 있는 온 힘을 기울여 노력한 후에 '운에 맡긴다'는 말을 많이 한다. 인간이 세상을 살아가는 과정에서 자신이 하고자 하는 일이나 목표에 도달하기 위해 도전과 성취를 하는 과정에는 재능이나 특기, 지능지수, 노력, 공부와 훈련의 정도, 도전 당시의 건강이나 감정상태, 인간관계, 기회, 경쟁자, 배경, 경쟁방법, 법규, 정책이나 제도, 사회적 수요와 가치, 평가 장소, 정보, 정치나 사회적 변화 등 여러 가지 요소가 변수로 작용한다.

모든 사람은 각자 주어진 여건에서 자신의 한계를 극복하기 위해 노력한다. 하지만 노력하고 도전해 성취하는 사람이 있는가 하면, 그렇지 못한 사람은 훨씬 더 많다. 사람에 따라 애초 목표나 하고자 하는 일의 종류와 성격이 다른 이유도 있지만, 같은 일을 해도 개인 간의 능력에 상당한 차이가 나기 때문이다. 이렇게 자신이 목표한 일에 도전해 성취하는 사람과 성취하지 못하는 사람의 또 다른 차이점은 실력도 영향을 미치지만, 운에 의해 좌우된다는 것이다. 실제 많은 사람이 그렇게 믿는다.

능력에 차이가 나면 당연히 결과도 차이가 나기 마련이다. 그런데 왜 사람들은 능력의 차이가 아니고 운이 성공과 실패 또는 성취 여부를 결정한다고 하는가? 그것은 인간의 불완전성에 근본 원인이 있다. 인간은 불완전한 존재이므로 자신의 실력을 제대로 발휘하고 발휘하지 못하는 것은 육체적·정신적 상태가 신체, 감정, 기분 변화 등 제반 환경 요소가 영향을 미치는 정도에 따라 결과가 달라진다. 심리적 압박감이나 안정감은 항상 중요한 변수로 작용한다. 그러므로 평가와 경쟁자를 지나치게 의식하여 긴장하면 실력을 제대로 발휘하지 못하는 일이 생기기도 한다. 하지만 이러한 현상은 본능적 의식에서 발현하는 것으로 자신이 스스로 통제하는 데 어려움이 있다. 자신이 어떤 상태에 있든 경쟁에서는 결과에 따라 모든 것이 결정된다.

타고난 재능과 노력, 도전의 선택은 사람의 몫이고 다른 변수들은 개인의 관리 영역을 벗어난다. 이렇게 개인의 관리 영역을 벗어나 삶에 영향을 미치는 모든 변수 또는 제반 환경 요소를 총칭하는 것이 운이다. 따라서 운(運)은 인간이 타고난 재능과 노력을 벗어나 제반 환경 요소들이 자신이 성취를 이루는데 유리하거나 불리하게 작용하는 상황이 형성되는 때이다. 그러므로 운 자체는 좋은 것도 좋지 않은 것도 아니다. 순간순간 개인에 의해 판단되고 해석되거나 인식된다.

개인의 노력이나 능력에 따라 현재 자신이 처하고 있는 상황에 대해 운이 좋은지 좋지 않은지 어느 정도 사전에 판단도 가능하다. 상황이 유리하면 운이 좋은 것이고, 불리하게 작용하는 상황이 형성된

때는 운이 나쁜 것으로 받아들인다. 운은 자신이 재능을 발휘했을 때 성취할 수 있는 좋은 운과 성취할 수 없는 불리한 운이 있다. 아주 좋은 운은 개인에 따라 하나의 시점일 수도 있고 일정한 기간일 수도 있다. 또한 자신의 인생에서 큰 성취를 이룰 수 있는 결정적인 운과 작은 운들이 있다. 그런데 결정적인 운은 개인의 인식에 따라 대개 일생에 한 번 또는 세 번만 주어지는 것으로 생각한다. 구체적인 횟수는 시간이 지나고 나면 당사자는 느낄 수 있다.

운을 살리고 살리지 못하는 것은 개인에게 달렸다. 운을 살리면 성취하는 삶을 살고 그렇지 못하면 힘든 삶을 살기 마련이다. 큰일을 도모하고 큰 운을 타고난 사람은 큰일을 하고, 그렇지 못한 사람은 운이 돌아오고 개인이 노력을 통하여 그 운을 살려도 큰일이나 큰 것을 이루기 어렵다. 운의 차이는 자신이 타고난 시기, 정치와 사회 상황 등 세상의 변화로 결정된다. 이러한 변화는 개인이 조정하고 만들어내는 데는 한계가 있기 때문에 큰일을 할 사람은 타고나거나 하늘에서 운이 내린다고 한다. 즉, 천운을 타고난다.

박정희(朴正熙)가 1946년 귀국하여 육군사관학교에 들어가 제2기로 졸업하고 육군 대위로 임관한 후 1963년의 대통령선거에서 야당의 단일후보인 윤보선(尹潽善)을 근소한 표차로 누르고 당선됨으로써 제3공화국의 통치권자인[31] 대통령이 되기까지 17년 정도밖에 걸리지 않았다. 이런 삶은 평상시에는 가능하지 않다. 그러므로 박정희는 천운을 타고났다고 볼 수 있다. 불운도 천운과 마찬가지이다. 그리고 같은 시기에 태어나더라도 개인마다 능력과 의지, 마음가짐에 차이가 나므로 타고난 천운과 불운의 정도도 개인마다 다르다.

---

31) 한국학중앙연구원 한국역대인물종합정보시스템.

안 좋은 운을 많이 겪는 사람은 자신이 불운하다고 생각하고, 좋은 운을 많이 겪는 사람은 자신이 운이 좋은 사람이라고 생각한다. 어떤 이는 천운을 타고나 약관(弱冠, 20세)의 나이도 되기 전에 세계 최고의 기량을 인정받는 사람도 있다. 그런가 하면 너무 일찍 유명인이 된 것이 화근이 된 사람, 젊은 나이에 요절하는 사람, 평생 재물 복을 누리는 사람, 젊어서는 별 볼 일 없는 존재로 살지만 나이 들어 이름을 세상에 떨치는 사람도 있는 등 제각각이다. 그러나 운은 고정된 것이 아니라 인간의 노력에 영향을 받는다.

운을 변화시킬 수 있는 것은 인간의 노력에 의한 준비 상태와 정도이다. 그러므로 천운을 타고난 사람도 노력하지 않고 가만히 있으면 운을 살리지 못하고 아무것도 이루지 못한다. 하지만 불운을 타고난 사람도 자신이 노력하여 그것을 극복하면 큰일을 하고 큰 것을 이루는 등 운의 내용과 크기가 노력에 따라 변화한다. 사람의 마음은 자신의 노력과 의지에 의해 변화할 수 있는 것이므로 마인드 컨트롤 등을 통해 운의 조종도 어느 정도 가능하다. 또한 자신의 의도와는 상관없이 타고난 시기가 전쟁과 맞아떨어지면 아무리 안 가고 싶어도 전쟁에 참전해야 한다. 그러나 전장에 나간다고 모두 죽는 것은 아니다. 이렇게 운이 안 좋아 큰 고생을 하거나 죽을 고비를 넘기면 사람들은 '액땜을 했다'고 말한다.

인간 삶이 우주변화와 어떤 연관이 있는지 알기 어렵고 점성술이 천운을 얼마만큼 읽을 수 있는지는 모르겠으나, 옛날에는 천체의 움직임에 대한 관측을 통하여 천운을 타고난 사람의 탄생과 운명(殞命),[32] 큰일을 하는 사람들의 운명(運命)[33]을 예언했다. 예수의 탄생이 그 대

---

32) 운명(殞命)은 사람이 명을 거둠. 죽음.

표적인 사례 중 하나다. 그러나 인간 삶에서 중요한 것은 운이 아니라 인간에게 주어진 몫인 노력을 통한 준비와 도전이다. 성취는 노력과 제반 환경 요소인 운이 동시에 작용하여 이루어지는 것으로 환경 요소는 개인이 어떻게 할 수 없다. 하지만 노력은 조정할 수 있으므로 운보다 준비와 노력이 더 중요하다.

3) 사람들이 운에 관심을 두는 이유

운 자체는 좋은 것이나 좋지 않은 것이 아니라고 했다. 그런데도 현실에서는 많은 사람이 운에 관심을 둔다. 그 이유가 무엇일까? 그것은 노력의 결과가 운에 좌우된다고 생각하기 때문이다. 사람들은 모두 열심히 노력해야 한다는 것은 안다. 실제 실력을 쌓기 위해 나름대로 열심히 노력한다. 그런데 살다 보면 열심히 노력하는 것이 다가 아니라는 것을 느낀다. 이때부터 사람들은 운에 관심을 둔다.

운이 성공에 미치는 영향에 대해 많이 생각하는 사람들은 운이 기회가 성취로 이어지는 과정에 결과를 좌우하는 요소라고 믿는다. 즉, 내가 열심히 노력한다고 되는 것이 아니라 운이 있어야 한다는 것이다. 이를테면 과정이나 결과에 영향을 미치는 불확실성이 운이다. 여기서 불확실성은 내가 그 실체를 제대로 파악하거나 이해하지 못하는 것이지만, 다른 사람들에게도 항상 그런 것은 아니다. 일반인들이 운이라고 믿는 불확실성의 내용을 전문가들은 그 원인을 분석할 수 있다.

---

33) 운명(運命)은 운수와 명수(命數). 곧, 인생 제반의 사건이 필연의 초인간적 위력에 의해 지배되고 있다는 신앙 또는 사상에 근거하여 사람의 몸을 둘러싸고 닥치는 선악·길흉의 사정. 운. 숙명(宿命). 앞으로 닥칠 여러 가지 일이나 사태.

가령 이런 것이다. 한 학생이 취업시험에 응시했다고 하자. 그런데 지원하는 회사 측에서 사원모집 요강을 바꾸어 다면평가 방식을 도입, 학벌 위주에서 능력 위주로 평가방식을 전환하고 영어 특기생은 필기시험을 제외한다는 내용으로 발표하면, 이에 따라 합격자와 불합격자가 상당한 영향을 받는다. 이처럼 취업시험에서는 모집 요강 변화, 지원자의 수나 능력 수준, 나의 실력 정도 등 여러 가지 요소가 합격과 불합격에 영향을 미친다. 이러한 것들은 환경 요소의 변화이다. 회사에서 지원자들의 평가 결과를 공개하면 당락을 좌우한 원인도 분석할 수 있다. 그런데 지원자는 열심히 노력하여 실력을 쌓는 외에 올해 몇 명을 선발할지, 어느 정도 실력을 갖춘 사람들이 몇 명이나 응시할지 등 환경요소 변화에 관한 결정 권한은 없는데 그것이 입사 여부에 영향을 미친다.

환경요소 변화는 나에게 유리하게 작용하여 기회를 제공하거나 앗아가기도 하고, 개인에 따라 성취하는 데 유리하거나 불리하게 작용할 수도 있다. 사람들이 자신의 힘으로 어떻게 할 수는 없어도 살아가는 데 영향을 미치는 일에 대해 관심을 두는 것은 당연하다. 그리고 운에 영향을 받아 자신이 하고자 하는 일이 다소 빠르거나 늦을 수도 있다. 하지만 인생에서 성공을 가져다주는 기회와 성취는 운이 아니라 노력을 통한 준비 결과에 좌우된다. 성취에 결정적 역할을 하는 것은 운이 찾아오기 전에 이루어진 사전노력을 통해 쌓인 실력이 운이 왔을 때 기회를 통해 성취로 이어지기 때문이다. 그러므로 하는 일이 잘 안 되고 운이 좋지 않다고 생각하는 사람은 어렵고 힘들 때일수록 준비를 더욱 철저히 하고 더 많은 노력을 해야 한다.

큰일을 하는 사람은 대개 천운(天運)이나 대운(大運)이 따른다. 누구나 살아가는 동안 좋은 운이 따르면 좋겠지만, 좋은 운을 기대하며 노력과 준비를 소홀히 하는 사람은 어리석다. 기회가 왔을 때 성취할 수 있는 사람은 미리 준비된 사람이다. 기회가 왔을 때는 도전하여 성취해야 한다. 운도 준비된 사람에게 따르는 것이지 아무런 노력도 하지 않는 사람에게는 좋은 운이 찾아오지 않는다. 찾아와도 준비가 안 되어 있으면 살리지 못하기 때문에 소용이 없다. 그러므로 우리가 관심을 둬야 할 것은 운이 아니라 내가 할 수 있는 노력을 통해 실력을 기르는 일이다.

14. 살다 보면 죽고 싶다는 생각이 들 때도 있다

누구나 살다 보면 가끔은 죽고 싶다는 생각이 들 때도 있다. 친구나 동료로부터 따돌림이나 괴롭힘을 당하고, 자신의 능력에 한계를 느끼고, 하는 일마다 꼬이고 잘 안 되고 안 풀려 너무 고통스럽고 힘들 때, 사람들은 죽고 싶다는 생각을 한다. 그러나 자살에 대한 강한 충동을 느끼는 그 순간만 넘기면 아무런 일이 없었다는 듯이 잘 살아간다. 사는 것이 힘들어 죽고 싶다는 생각을 하는 것은 대학생이나 현대인에게만 국한된 일이 아니다. 옛날이나 오늘날이나 크게 다를 것이 없다. 자살은 청소년기 이후의 남녀노소에 걸쳐 두루 나타난다. 사람이면 누구나 한순간 자살을 생각할 수 있다.

한국취업문제연구원이 1989년 6~9월 고졸 이상 취업상담자 1,450명을 대상으로 조사한 희망직종, 급여, 취업 경로, 노사관 등을 공개한 자료에 따르면 구직자들은 현재 취업 문제를 상당히 심각한 상태로 느끼고 있는데, 취직이 안 돼 비관 자살한 경우에 대해 "충분히 공감하거나 그런 생각을 한 적이 있다"는 응답자가 17%나 됐다. 특히, 대졸자들이 현실에 불만을 느끼는 비율이 높아 고학력 취업난을 반영한[34] 것이라고 한겨레가 보도했다. 그러나 1989년 당시 자살하고 싶다는 생각을 했던 사람 중 자살을 하지 않은 사람들은 지금 잘 살

---

34) 한겨레 1989. 10. 15.(네이버 뉴스 라이브러리)

고 있다. 자살의 유혹을 이기고 고비를 잘 넘겼기 때문이다. 인생은 고비를 넘기면 앞날에 새로운 지평[35]이 열린다.

사는 것이 힘들어 죽고 싶다는 생각이 들면 죽을힘과 용기를 내어 노력하면 살아갈 방도가 생긴다. 그 사례 중 한 사람이 영화배우 오지영 씨다. 드라마 '마이걸', '주몽', '계백' 등에 출연하며 많은 이들의 사랑을 받고 있는 오지영 씨가 2011년 12월 27일 한 프로그램에 출연해 스스로 목숨을 끊으려다가 친구의 악담으로 자살 기도를 그만둔 사연을 털어놨다. 오지영 씨는 "방송 약속을 어기는 등 방황을 겪으며 연기를 두어 번 쉬었다. 쉬는 동안 일반 직장인으로 살고 사업도 했다. 하지만 IMF(International Monetary Fund, 국제통화기금) 시절 사업에 크게 실패해 자살 기도를 했다"고 고백해 주위를 놀라게 했다.

이어 "방송도 사업도 다 실패해 '내 인생은 끝났구나'라고 생각해 동호대교 위로 올라갔다. 그때 친구 한 명이 생각나 전화를 했더니 '너 죽으려고? 그래, 잘 죽어. 너 같은 애는 죽어야 해. 천당도 못 가고 지옥 갈 거야. 잘 죽어'라고 악담을 퍼붓고 먼저 끊더라. 너무 화가 나서 자살할 생각도 접고 친구에게 달려갔다"고 회상했다. 화가 난 채로 친구 집에 찾아간 오지영 씨는 고래고래 소리를 질러 친구를 불러냈고, "친구가 집 밖에 나오더니 '안 죽고 여기 왜 왔어?' 하더라. 어찌 보면 생명의 은인이다"라고 회상하며 미소를 지었다고 한다.[36]

---

35) 지평(地平)은 어떤 분야의 전망이나 발전 가능성.
36) MBN뉴스 2011. 12. 27.

1) 경제협력개발기구 국가 중 자살률 1위

자살은 인기인이나 유명인에게 국한되는 일이 아니다. 우리나라는 경제협력개발기구(OECD, Organization for Economic Cooperation and Development) 국가 중 자살률 1위로 '자살예방을 위한 사회적 개입'이 절실한 상태이다. 한국보건의료연구원(NECA)은 최근 우리 사회에 심각한 문제로 대두한 우울증과 자살에 대한 대책 마련 중 하나로 '국내 우울증의 질병 부담과 치료현황'이라는 주제의 한국보건의료연구원 보고서를 발간했다고 2011년 6월 22일 밝혔다. 보고서에 따르면 우리 국민 20명 중 1명은 우울증을 경험한 것으로 나타났다. 보고서는 평생 한 번이라도 우울증을 앓은 사람은 전체 인구의 5.6%가량인 약 200만 명이고, 현재 우울증을 앓고 있는 사람도 전체 국민의 2.5%인 약 100만 명 정도라고 추정했다.

특히, 우울증은 일상생활이나 사회생활에 심각한 지장을 가져오는 질환이지만, 누구나 앓을 수 있고 치료도 가능하다. 하지만 정신질환이라는 편견으로 우울증을 내버려두는 경우가 많아 자살 등 심각한 문제로 이어질 수 있다고 보고서는 지적했다. 실제 건강보험심사평가원 청구 자료를 분석한 결과 정신과 등에서 우울증 치료를 받고 있는 환자 수는 29만 명이며, 이중 지속적인 치료를 받는 사람은 15만 명가량으로 나타났다. 따라서 보고서는 우울증 등 의료적 문제가 자살의 중요한 원인임에도, 우울증 환자의 15%만 전문적인 치료를 받고 있다고 문제점을 지적했다.[37]

---

37) 국민일보 쿠키뉴스 2011. 6. 22.

2) 자살기도자는 의학적 상태의 환자

이처럼 우울증 환자의 치료율이 떨어지면서 국내 자살 인구도 꾸준히 증가했다. 통계청 자료에 따르면 지난 2009년 고의적 자해로 말미암은 사망자 수는 1만 5,413명이었다. 이는 하루 평균 42.2명, 34분에 1명꼴로 자살을 선택한 것이다. 이는 인구 10만 명당 자살 사망자 수를 나타내는 자살률이 31.0명으로 2008년보다 무려 19.3%나 늘었다. 한국보건의료연구원 보고서는 특히 "국내 6,510명의 일반인을 대상으로 한 연구에 의하면 자살기도자의 60~72%, 자살사망자의 80%가 정신질환을 갖고 있는 것으로 확인됐다. 자살기도자는 의학적 상태의 환자를 의미한다"라고 밝혔다. 하지만 자살기도라는 병명만으로 건강보험이나 사보험에서 의학적 치료의 혜택을 받을 수 없다.

이들에 대한 건강보험 혜택과 사회의 인식변화가 필요한 시점이라고 보고서는 주장했다. 따라서 보고서는 "최근 학업과 생활고 등 생계형 자살도 급증하고 있어 자살을 이제는 개인의 책임으로만 미룰 수 없고 적극적인 사회적 개입이 필요하다. 미국 등 외국처럼 자살을 기도해 응급실 등 병원에 오는 경우 정신과 등 병원 치료를 받을 수 있도록 연계시스템을 마련해 자살 예방에 적극 나서야 한다"고 주장했다.[38]

3) 대학생과 자살

자살 문제는 대학생들도 예외는 아니다. 연평균 230명(경찰청 통계),

---

38) 국민일보 쿠키뉴스 2011. 6. 22.

매달 20명의 대학생이 자살하고 있지만, 국내 대학에는 자살의 가장 큰 원인인 우울증을 치료할 의료시스템이 사실상 전혀 없는 것으로 나타났다. 신경정신과 전문의가 대학 내에서 상담부터 약물치료, 입원까지 원스톱(one stop)으로 진료하는 미국 대학과는 대조적인 모습이다. 국내 대학 중 보건진료소나 건강센터 등 대학 내 의료시설에 신경정신과가 있는 곳은 서울대와 카이스트(KAIST) 단 두 곳뿐이다.

다른 대학들도 교내 건강센터나 보건진료소를 운영하고 있지만, 예방접종과 1차 외상 치료, 치과 등이 주요 업무로 진료 과목에 신경정신과 자체가 없다. 물론 이들 대학은 상담센터를 운영하고 있지만, 체계적인 것과는 거리가 멀다. 약물치료 등으로 진료가 연계되지 않고, 학업상담이나 외국인 학생 적응 등 상담 분야가 광범위해 맞춤형 상담도 어렵다. 학생 10명 중 8명(78.8%)이 '상담센터가 어떤 서비스를 제공하는지 모른다'고 답할 정도(2011년 연세대 신입생 실태조사)로 인지도도 낮다. 서울대 보건진료소 신경정신과 노명선 교수는 "미국 대학 보건은 정신건강과 질병 예방을 중심으로 구성됐지만, 국내는 예방과 1차 치료 중심이어서 우울증 학생 치료에 한계가 많다"고 지적했다.

실제로 미국 하버드대 건강센터(Health Service)에는 정신과 전문의 11명, 임상심리사 7명 등 정신보건팀에 29명의 인력이 있고, 매사추세츠공과대의 건강센터(MIT Medical) 정신보건 인력도 21명이다. 서울대병원 정신과 함봉진 교수는 "학생을 경쟁으로만 내모는 국내 대학과 달리 미국은 경쟁과 함께 뒤처진 학생들에 대한 지원도 철저하다"고 말했다.[39] 국내 대학들의 관심과 시설 확충 노력도 필요하지만, 자

---

39) 한국일보 2011. 4. 13.

살문제는 본인의 노력과 의지가 가장 중요하다.

인간의 감정은 항상 기쁨과 노염, 슬픔과 즐거움이라는 희로애락(喜怒哀樂) 그리고 그 중간 지점 사이에서 움직인다. 중간 지점은 평화롭고 조용함을 뜻하는 평온(平穩) 상태이다. 살아 있는 사람에게는 자연의 이치에 따른 계절 등 변화의 순환, 먹이사슬 등 생존 환경과 체계, 불완전성으로 말미암아 무엇인가 일이 생기게 되어 있다. 이 중에는 좋은 일도 있고 좋지 않은 일도 있다. 사람은 내외부의 조건이나 환경 변화, 인지된 정보, 과거의 경험, 생각의 조합에 의해 감정이나 기분도 수시로 변화한다. 희로애락과 중간 지점 중 어느 한 곳에 고정된 것이 아니다. 그러므로 힘들고 괴로워 죽고 싶다는 생각이 들다가도 한순간 좋은 일을 경험하면 웃고 즐거워할 수 있는 것이 사람이다.

세상을 살아가는 동안 정상적인 사람은 희로애락과 중간 지점 중 감정의 상태가 머무는 곳은 중간 지점 부근이 가장 많다. 각각 고유의 가치를 갖는 노염과 슬픔, 기쁨과 즐거움은 대개 외부자극이나 생각, 내용의 변화에 대한 인식을 통해 느끼고 표정이나 행위로 감정 상태를 표출한다. 하지만 사람은 의식적으로 노염은 줄이고, 슬픔은 되도록 빨리 잊어버리고, 기쁨과 즐거움은 늘리려고 노력하므로 대부분 정상적인 사람들은 살아가면서 노염과 슬픔보다는 기쁨과 즐거움을 더 많이 느낀다. 실제 기쁨과 즐거움은 얼마든지 노력해 늘릴 수 있다. 자신이 좋아하는 운동경기 관람, 텔레비전 시청, 여행 등을 통해 일상 중에 기쁨과 즐거움을 느낄 수 있는 것은 많다. 그러나 노염과 슬픔 없이 기쁨과 즐거움만 누리며 세상을 살 수 있는 사람은 없다.

사람은 모두 각자 아픔과 슬픔이 있지만, 가슴에 묻고 산다. 무명 시절을 거친 유명인 중 자신의 능력 한계 체험, 어려움과 서러움, 힘겨움에서 오는 여러 가지 슬픔을 겪지 않은 사람은 아무도 없다. 아픔과 슬픔이 나쁜 것 같지만, 반드시 그런 것만도 아니다. 아픔과 슬픔을 딛고 일어서면 인간은 더욱 강인해지고 성숙해진다. 그리고 슬픔이라는 감정이 존재하기 때문에 기쁨과 즐거움이 의미가 있는 것이다. 인생은 수시로 찾아오는 감정의 변화를 어떻게 관리하고 고비를 넘기느냐 하는 것이 중요하다. 자살도 마찬가지이다. 그 순간만 넘기면 아무것도 아니다.

다른 사람들이 겪는 고통이나 힘겨움과 비교하면 내가 느끼는 것은 별것 아닐 수도 있다. 세상살이는 울고 싶어도 소리 내어 울지도 못하고, 바닥이 어딘지 모르게 추락하는 무한대의 인내가 필요한 때도 있다. 사람들은 천당 또는 극락과 지옥을 사후 세계의 일로 생각하지만, 그것은 모두 현생에 존재하는 것이다. 자신이 행복을 느끼면 천당이나 극락을 체험하는 삶을 사는 것이고 극한의 슬픔과 어려움에 직면하여 못 볼 것을 보고 안 겪어야 할 일들을 겪고 있다면 지옥 속에 살고 있는 것으로 볼 수 있다. 하지만 최저점을 지나고 나면 즐겁고 기쁜 일이 연속되는 날도 온다. 자신이 어려운 고비를 잘 넘겼다고 생각하는 사람들도 세월이 지나 더 큰 어려움을 당하면 지나온 세월 동안 겪은 것이 다가 아니라는 것을 알게 된다. 이렇게 인생에는 고비가 많지만, 그래도 인생은 한번 살아볼 만하다.

세상에는 아름답고 좋은 것이 너무 많다. 기쁨과 즐거움을 누리며 세상을 행복하게 살려면 감정을 통제하고 조정할 수 있는 능력을 길러야 한다. 세상에서 가장 큰 슬픔은 자신에게 지는 것이고, 가장 큰 즐거움은 자신을 이기는 것이다. 육체적·정신적으로 건강한 사람은 자살하고 싶다는 생각을 하지 않는다. 그러므로 자살을 예방하는 방법은 미리부터 행복 만들기와 자신감 만들기, 좋은 만남과 원만한 인간관계 형성 노력, 걷기와 뛰기를 비롯하여 지속적인 운동과 취미생활 등 여러 가지가 있다. 이런 것을 미리부터 생활화해두면 자살을 생각하지 않고 건강하게 살 수 있다.

4) 상처는 희망의 토양이 되기도 한다

불안정한 가정환경에서 자라는 세계의 많은 청소년에게 오바마 미국 대통령은 큰 위안을 주는 인물이다. 복잡한 가정환경과 자신의 정체성 때문에 방황하던 사춘기에 소년 오바마가 멋진 리더로 성장하리라고는 아무도 예측하지 못했다. 오바마는 방황하던 시절에도 부모 탓을 한 적이 없었다. 자신을 버리고 떠나버린 아버지를 미워하거나, 재혼 실패 후 자신을 외할아버지와 외할머니에게 맡겨두고 학업에만 몰두한 어머니를 마음에서 밀쳐놓지 않았다. 가능하면 부모 입장에서 서보려고 노력했다. 그런 삶의 태도가 행운을 가져왔다고 한다.[40]

미래는 누구도 정확하게 예측할 수 없고, 사람이 세상을 살아가는 데는 변수가 많다. 살다 보면 불운한 시기를 보내기도 하고 행운을 잡고 승승장구할 때도 있다. 그러나 행운은 아무에게나 주어지고 아무 때나 찾아오지 않는다. 충분한 준비가 되어 있을 때만 주어진다. 사람에 따라 정도의 차이는 있어도 살아가는 동안 누구나 자신의 지나친 욕심, 이기주의, 오해 등으로 주위에 있는 다른 사람들과 인간관계를 하면서 마음의 상처를 받는다. 그러나 그것을 오래 끌고 가서는 안 된다. 상처와 열등감을 희망으로 대체해야 한다. 자기 안에 있는

---

40) 헤더 레어 와그너 저, 유수경 옮김(2008), 『열등감을 희망으로 바꾼 오바마 이야기』, 명진출판, pp.5~6.

희망을 끄집어내야 한다.

희망은 아픔, 상처, 한계를 극복했을 때 무럭무럭 자란다. 그러므로 상처는 희망이 성장하는 토양이 되기도 한다. 희망이 꽃피면 다른 사람들에게도 희망이 전이된다. 모두가 희망을 품으면 살기 좋은 세상이 된다. 그렇게 하기 위해서는 가장 먼저 자기 자신을 사랑할 줄 알아야 한다. 누구나 사람은 더없이 소중한 존재이고, 인생의 주역은 바로 자신이다.

15. 비행기가 하늘을 날 수 있는 것은

대학생활을 이야기하는데 당치 않게 왜 비행기가 하늘을 날 수 있는 것에 대해 말을 끄집어내는가 하고 의아하게 생각을 하는 사람도 있을 것이다. 하지만 여기서 말하고자 하는 것 역시 대학생활에 관한 것이다. 비행기가 하늘을 날 수 있는 것은 사람이 뛰어갈 수 있는 것, 좀 더 나아가면 사람이 세상을 살아가는 것과 크게 다르지 않기 때문이다.

사람들에게 비행기가 하늘을 날 수 있는 이유에 대해 말하라고 한다면 아마 극심한 지식 차이가 드러날 것이 확실하다. 비행기를 직접 설계하고 제작하는 데 참여하여 일을 하는 유능한 엔지니어나 전문가들은 아마도 책 몇 권 분량 정도로 설명할 수 있을 것이다. 일반인들은 그렇게 많이는 몰라도 공학을 전공하고 유체역학을 공부한 사람들은 열 가지나 스무 가지 정도는 설명할 수 있을지 모르겠다. 아무래도 전공분야에 종사하는 사람과 그렇지 않은 사람의 지식은 현저하게 차이가 난다. 비행기가 날 수 있는 이유는 많지만, 여기에서는 네 가지를 말하고자 한다. 들으면 누구나 알 수 있는 지극히 평범한 내용이다.

균형과 집중, 에너지, 모든 기기의 정상적인 작동 등 운행에 연관된 기기와 사람들이 각자 맡은 바 임무를 충실하게 이행해야 한다는 것이다. 첫째는 균형이다. 한쪽으로 편중되어 중심을 잃으면 제대로 이륙하지 못하고 추락할 수 있다. 다행히 이륙하더라도 균형을 잃으면 정상적으로 날 수 없다. 사람이 세상을 살아가는 데도 균형이 아주 중요하다. 지식도 그렇지만 사고나 처신 등이 편중되면 반드시 문제가 된다. 대학생활을 하는 동안 자신이 지나치게 편중된 지식을 습득하고 혹시 편중된 사고와 행동을 하는 것은 아닌지 스스로 반성해보는 시간을 가질 필요가 있다. 둘째는 집중이다. 하고 싶은 일은 너무 많은데 시간은 제한되어 있고, 몸은 하나다. 이때 우리가 할 수 있는 행동은 우선순위를 정해 선택적으로 일하는 것이다. 먼저 해야 할 것과 나중 해야 할 것을 정해도, 일을 효율적으로 하기 위해서는 내가 나아가고자 하는 방향과 목표 달성을 위해 내가 가진 에너지를 하는 일에 집중하지 않으면 안 된다. 비행기가 하늘을 날 수 있는 것은 에너지의 분출을 한 곳으로 집중시키기 때문에 가능하다. 집중은 일이나 공부 진행에서 시간을 줄이고 효율을 높이는 데 중요한 요소이다. 사람이 세상을 살아가는 동안 하는 일 중 시간의 제약을 받는 것들이 많이 있다. 그런 일들은 제한된 시간에 처리하지 못하면 쓸모가 없거나 허사가 된다. 비행기를 하늘에 띄우는 것도 제한된 시간에 에너지를 집중하지 않으면 안 된다. 무슨 일이든지 한계를 넘으려면 한계가 요구하는 것보다 큰 힘이 나도록 자신이 가진 힘을 집중해야 한다. 셋째는 에너지이다. 에너지(energy)는 인간 활동의 근원이 되는 힘, 물리학에서는 물체가 물리학적인 일을 할 수 있는 능력을 말한다. 사람이 가진 에너지는 체력과 정신력이 있다. 개인의 신체조건에 따라 체력에 상당한 차이가 나지만, 정신력에서는 더 많은 차이가 난다. 현대의 산업사회는 과학과 기술의 발전으로 기계와 설비에 대한 의존도가 높아지면서 육체노동보다는 정신노동을 하는 일들이 점차 많아지고 있다. 그러므로 정신력을 키워야 하는 것은 당연하다. 넷째는 기기의 정상적인 기능 작동과 승무원의 제 역할 수행이다. 균형을 유지고, 집중하고, 에너지를 한 곳에 투입한다고 비행기가 안전하게 운항하는 것은 아니다. 비행기를 구성하고 있는 모든 기계부속과 계기, 설비가 정상적으로 작동하고 승무원이 자기 임무를 충실하게 수행하며 공항업무를 하는 관제탑의 관제사와 원활한 소통이 이루어져야 한다. 이처럼 현재 자신의 목표를 향해 본분에 충실하며 정상적으로 학업을 수행하고 있는지 한 번 생각해 볼 일이다. 만약 어느 하나라도 비정상적으로 작동하고 있다면 내가 원하는 목표를 달성하는 데 장애가 된다는 점을 기억해둘 필요가 있다.

16. 미래를 준비할 기회를 잃으면 반드시 후회한다

　미래(未來)는 앞으로 올 때, 준비(準備)는 미리 마련하여 갖춤, 기회(機會)는 어떤 일을 해 나아가는 데 가장 알맞은 시기나 경우를 말한다. 대학생활에서 정상적인 교육과정을 이수하는 사람들에게 주어지는 시간은 같다. 물론 건강이나 나이, 여건에 따라 시간의 의미나 활용은 달라질 수 있다. 건강하지 않아 자유롭게 활동할 수 없는 경우에는 어쩔 수 없지만, 그런 사람을 제외하고 건강한 모든 대학생 개인에게 주어지는 시간은 모두 같다. 자신이 대학을 졸업하고 취업을 하든 아니면 대학원에 진학하든 미래를 준비한다는 측면에서 대학생활은 다를 것이 없다.

　누구나 자신에게 주어진 기간을 활용하고 미래를 준비해야 할 시간은 제한되어 있다. 그런데 그 기회는 한번 잃으면 같은 기회는 다시 오지 않는다. 훗날 다시 대학에 들어가거나 편입학을 하더라도, 그것은 현재의 대학생활에서 주어지는 기회와는 다른 것이다. 세상을 살아가는 동안 사람에게 중요한 것은 여러 가지가 있는데, 그 중 대표적인 것에 준비와 기회가 포함된다. 인생에 기회는 대학생활에만 주어지는 것은 아니다. 하지만 사회에 진출하여 자신의 인생을 살아가는 준비를 하는데 대학생활만큼 중요한 것은 없다. 인생의 성공과 실패, 성취는 모두 기회와 연관되어 있고 상황에 따라 어떻게 행동하느냐에 따라 결정된다.

자신이 아무리 좋은 실력을 갖춘 사람도 기회가 주어지지 않으면 실력을 발휘할 수 없다. 그런데 기회는 왔다고 바로 잡을 수 있는 것이 아니다. 사전에 준비한 사람만 기회를 충분히 활용하고 성공적인 삶을 할 수 있다. 기회가 왔을 때 준비하는 것은 늦다. 대학에서 미래를 준비해야 할 핵심적인 내용은 잠재력 개발이다. 이를 위해서는 목표 설정과 집중적인 노력, 시간관리가 대단히 중요하다. 이 세 가지를 모두 잘 하더라도 자신이 타고난 재능에 한계가 있으므로 원하는 수준의 결과를 얻기가 쉽지 않다. 하물며 어느 한 가지라도 부족한 점이 있으면 원하는 능력을 개발할 수 없다.

사력(死力)을 다해도 안 되는 것은 자신이 갖춘 능력의 한계가 거기까지라고 생각할 수 있다. 온 힘을 기울여 노력했는데도 안 되는 것이야 어떻게 하겠는가. 그러나 현실 속에는 제대로 노력을 해보지도 않고 자신의 능력이 부족하다고 생각하거나 여건을 탓하는 사람들이 너무 많다. 자신이 갖춘 능력이 얼마나 되는지 알지도 못하면서 도전도 제대로 해보지 않고 능력이 부족하거나 안 된다고 속단하여 포기하고, 세상을 살아가는 인생의 주체가 자신이라는 것을 제대로 의식하지 못하고 세월을 허송세월(虛送歲月)하는 것은 대단히 안타까운 일이다.

17. 새로운 일은 좀 아는 데 1년, 숙련은 3년이 걸린다

많은 대학생이 나도 이제는 뭔가를 상당히 많이 안다고 생각하고 자기주장을 내세우기도 한다. 이것은 정상적인 현상이다. 그런데 대학생일 때 아는 것은 주로 고등학교와 대학의 교과 과정이나 학교 내에서 경험한 일로 국한된다. 사회에는 학교에서 배운 것보다 훨씬 배울 것이 많다. 누가 나는 꽤 많이 안다고 할 때, 실제 많이 알고 있는지 아닌지는 대화를 해보고 일을 맡겨 보면 금방 드러난다. 입사시험이나 입학시험에서 면접관들이 수험생이나 입사지망생들의 능력을 판단할 수 있는 것도 자신들이 이미 많이 알고 있으며 다양한 경험을 해 보았기 때문이다. 그것에 비추어 보면 어느 정도의 능력을 갖추고 있는지 판단할 수 있다.

우리가 공부나 일을 할 때 목표를 세우는 일은 대단히 중요하다. 목표에 적합한 계획을 세우고 노력을 통해 준비와 도전이 이루어진다. 그런데 대개는 욕심과 조급증 때문에 자신이 세운 계획을 제대로 실천하지 못하고 포기한다. 그래서 작심삼일(作心三日)이라는 말이 생겼다. 나의 경험에 비추어 보면 새로운 일을 처음 시작했을 때 연관된 것들을 파악하고 기본적인 지식을 축적해 좀 아는 데는 적어도 1년이 걸리고, 숙련하는 데는 3년이 걸리며 전문적인 식견과 경험을 갖추는 데는 10년이 걸린다. 물론 사람에 따라 개인차이가 있으므로 능력이 뛰어난 사람은 기간이 단축되고 능력이 부족한 사람은 기간이 늘어난다. 이러한 내용을 아는 것은 중요하다.

학생은 아직 사회에 나가 직업으로 일을 경험하지 않았기 때문에 자신이 공부하고 쌓은 전공지식이 대단한 것으로 생각할 수 있다. 그러나 자신이 아는 것을 너무 과신해서는 안 된다. 작은 것이라도 자신이 무엇인가 알고 있다는 것은 바람직하지만, 일은 학창시절에 쌓은 지식만으로 생각처럼 잘할 수 있는 것이 아니다. 일을 잘하려면 숙련된 기술과 많은 경험이 필요하다. 사람이 세상을 살아가는 데는 아이가 나서 성인이 되는데 통상 20여 년이라는 세월이 걸리듯이 누구에게나 어떤 것을 숙련하는 데는 절대적으로 요구되는 필요한 시간이 있다. 너무 느리게 가서도 안 되지만, 장거리 달리기를 하는데 100미터 달리기를 하듯이 초기에 지나치게 전력 질주하여서는 얼마 못 가서 포기할 수밖에 없다.

성급한 마음으로 며칠이나 한두 달 사이에 모든 것을 이루려고 조급하게 굴어서는 안 된다. 무슨 일이든지 처음이 어렵지 다음은 쉽고 시간도 대폭 단축된다. 그러므로 처음에 계획하는 일은 시간이 1년이 걸든 2년이 걸리든 다소 긴 시간이 걸리더라도 성공하는 것이 중요하다. 마음이 아무리 급해도 너무 조급하게 굴거나 서둘지 마라. 결실을 보기 위해서는 반드시 요구되는 노력과 시간이 있다. 세상은 빨리 가는 것보다 제때 가는 것이 더 좋다.

18. 자기 존중과 자기 경영

1) 당신은 더없이 소중한 존재다

자신을 사랑하고 존중하는 사람이 타인도 사랑하고 존중할 줄 알고, 사랑과 존중을 받을 줄도 안다. 자신이 타인으로부터 사랑과 존중을 받는 가장 좋은 방법은 자신을 사랑하고 존중하는 것이다. 그러므로 자신을 사랑하고 존중할 줄 모르는 사람은 자기를 지키기도, 큰일을 하기도 어렵다. 당신은 언제나 가치 있고 소중한 사람이다. 어떤 상황에 부닥치더라도 자신을 지킬 것인가 지키지 않을 것인가 또는 자신이 원하는 것을 이룰 것인가 이루지 않을 것인가 하는 것은 오직 자기 자신에게 달렸다. 대부분 당신은 자신의 본래 가치를 유용하게 활용함으로써 어떤 일에서든 효과적으로 행동할 수 있다.

당신이 가치 있는 사람인 까닭은 다른 사람들이 그렇게 평가해 주기 때문도, 당신이 훌륭한 업적을 이루었기 때문도 아니다. 자기 자신이 그렇게 말하고, 또 그렇게 믿기 때문이다. 그 이유는 오르지 당신 자신이 가치 있고 사람답게 행동하기 때문이다. 권력을 잡기 위해서 또는 남을 지배하기 위해서 애쓸 필요도 없지만, 자신의 가치를 제대로 인정받기 위해서는 강력하게 행동할 필요가 있다. 만일 당신이 나약하게 행동한다면, 당연히 인정받아야 할 자신의 가치가 손상될 것이기 때문이다.

　누구에게나 자신에 대한 자부심이 있겠지만, 그렇다고 누구나 저절로 가치 있는 사람이 되는 것은 아니다. 때로는 자신이 의도했던 목적을 달성하지 못하는 일도 있고, 도저히 어찌할 수 없는 사람을 만나는 때도 있다. 또한 더 이상의 희생을 막기 위해 어떤 일에 손을 떼거나 타협해야만 할 경우도 있다. 그뿐만 아니라 그것 때문에 야기되는 감정의 혼란을 완전히 극복할 수도 있다. 효과적인 행동이란 자신의 자질을 활용함으로써 가능한 모든 방법을 적절히 동원하는 것이지 타인을 이용하는 것이 아니다. 당신의 가치와 자기 역량 발휘야말로 강력한 행동의 원천이다. 심약한 생활은 늘 맥이 없고 자기 자신의 본질을 쓸모없는 사람으로 만들기 십상이다.41)

2) 자아 존중감과 자기 존중

　자아 존중(自我 尊重, self-respect)은 자신의 품위를 스스로 높이고 긍지를 가지며 자신감을 갖는 긍정적이고 적극적인 자아개념이다. 자아 존중감은 자신의 행동 결과로 성공감이나 성취감을 경험하거나 동료·교사·부모들로부터 인정 또는 칭찬을 받아봄으로써 형성된다. 자신이 꾸준히 추진하는 일에 만족감을 느끼고 자신의 능력을 부단히 개발시킬 수 있을 때 자신감과 자아 존중감은 더욱 육성될 수 있다. 자아 존중감은 건전한 대인관계 측면에서나 사회생활 영위면 그리고 자아실현 측면에서 필수적으로 요청되는 요소이다.42)

---

41) 웨인 W. 다이어 저, 최홍명 옮김(2011), 『성공으로 가는 길 긍정의 힘』, 새벽이슬. pp.57~59.
42) 교육학 용어사전.

자아 존중감(自我 尊重感, self-esteem)은 자기 자신을 가치 있고 긍정적인 존재로 평가하는 개념으로, 자신이 사랑받을 만한 가치가 있는 소중한 존재이고 어떤 성과를 이루어낼 만한 유능한 사람이라고 믿는 마음이다. 간단히 자존감이라고 부르기도 한다.[43] 자기 효능감[44]이 특정한 과제 극복에 대한 자기 자신의 기대 수준에 따라 달라질 수 있다면, 자아 존중감은 자기 자신에 대한 보다 광범위하고 포괄적인 긍정 또는 부정적인 평가를 의미한다. 일반적으로 자아 개념과 자아 존중감은 혼용되어 사용되기도 하며, 자아 존중감은 평가의 측면을 강조한 자아 개념의 특별한 유형으로 설명되기도 한다.[45]

나다니엘 브랜든(Nathaniel Branden)은 40년 이상 자기 존중감에 대해 연구한 미국의 심리학자이다. 그는 1970년대부터 자기 존중감의 중요성을 일반에게 깨우치도록 하는 운동을 전개했고, 1980년대 접어들면서 그 용어는 더 폭넓게 연구되면서 보편적으로 사용되었다. 그가 저술한 책『나를 존중하는 삶』에는 자기 존중감에 대해 이렇게 정의되어 있다. '우리 자신에게 생각하는 능력이 있으며, 인생살이에서 만나게 되는 기본적인 역경에 맞서 이겨낼 수 있는 능력이 있다는 자신에 대한 믿음이며, 우리 스스로 가치 있는 존재임을 느끼고, 필요한 것과 원하는 것을 주장할 자격이 있으며, 자신의 노력으로 얻은 결과를 즐길 수 있는 권리를 가지며, 또 스스로 행복해질 수 있다고 믿는 것이다.'[46] 사람이 일을 감당하고 거친 세파와 맞서며 헤쳐 나아가는

---

43) 위키백과.
44) 자기 효능감(自己 效能感, self-efficacy)은 특정한 문제를 자신의 능력으로 성공적으로 해결할 수 있다는 자기 자신에 대한 신념이나 기대감이다. 높은 자기 효능감은 과제에 대한 집중과 지속성을 통하여 성취 수준을 높일 수 있다. 그 결과 긍정적인 자아상(self-image)을 형성하는 데 도움이 된다.
45) 특수교육학 용어사전.
46) 김형경(2007), 『사람풍경』, 예담, p.248.

힘은 자기 신뢰에서 나온다. 자기를 신뢰하는 사람은 자기 존중감이 생기고 자신을 존중(尊重)한다.

3) 자신을 경영하지 못하면 다른 사람 조종을 받는다

경영(經營)은 기업·사업을 관리하고 운영함, 계획·연구하며 일을 해 나감, 조종(操縱)은 남을 자기 마음대로 다루어 부림을 뜻한다. 자신을 경영할 수 없는 사람은 자신의 인생을 스스로 관리하고 자신이 해야 할 일을 주관하고 주도해 나가지 못하는 사람을 말한다. 나 자신을 스스로 관리하지 못하고 내가 해야 할 일이 무엇인지 모르면, 다른 사람의 조종이나 명령에 따라 생활해야 하는 등 자신 이외의 어떤 힘에 지배되고 억압받기 마련이다.

만약 자신의 감정을 억누르거나 상심, 걱정, 공포 등에 사로잡혀 마음대로 행동하지 못하고 다른 사람에 의해 조종당한다는 느낌 속에서 생활하고 있다면, 당신은 '타인의 명령에 따라 생활하는 사람, 자신 이외의 어떤 힘에 지배되고 억압받는 사람'이다. 이런 사람들은 대부분 나약한 생활을 한다. 그뿐만 아니라 스스로 지배당하고 속박을 받으려 한다. 그들은 늘 아무런 의욕도 없이 일하거나, 교묘한 속임수에 빠짐으로써 필요 이상의 희생을 당하고 그로 말미암아 마음의 평정을 잃는다. 또한 그들은 자신이 스스로 생활을 다스릴 만큼 강하지도, 영리하지도 못하고 생각한다. 그래서 위험을 무릅쓰고 자신의 주장을 펴기보다는, 자신을 조종하는 끈을 자기보다 영리하거나 강하다고 생각되는 사람에게 슬며시 넘겨준다. 또한 자신의 생활을 자기 자신을 위해 영위하지 못한다.

4) 향기를 품은 사람은 옆을 지나면 향기가 난다

향기를 품은 사람은 옆을 지나면 향기가 나는 것처럼 악취를 품은 사람이 옆을 지나면 악취가 난다. 아름다운 사람은 그가 머물다 간 자리도 아름답다. '아름답다'는 '보거나 듣기에 즐겁고 좋은 느낌이 들게 할 만하다. 예쁘고 곱다. 행동·마음씨가 훌륭하고 갸륵하다'는 뜻이다. 사람은 누구나 자신이 떠난 자리가 아름다울 수 있도록 노력해야 한다. 그렇게 하기 위해서는 아름다운 것을 많이 접하고 그것을 따르고 생활화해야 한다. 그런데 우리나라 학생들은 대학에 입학하면 가장 먼저 건강에 좋지 않은 술을 마시고 담배를 피우고 후배 위에 군림하는 방법을 배운다. 여기에는 선배들이 만든 악습(惡習)이 한몫을 한다. 하지만 스스로 옳은 일이 아니면 하지 않는 것이 좋다. 인간의 정서는 전이되고 잘못된 관습도 세습되는 경향이 있다.

정서(情緖)는 어떤 사물 또는 경우에 부딪혀 일어나는 온갖 감정·상념 또는 그러한 감정을 불러일으키는 기분·분위기, 심리학에서는 본능을 기초로 하여 일어나는 희로애락(喜怒哀樂) 등의 감정 또는 그때의 정신 상태를 뜻한다. 인간의 정서는 전이되는 성질이 있다. 훌륭한 사람들은 평소에 긍정적인 사람, 도전적인 사람, 성실한 사람, 자기 한계를 극복해 성취하고 성공한 사람들을 가까이하는 삶을 추구한다. 인생은 자신이 만들어 가는 것이다. 자신이 성공할 수 없게 만들어 놓고 후회하는 것은 어리석은 행동이다. 성공하고 싶으면 성공한 사람을 가까이하고, 꿈을 이루고 싶으면 꿈을 이룬 사람들을 가까이하며 어떻게 살아야 하는지 그들에게 배우면 된다.

19. 다양성과 포용 그리고 상호 존중

사람들이 지닌 소질, 재능, 기술의 다양성을 이해하고 받아들이게 되면 우리가 모두 이 세상에 필요한 존재라는 사실을 깨닫게 된다. 타인의 능력에 자신을 맡기려는 태도나 자신이 모든 일을 '알거나 할 수 없음을 인정하는 마음'도 이런 깨달음에서 시작된다. 개인의 다양성을 인정하면 그들이 집단이나 사회단체에서 일할 때 업무와 봉사에 발휘하는 다양한 재능들을 서로 연관시킬 수 있다. 다양성 덕분에 각자의 고유한 방식과 특별한 재능을 이용하여 집단이나 사회의 활동에 이바지하고 참여하게 할 수 있다. 다양성을 인정하면 집단 내의 기회, 형평성, 정체성의 필요를 이해할 수 있게 된다. 일하는 의미, 성취욕, 목적의식도 생긴다.

자본주의 체제가 초기 200여 년 동안 대두시킨 큰 문제 중 하나는 기본적으로 배타적인 체제라는 점이다. 자본주의는 일차적으로 계약 관계를 기준으로 세워진 만큼 그 적용이나 결과물의 공평한 분배 과정에 너무 많은 사람을 배제해 왔다. 단순히 금전적인 보상의 문제가 아니다. 사람들은 대부분 자본주의 체제에서 일하면서 의미 있는 참여 기회마저 박탈당하고 있는 것이다.

자본주의는 이제까지 인간이 만든 가장 좋은 체제에 속한다. 그러나 자본주의 체제는 포용의 관점에서 보면 이론과 실제의 모든 측면에서 개선될 필요가 있다. 그렇게 결과를 개선하는 것도 중요하지만, 그것이 일차적인 목표는 아니다. 진정한 목표는 인간의 인격을 옹호하는 것이다. 인격을 옹호하기 위해서는 포용적 체계에 기초를 두어야 한다. 모든 사람이 집단에 이바지하는 바가 있다는 믿음은 가능한 많은 사람을 포용하게 한다. 다양성의 본질적 가치를 믿는다면 포용이야말로 공존공영을 위해 우리 인류가 나아가야 할 길이다.

자본주의 체제는 기존 입장을 고수하는 한 오래 존속하지 못할 수도 있다. 오늘날의 사회 구조를 보면 우리에게는 독립적 지위가 부여되는 것이면 무엇이든 취하고 싶어 하는 끝없는 욕구가 있다는 것을 믿지 않을 수 없다. 그 뒤에는 나 혼자만 소유하면 된다는 생각이 도사리고 있다. 자신만 챙기려는 것이다. 하지만 곰곰이 생각해보면 이러한 태도는 단순히 이기주의의 발로에 지나지 않는다. 배타성은 결국 이기주의를 낳을 뿐이다. 그러므로 우리 인간은 공존공영을 위해 아름다움과 다양함의 타당성으로 통하는 상호 의존성을 모두 확인하기 위해 몰두한다. 그 결과 우리는 배타성을 거부하고 포용성을 갈망한다.

우리는 모두 필요한 존재들이다. 각자 내면에는 세상을 향해 발휘할 재능이 숨겨져 있다. 우리는 모두 사회적 존재이며, 우리가 몸담고 있는 조직은 사회적 단위이다. 마음속에는 조직을 위해 무엇인가를 하고 싶은 뿌리 깊은 욕망이 자리한다. 포용적 체제 안에서는 구성원 모두가 내부자가 되어야 한다. 인간은 상호 의존적이라서 혼자서는 절대로 생산적인 존재가 될 수 없다. 그러므로 충분한 커뮤니케이션(communication)이 필요하다. 충분한 커뮤니케이션과 배타적 진행은 서로 모순된다.[47]

---

47) 맥스 드프리 저, 이영진 옮김(2010), 『성공한 리더는 자기 철학이 있다』, 북플래너, pp.32~52.

사람이 가장 잘 참지 못하는 것은 배고픔이나 육체적인 고통이 아니라 무시이다. 존중(尊重)은 높이고 중히 여김, 무시(無視)는 눈여겨보지 않음, 존재나 가치를 알아주지 아니함, 사람을 업신여김이다. 내가 타인에게 무시당하지 않으려면 먼저 타인을 존중할 줄 알아야 한다. 사람은 자신을 존중해주는 사람에게 함부로 대하지 않는다. 특히, 상호 존중은 모든 인간관계 문제를 풀어 가는 열쇠로 인간 존엄성 실현과 공존공영의 바탕이 된다.

20. 행복과 인생 그리고 학교생활

좋은 성적을 올리는 것은 누구에게나 즐거운 일이다. 성적은 학교에 다니는 학생에게는 중요한 평가 기준이다. 그러므로 모든 학생이 성적을 올리기 위해 열심히 공부한다. 높은 점수를 받았다는 것은 자신이 능력이 있다는 것을 인정받은 것이기 때문이다. 사람에 따라 높은 점수를 받으면 보람과 행복을 느끼며 자부심이 생기고 자신감을 얻기도 한다. 어떤 일을 하든 현재 자신이 소속된 집단이나 단체에서 일해 좋은 결과를 낸다는 것은 바람직하므로, 좋은 결과를 창출하기 위해 열심히 일해야 한다. 그러나 인생에서 행복은 항상 성적과 일치하는 것은 아니다. 공부를 잘해 행복하다면 더욱 열심히 공부하는 것이 합당하다. 하지만 다른 일을 해서 행복한 사람도 있을 수 있다. 학생은 본업이 공부이므로 당연히 공부를 열심히 해야 하겠지만, 자신이 행복할 수 있는 것이 무엇인지 찾는 일도 열심히 해야 한다.

1) 행복은 성적순이 아니다

공부는 대단히 중요하고 살아가는 동안 평생 필요한 것이다. 하지만 행복이 성적순은 아니다. 사람들은 일반적으로 공부를 잘하는 사람들은 성공하고, 성공한 사람들은 행복할 것이라는 생각을 한다. 이것은 일종의 편견 또는 잘못된 인식이다. 심리학에서는 이것을 독심술적 사고라고 한다. 사람들이 일반적으로 범하기 쉬운 인지적 오류 중 하나인 독심술적 사고(mind reading)는 충분한 근거 없이 다른 사람의 마음을 마음대로 추측하고 단정하는 것을 의미한다. 마치 다른 사람의 마음을 들여다볼 수 있는 독심술사처럼 매우 모호하고 사소한 단서에 의해서 다른 사람의 마음을 함부로 단정하는 오류이다.[48]

성공과 행복에 대한 가치 판단 기준이 사람에 따라 다르므로 공부와 이것을 연결해 단정적으로 예단하기는 어렵지만, 공부를 잘하는 것이 반드시 성공과 행복으로 이어지는 것은 아니다. 이것은 하버드 대학교 학생 268명의 인생을 72년간 추적한 연구결과에서도 입증되었다. 평범해 보이는 사람이 성공했고, 노후 행복의 열쇠는 인간관계였다. 행복은 성적순이 아니었다.

1937년 미국 하버드대학교 남학생 268명이 인생사례 연구를 위해 선발됐다. 세계 최고의 대학에 입학한 수재 중에서도 가장 똑똑하고 야심만만하고 환경에 적응을 잘하는 이들이었다. 후에 제35대 미국 대통령이 된 존 F. 케네디(Kennedy), 워싱턴포스트 편집인으로서 닉슨의 워터게이트사건 보도를 총괄 지휘했던 벤 브래들리(Bradlee)도 끼어 있었다. 특정 개인의 역사를 장기적으로 추적한 '종적(縱的) 연구'의 최고봉을 보여주는 '하버드대 2학년생 268명 생애 연구'는 1937년 당시 하버드 의대 교수 알리 복(Bock)이 시동을 걸었다. 연구를 재정적으로 지원한 백화점 재벌 W. T. 그랜트(Grant)의 이름을 따 '그랜트 연구'라고도 불린다.

이 연구는 '잘 사는 삶에 일정한 공식이 있을까'라는 기본적인 의

---

48) 권석만(2003), 『젊은이를 위한 인간관계 심리학』, 학지사, pp.162~167.

문에서 출발했다고 한다. 연구진에는 하버드대 생리학·약학·인류학·심리학 분야의 최고 두뇌들이 동원됐다. 이들은 정기적인 대담과 설문을 통해 대상자의 신체적·정신적 건강을 확인했다. 최고 엘리트답게 그들의 출발은 상쾌했다. 연방 상원의원에 도전한 사람이 4명이었고, 대통령도 나왔다. 유명한 소설가도 있었다. 그러나 연구 시작 후 10년이 지난 1948년 즈음부터 20명이 심각한 정신 질환을 호소했다. 연구결과 47세 무렵까지 형성돼 있는 인간관계가 이후 생애를 결정하는 데 가장 중요한 변수였다. 평범해 보이는 사람이 가장 안정적인 성공을 이뤘다.

연구 대상자의 약 3분의 1은 정신질환도 한때 겪었다. "하버드 엘리트라는 껍데기 아래엔 고통을 받는 심장이 있었다"고 잡지는 표현했다. 행복하게 늙어가는 데 필요한 요소는 7가지로 추려졌다. 고통에 적응하는 '성숙한 자세'가 첫째였고, 교육·안정적 결혼·금연·금주·운동·적당한 체중이 필요했다. 성공적인 노후로 이끄는 열쇠는 지성이나 계급이 아니라 사회적 적성, 즉 인간관계였다. 형제·자매 관계도 중요한 것으로 나타났다.[49] 1967년부터 이 연구를 주도해온 하버드 의대 정신과의 조지 베일런트(Vaillant) 교수는 "삶에서 가장 중요한 것은 인간관계이며, 행복은 결국 사랑"이라고 결론지었다.

이 연구 결과는 2009년 5월 시사월간지 <애틀랜틱 먼슬리>에 공개된 것으로 알려졌다. 세계 최고수준의 명문대학에서 배출된 세계적인 수재들이 대상이 된 이 연구결과에 대해 우리의 현실과는 너무 동떨어진 것이 아닌가 하는 생각이 들거나 다소 거리감이 느껴질 수도 있다. 하지만 오늘날은 실시간으로 세계의 움직임을 살펴볼 수 있고,

---

49) 조선일보 2009. 5. 14.

지구 반대편에서 일어난 일에 대해 동시에 영향을 받고 관심사가 되는 정보화시대이다. 그리고 인간이 근본적으로 추구하는 가치나 행복, 삶의 방식 또는 개별적인 인간이 갖는 인생 목표는 수재냐 아니냐 하는 것과는 크게 상관이 없다.

여기서 우리가 주목할 것은 하버드 출신들이 아니라 인간의 생애에 대한 연구에서 얻어진 결과이다. 베일런트(Vaillant) 교수가 "삶에서 가장 중요한 것은 인간관계이며, 행복은 결국 사랑"이라고 내린 결론이다. 이것은 행복이 성적순이 아니라는 종래의 우리 인식과도 크게 다르지 않다. 한편으로는 삶에서 가장 중요한 것은 무엇인지 행복의 본질은 무엇인지를 일깨워준다. 또한 우리의 생활 속에 일상화되어 있는 한 부분으로 너무도 평범하고 가까이 있는 인간관계와 사랑의 중요성을 재인식시켜 주고 있다. 그러나 이 연구의 내용을 들여다보면 우리에게 공부를 잘하는 것이 중요하지 않다거나 공부를 많이 한 사람들은 불행하다는 것을 말하려는 것이 아니다.

학문은 숭상되어야 하고 교육에 열성과 애착을 갖는 것은 중요하다. 단지 우리와 직접 연관된 삶에서 무엇이 가장 중요하며 행복의 요건은 무엇인지를 알고, 이것을 어떻게 교육적인 측면과 연결해 자아를 실현하고 행복한 삶을 살도록 할 것인가 하는 것은 각자가 풀어나가야 할 과제이다.

2) 한국 대학생 현재 행복도 희망 직업 따라 달라져

2010 대학생 행복지수 조사 결과 미래에 종사하고자 하는 직업의 안정성 정도가 현재의 심리적 안정성에도 영향을 미치는 것으로 나

타났다. '2011 행복지속가능지수' 대학생 부문 조사(30개 대학 남녀 학생 1,689명)를 분석한 결과 2010년 대학생의 행복점수 평균은 71.6 점이었다. 전문직을 관심직종이라 말한 학생들의 행복도가 가장 높은 점수(74.9점)로 조사됐다. 뒤를 이어 사무/관리직(74.0점), 교육직(73.6점), 마케팅/영업직(73.2점)을 희망하는 학생들의 행복 지수가 높았다. 반면 건설/토목/건축직(71.3점), 정보기술(IT)/디자인직(68.3점), 문화/예술직(69점), 노무/특수직(65.4점) 분야에 관심을 두고 있는 학생들의 행복 점수는 평균 이하에 그쳤다.

행복 점수가 가장 높은 관심직종은 변호사, 의사 등 전문직이었다. 이 밖에도 사무/관리직, 교육직, 마케팅/영업직 등을 희망하는 학생들의 행복 지수가 평균 이상이었다. 특히, 전문직과 사무/관리직은 조사인원 1,689명 중 각각 364명으로 가장 많은 이들이 선호하는 직업으로 나타났다. 반면 ▲건설/토목/건축직 ▲정보기술(IT, information technology)/디자인직 ▲문화/예술직의 행복도는 크게 떨어졌다. 이러한 결과는 장래에 갖게 될 직업군의 경제·사회적 안정성이 현재 학생 시절의 심리적 안정성에도 영향을 미치기 때문으로 보인다. 운전직, 제조/생산직 등의 직업을 포함하는 노무/특수직군을 관심직종으로 꼽은 학생들의 행복지수가 65.4점으로 현저히 낮은 사실도 이와 같은 맥락으로 해석된다.

한편 사범계열 학생들의 행복도는 낮았지만, 교육직에 관심을 두는 대학생들의 행복도는 높은 흥미로운 결과도 나타났다. 전공별 분류에서 사범계열 학생들은 70.1점으로 전체 전공 중 가장 낮은 행복도를 보였지만, 관심직종별 분류에서 교육직에 관심을 두는 학생들의 행복도는 73.6점으로 평균(71.6점)보다 높았다. 가구 소득별 분석은 대학생의 행복 지수에 경제적 요소가 미치는 영향력을 보여준다. 가구 소득 별로는 ▲100만 원 미만(70.82점) ▲100만 원 이상~200만 원 미만 (64.02점) ▲200만 원 이상~300만 원(69.27점) 등에서 평균보다 낮았다. 가장 행복 지수가 높은 집단은 500만 원 이상~600만 원의 가구 소득을 거둔 학생들로 76.25점이었다. 반면 300만 원 이상~400만 원은 74.64점으로 700만 원 이상인 가구(75.13점)와 크게 차이가 나지 않았다.

이러한 결과는 돈이란 행복을 위해서 일정 정도의 수준은 필요하지만, 소득이 그 수준을 넘으면 행복 지수의 상승에 영향을 미치지 못한다는 사실을 보여준다. 에드 디너(Diener) 일리노이대 심리학과 교수는 가난에서 벗어나는 돈은 행복을 주지만, 돈이 계속해서 사람을 행복하게 만들지는 못한다고 말한다. 이 말은 대학생들의 행복에도 적용되는 것으로 보인다. 학습을 위해 필요한 돈이나, 친구들과 어울릴 때 상대적인 박탈감을 느끼지 않을 만큼의 경제력이 있으면, 이후에는 돈과 대학생활의 행복도가 크게 관련 없는 것으로 풀이된다. 또한 행복 지수의 3개년 추세를 살펴봤을 때, 가구 소득이 100만 원 미만인 집단과 400만 원 이상~500만 원 미만인 집단의 흐름이 유사한 점이 눈에 띈다.

2008년 9월 국제 금융위기 여파로 다른 집단의 행복 지수가 급격히 떨어진 반면, 이 두 집단의 행복도는 오히려 큰 폭으로 상승했다. 경기 회복세에 들어선 2010년에는 두 집단 모두 행복 점수가 떨어졌다. 한편 100만 원 이상~200만 원 미만의 소득이 있는 학생들의 낮은 행복 지수는 심각한 수준인 것으로 드러났다. 이들의 행복도는 64.02점으로 100만 원 미만의 소득을 거두는 학생들(70.82점)보다도 6.8점이나 낮았다.[50]

지수(指數)는 물가·노임 등의 시기에 따른 변동을, 일정한 때를 100으로 하여 비교하는 숫자이다. 이것은 현재의 상태에 대한 사람들의 생각을 읽고 판단하는 참고자료로 사용하는 데는 유용하다. 그러나 지수에 지나치게 의존하거나 집착해서는 안 된다. 특히, 설문에 의한 결과는 더욱 그렇다. 설문을 주관하는 기관이나 단체의 평가 방법, 의도, 목적, 설문 내용에 따라 결과가 달라질 수 있기 때문이다. 재미 삼아 행복 지수를 참고하는 것은 괜찮다. 하지만 행복은 만들어 가는 것이므로 자신이 진정 행복할 길은 자기만의 방법을 찾는 것이다.

---

50) 경향신문 2011. 12. 28.

21. 지나친 욕심은 화를 부른다

1) 대박 너무 탐하지 마라. 항상 좋은 것 아니다

대박은 어떤 일이 크게 이루어짐을 비유적으로 이르는 말이다. 주로 '대박이 터지다'의 형식으로 쓰여 '흥행이 크게 성공하다', '큰돈을 벌다'는 뜻을 나타낸다. 도박판에서 사용하는 경우가 많으므로 大博(대박: 큰 대, 넓을 박)이라는 한자에서 왔다고 보는 사람도 있고, 흥부가 큰 박을 티뜨려 횡재를 하는 장면을 연상하는 사람도 있다고 한다. 그러나 대박은 대박(大舶)에서 유래했다. 대박(大舶)은 큰 배, 큰 물건을 비유적으로 이르는 말이다. '크다'는 '부피나 길이·넓이·높이 따위가 보통 정도를 넘다. 수나 양이 많다. 일의 규모·범위·정도 따위가 보통의 정도를 지나다. 대단하다'는 뜻이고, '터지다'는 '숨은 일이 갑자기 드러나다. 웃음 따위가 한꺼번에 나오다'라는 말이다.

대박이 터지다는 말은 사행성 오락 중에 동전 같은 적은 돈을 기계에 투입한 게임에서 좋은 결과를 얻어 많은 양이나 금액의 돈이 쏟아져 나왔을 때 주로 사용한다. 즉, 일시에 기대 이상의 많은 것을 얻을을 때 사용하는 말이다. 처음에는 오락 등에 주로 사용하던 것이 요즘에는 복권이나 도박, 경마와 경륜 같은 사행성 산업, 영화나 드라마 등 한때 좋은 일이 생기거나 큰 변화가 나타나는 분야까지 널리 응용

되어 사용되고 있다. 요즈음은 대박을 꿈꾸는 사람들이 많다. 특히 인기 연예인이 되기를 원하는 사람들은 하루아침에 스타(star)가 되는 것을 꿈꾼다. 그러나 세상 모든 것은 내가 그것을 수용하고 운용(運用)할 능력이 있을 때, 내 삶에 도움이 된다.

능력이 부족한 사람에게 버거운 일을 맡겨 놓으면 일이 제대로 되지 않는다. 괴로움을 참는 세월을 보내는 동안 온 힘을 기울인 노력과 경험을 통해 쌓은 실력이 바탕이 되지 않으면, 대박은 하루아침에 거품으로 사라질 수 있다. 내가 다스릴 수 없는 것이나 내 몸이 감내할 수 있는 한계를 넘은 약은 약이 아니라 독이 되는 일이 많다. 특히, 연예인 중 갑자기 인기인으로 부상하는 사람들도 많지만, 유명연예인에서 어느 날 갑자기 무명으로 전락하는 사례는 얼마든지 많다. 세상은 너무 쉽게 얻으려고 해서는 안 된다. 사람들이 오랫동안 준비하는 땀을 흘리며 노력하는 것은 모두 그만한 이유가 있다. 유명인이 되고 수입이나 재산이 많아도 욕심 때문에 그렇기도 하지만, 살아가는 동안 여유를 느끼는 삶은 많지 않다. 그래서 삶의 지혜 필요하다.

요즈음은 한류 바람을 타고 너도나도 연예인을 꿈꾸면서 못된 사람들을 만나 한순간에 신세(身世)를 망친 사람, 특히 여자 연예인 지망생들의 피해 사례가 심심찮게 뉴스를 장식하곤 한다. 대박을 좇는 사람들이 어떤 허황함을 당하는지 중앙일보에서 보도한 기사 내용을 여기에 하나 소개한다. '거마대학생'은 서울 송파구 거여·마천동에서 집단으로 합숙생활을 하며 불법 다단계 일에 종사하는 대학생들을 말한다. 한때 이 지역에 5,000명이 넘는 학생이 모여 살았다. 거마대학생은 사라지지 않았다. 5개 다단계 업체 1,700여 명의 학생이 여전히 서울 송파구 거여·마천 지역에 남아 불법 다단계 일을 하는 것으로 파악됐다. 송파경찰서와 공정거래위원회가 합동 실태 점검을 한 결과다.

5개월에 걸친 경찰의 집중 수사로 이 지역 불법 다단계 업체의 합숙소가 113개에서 24개로 줄었다. 이 여파로 한때 5,000명이 넘던 거마대학생이 줄긴 했지만, 아직도 많은 학생이 그대로 남아 허황한 '대박의 꿈'을 좇고 있는 것이다. 송파경찰서 김선기 다단계특별수사팀장은 "대출 빚이 남아 있어 갈 데까지 가보자는 학생도 많다"고 말했다. 일부 업체는 주변 지역으로 옮겨간 것으로 드러났다. 송파서 김팀장은 "강동구 암사동과 둔촌동, 성남시 중원구 은행동·수진동·태평동, 하남시 등으로 합숙소를 옮긴 업체들이 있다"고 말했다. 이 지역들은 몇 년 전부터 다단계 합숙소가 있던 곳이다. 은행동은 거마지역 뒤를 이어 다단계 메카로 떠오르고 있다.

단속이 계속되자 업체들도 꼼수로 대응하고 있다. 일부 업체는 학생들에게 "튀어 보이지 않도록 정장 차림에서 평상복으로 바꿔 입으라"는 지침을 내렸다고 한다. 수십 명씩 무리 지어 이동하던 행태도 4~5명씩 소수로 나눠 움직이는 방식으로 바뀌었다. 또 남녀 공동 합숙소가 눈총을 받자 얼마 전부터 남녀 합숙소를 따로 운영하는 업체도 생겼다. "언론 보도를 믿지 말라"는 세뇌 교육도 강화했다. 송파서 수사팀 관계자는 "불법 업체들의 영업 방식이 갈수록 은밀해지고 단속 경찰을 우습게 대하는 행태마저 보여 수사 진행에 어려움이 많다. 단속만으로는 한계가 있는 만큼 허술한 방문판매법을 개정해 불법 다단계 규제를 강화해야 한다"고 말했다.

불법 업체들이 겨울방학을 맞은 대학생들을 상대로 새 회원 모집에 나서고 있어 추가 피해도 우려된다. 실제로 경찰과 공정위의 합동점검

중에도 불법 업체에 가입하려는 신입 회원 여러 명이 목격됐다. 불법 다단계 업체들은 "6개월에서 1년만 열심히 하면 월 1,000만 원을 벌 수 있다"며 학생들을 유혹했다. 하지만 이들이 내건 '대박의 꿈'은 거 짓이었다. 송파 관내에서 규모가 가장 큰 A업체 상위 직급자들의 수당 명세서를 분석한 결과 15개월 동안 등록된 회원 수(탈퇴자 포함)는 5,300여 명이었다. 이 중 상위 직급자인 골드플래너(GP)는 153명, 마스 터플래너(MP)는 125명, 수퍼마스터플래너(SMP)는 29명이었다.

자료 분석 결과 GP의 월평균 수입은 고작 23만 원에 불과했다. '88 만 원 세대[51]'란 말이 무색할 정도다. 또 '성공자'로 불리며 회원들의 선망 대상인 MP(이사급으로 일러도 1년에서 3~4년 걸림)가 월평균 190여만 원을 벌었다. 나머지 5,000여 명의 플래너(P)와 실버플래너 (SP) 등 하위 직급자는 월수입이 거의 없거나 불과 몇만 원 수준이었 다. A업체에서 일하다 석 달 전 빠져나온 하 모(22) 씨는 "MP만 돼도 고향 집에 매달 500만 원씩 부치고, 외제 차량에 명품 정장을 입을 수 있다고 귀가 따갑게 들었는데 다 거짓말이었다"고 분개했다.[52]

거마대학생 문제에 대해 다른 언론에서는 '일확천금의 유혹에 대 출까지 받는 거마대학생', '친구 팔아먹는 대학생!'이라는 내용으로 소개하기도 했다. 법규를 지키는 정상적인 체계에서 짧은 시간에 많 은 돈을 버는 방법은 거의 없다고 보아야 한다. 만일 그런 것이 있다

---

51) 88만 원 세대는 경제학자 우석훈 교수와 기자 출신의 사회운동가 박권일 씨가 쓴 책의 제목이다. 세대 간 불균형 문제를 다룬 경제 비평서로 출간되었는데, 이 책의 영향으로 88만 원 세대가 20대를 대변하는 하나의 용어로 자리 잡았다. 이 책은 이탈리아 청년들의 경제적 상황을 표현한 용어이자 소설인 『천 유로 세대』, 일본의 『하류지향』이라는 사회비평서와 맥을 같이한다. 88만 원이라는 수치는 비정규직 전체의 평균 임금액을 의미하는 것으로, 좋은 일자리나 대기업에 취업한 정규직과의 커다란 격차를 나타낸다. 이 런 격차는 시간이 흐를수록 더욱 악화할 것으로 우려된다. 구체적으로 비정규직 평균 임금 119만 원에 20대의 평균적 소득 비율 74%를 곱하면 88만 원이 산출된다. 우리나라의 여러 세대 중 처음으로 승자독 식 게임을 받아들인 탈출구가 없는 세대를 의미한다고도 한다.
52) 중앙일보 2011. 12. 28.

면 위험도 상대적으로 그만큼 크다. 이를테면 카지노, 경마 등 사행성 산업에 속하는 것들이 여기에 해당한다. 성인들은 바보가 아니다. 그들이 힘들고 어려운 삶을 살면서도 일시에 큰돈을 벌 수 있는 일의 유혹에 잘 빠지지 않는 것은 그것이 큰 손해를 유발하는 등 비정상적이라는 것을 직간접적인 경험을 통해 알기 때문이다.

다단계 상품 판매에 대학생들이 많이 표적이 되는 이유는 현실적으로 등록금과 생활비, 용돈 등 돈이 필요한데다 사회에 대한 지식과 경험이 부족하고 사리 분별력이 약해 유혹에 쉽게 넘어가기 때문이다. 대학생이 아르바이트 등 일을 해서 돈을 벌겠다는 생각은 바람직한 것이다. 하지만 짧은 기간에 큰돈을 벌 수 있다는 유혹에 걸려 함정에 빠지면 대가를 치러야 한다. 대박은 노력하고 준비가 된 사람들에게 찾아온다.

2) 좋은 결실 그냥 만들어지는 것 아니다

결실(結實)은 열매가 맺힘, 일의 결과가 잘 맺어짐을 뜻한다. 좋은 결실은 필요한 요소가 두루 갖추어졌을 때 만들어진다. 어느 한 가지라도 빠지거나 부족하면 좋은 결실이 되기 어렵다. 자연에서 생산되는 곡식이나 과일도 그렇지만 사람이 하는 일도 마찬가지이다. 결실이 만들어지기 위해서는 일정한 시간 동안 온 힘을 다하는 노력을 통해 실력을 쌓아야 한다. 단순하게 실력을 쌓는 것 정도로는 좋은 결실을 보기 어렵다. 간혹 운이 좋아 한두 번 만에 높은 평가를 받아 좋은 결실을 보는 사람들도 있다. 그것도 나름대로 의미가 있다. 그러나 더 바람직한 것은 지속해서 자신의 실력을 인정받는 것이다.

일정 수준의 능력을 유지하는 것은 결코 쉬운 일이 아니다. 그 분야에 종사하는 모든 사람이 최고 수준에 도달하고 자신의 능력을 인정받기 위해 치열하게 노력하고 끊임없이 도전한다. 그러므로 올라가는 것도 중요하지만 유지하기가 더 어렵다고 하는 것이다. 유명인사 중에 무명시절을 오랫동안 거치면서 여러 차례 실패를 경험한 사람들이 많다. 그런데 이런 사람들은 대개 인기를 장기간 유지한다. 그것은 자기 관리를 잘하는 이유도 있겠지만, 유명인이 되는 과정에서 부족한 것을 보완하는 노력을 통해 최고가 되는 데 필요한 요소들을 두루 갖추었기 때문이다.

유명인이 되고 타인으로부터 최고의 역량을 인정받는다는 것은 행복한 일이다. 그러나 아무리 마음이 급해 빨리 유명인이나 최고가 되고 싶다고 하더라도 땡감을 다른 사람 앞에 내놓고 좋은 평가를 받으려고 해서는 안 된다. 외형상 잘 익은 것처럼 보이는 감도 숙성(熟成)이 필요한 것이 있다. 자신이 최고라는 확신을 하더라도 세상에는 쟁쟁한 실력을 갖춘 사람이 많아서 기량을 겨루어 보아야 한다. 그런데 자신이 확신할 수 없는 능력을 갖춘 상태에서 유명인이 되고 최고를 인정받으려고 하면 실망하기 쉽다. 세상 사람들에게 호평을 받으려면 언제, 어디서, 누구에게나 공인받을 수 있는 일정한 수준 이상의 실력을 내보일 수 있어야 하므로 잘 익은 실력을 쌓는 것이 먼저다.

22. 인간은 왜 꿈을 추구하는가

꿈은 실현하고 싶은 바람이나 이상, 이상(理想)은 마음에 그리며 추구하는 최고의 목표, 철학에서는 개인적인 것이 아닌 절대적 이데아, 곧 인생의 최고 궁극의 목적인 진·선·미의 합일점을 말한다. 바람은 바라는 바이다. 목표는 어떤 목적을 이루려고 하거나 어떤 지점까지 도달하려고 함 또는 그 대상, 심리학에서는 행동을 취하여 이루려는 최후의 대상을 말한다. 이것을 다시 정리하면 꿈은 내 마음에서 원하는 것을 실제로 나타내기를 바라는 것이나 최고의 목표이다.

사람은 왜 꿈을 추구하는가? 그것은 나의 행복, 존재 이유나 존재 가치와 연관이 있다. 꿈은 내가 처음부터 의도적으로 실현하기 위해 추구하는 꿈과 노력하며 열심히 살아가는 과정에 우연히 필요성을 인식하여 설정하는 꿈도 있다. 어떤 꿈이든 꿈을 추구하는 이유는 나에게 필요한 것이기 때문이다. 내가 의식하든 의식하지 못하든 내 마음에서 원하는 것은 꼭 소용이 있기 때문에 그것을 하라고 요구하는 것이다. 사람에 따라 자기 마음이 요구하는 것은 다를 수 있다.

연애와 사랑을 통한 성적 동기 실현, 삶의 질 향상을 위한 재화 획득에 도움이 될 것이라는 판단, 내 인생이므로 내가 원하는 것을 하며 살고 싶다는 생각의 실행, 삶의 의미와 이유 발견, 성취감 만끽 등 여러 가지가 있다. 마음이 요구하는 꿈을 실현하는 과정에서 사람은 행복을 느끼고 나의 존재 이유나 존재 가치를 확인하고 더욱 열심히 살아간다. 꿈은 대부분 쉽게 달성할 수 있는 것이 아니다. 그것은 꿈이 최고의 목표이기 때문이다. 그러므로 꿈을 이루기 위해서는 열심히 노력하고 인내하고 자신의 능력을 길러야 한다.

최고의 행복은 타인과의 관계나 물질적 만족에서 나오는 것이 아니라 자신 안에 있다. 깨달음을 얻고 한계를 극복했을 때, 그 실체를 느끼고 확인할 수 있다. 불가능한 것으로 느껴졌던 자기 자신의 한계 극복, 숱한 세월을 번민하게 했던 의문이나 물음에 대한 깨달음을 얻고 해묵은 문제가 풀렸을 때, 인간은 가장 순수한 흥분과 큰 행복을 느낀다. 타인과의 관계 속에서 얻는 기쁨과 즐거움은 독점할 수 없지만, 자신의 행위를 통하여 내부에서 일어나는 기쁨과 즐거움은 자신이 독점한다. 자신만이 느낄 수 있는 기쁨과 즐거움을 늘리려면 스스로 무엇인가를 해야 하는데 그것이 꿈을 실현하고 목표를 달성하는 일이다.

사람은 불완전한 존재로 더불어 살아야 하므로 혼자 일을 하기는 쉽지 않다. 하지만 꿈은 혼자 일을 해야 하는 것만 해당하는 것이 아니다. 오히려 큰 꿈은 집단이나 사회 속에서 타인과의 관계 속에서 이루어진다. 그러므로 집단이나 사회 속에서도 얼마든지 꿈을 실현하는 것은 가능하다.

23. 청춘과 아픔

인간이 건강한 삶을 위해서는 정신과 육체의 균형 잡힌 성장이 필요하다. 그런데 청춘기에 느끼는 아픔은 주로 정신적인 것이 많다. 이것은 육체적인 성장보다 상대적으로 속도가 늦은 정신적인 성장이 이 시기에 집중되기 때문이다. 즉, 독자적인 삶을 추구하는 성인으로 성장하는 과정에 나타나는 정신적 성장통이기도 하다. 고등학교까지는 성인이 아니어서 가족과 사회의 보호를 받으며 주로 공부에 집중하지만, 대학생활은 다르다. 성인으로 자유를 만끽하며 자율적인 삶을 시작하면서 환경 변화에 따른 여러 가지 새로운 경험을 하게 된다. 이 과정에서 겪게 되는 새로운 만남, 책임감, 혼란, 시행착오 등을 거치면서 가치의 재정립이 이루어진다. 대학생활에 잘 적응하는 사람은 재미를 느끼며 즐거운 생활을 하지만, 잘 적응하지 못하는 사람들은 아픔을 겪는다.

1) 모든 사람에게는 각자가 느끼는 아픔이 있다

아픔은 육체적으로나 정신적으로 느끼는 고통으로 세상을 살아가면서 누구나 겪는 것이다. 개인에 따라 조금만 아파도 무척 고통스러워하는 사람과 가혹한 시련 속에서도 의연한 모습을 보이는 사람들도 있다. 누구나 다른 사람의 아픔을 동정하고 위로하고 격려하고 치유에 도움을 줄 수는 있지만, 자신이 아니면 그것을 느낄 수는 없다. 그리고 각자가 당하는 아픈 정도, 대응하는 자세와 태도도 제각기 다르다. 만약 내가 지금 아픔을 겪고 있다고 하더라도 너무 심각하게 받아들이지 않는 것이 좋다. 더욱 성숙한 성인이 되는 과정이라고 생각하자. 세상에는 참기 어려운 아픔을 가슴에 묻고 사는 사람들도 많다. 모든 일이 그렇듯이 지나고 나면 별것이 아닐 수도 있다. 아픔과 어려운 시기를 넘기면 즐겁고 좋은 일도 생긴다.

2) 아픔 항상 나쁜 것인가

세상 모든 일이 그렇지만 절대적인 것은 많지 않다. 인간이 불완전한 존재인데다 순환하는 자연의 이치에 영향을 받기 때문이다. 아픔은 그것을 겪는 순간에는 고통이 따른다. 정도가 심각하면 목숨까지도 위협받을 수 있다. 하지만 아픔이 항상 나쁜 것만은 아니다. 사람이 살아가는 데 도움이 되기도 한다. 내성이 생기기 때문이다. 내성(耐性)은 병원균 따위가 일정한 약물에 대해 나타내는 저항력을 말한다. 육체만 내성이 생기는 것이 아니라 정신도 내성이 생긴다.

사람은 유사한 일을 당하면 일정한 단계까지는 그것을 감당하는 힘을 발휘한다. 온실에서 가꾼 화초보다는 야생에서 자란 화초가 생명력이 강하다는 것을 우리는 잘 알고 있다. 그러므로 성장하는 동안은 아무런 병치레를 하지 않고 아픔을 당하지 않는 것보다는 병에도 걸리고 아픔을 겪어 보아야 건강한 사람이 될 수 있다. 그러나 이런 경험도 지나치면 좋지 않다. 정도를 넘는 아픔은 회복하기 어려운 결과를 가져다주기 때문이다. 그러므로 아픔을 일부러 겪을 필요는 없다. 아픔을 피하려 노력한다고 모두 그렇게 할 수 있는 것도 아니지만, 교훈을 얻지 못하는 아픔은 안 겪는 것이 낫다.

3) 아픈 만큼 성숙해지는가

성숙(成熟)은 경험이나 훈련을 쌓아 익숙해짐이다. 반드시 아픔이 아니더라도 인간은 반복된 경험이나 비슷한 경험을 하면 익숙해지고 대부분 그것에 대처하는 요령을 터득하게 된다. 그러므로 아픈 만큼 성숙해지는 것은 맞다. 육체적인 아픔도 병원균에 대한 내성이 생기고 더 잘 감당할 수 있다. 하지만 성숙을 가져오는 것은 주로 정신적인 아픔이 해당한다. 성숙한 사람은 같은 종류의 아픔이 발생하더라도 보통사람보다 훨씬 능동적으로 대처하고 잘 극복해낸다. 그러나 우리에게 관심 대상이 되는 것은 아프냐 아프지 않으냐 하는 것이 아니라 아픔을 통하여 어떤 교훈을 얻을 것인가 하는 점이다. 비슷한 아픔을 겪더라도 사람에 따라 성숙의 정도에는 많은 차이가 난다.

4) 아프니까 청춘인가

청춘(靑春)은 젊은 나이를 말한다. 청춘은 아픈 것인가? 이에 대한 대답은 쉽지 않다. 상당 부분 공감할 수는 있지만, 반드시 그런 것은 아니다. 아픔에 대한 수용력은 개인에 따라 차이가 나는데다 아픔에 대한 감정이나 감각적 느낌은 주관적인 판단이 작용하기 때문이다. 예를 들어 연애하다가 헤어졌을 때 있을 수 있는 일로 대수롭지 않게 받아들이는 사람이 있는가 하면 심한 가슴앓이를 하며 홍역을 치르는 사람도 있다. 원하는 직업을 얻기 위한 취업시험이나 사회적 인지도가 높은 국가공인 자격시험에 응시했다가 불합격했을 때 한층 더 분발하여 성공하는 계기로 삼는 사람이 있는가 하면, 자신의 능력 한계를 실감하고 좌절하여 포기하는 사람도 있다. 이것은 아픔에 대한 느낌이나 대응방식, 가치관이 달라서 나타나는 현상이다.

인간이 성장하고 발전하는 것은 반드시 아픔을 겪는 방법만을 통해 이루어지는 것은 아니다. 아픔을 통해 그것을 극복하는 과정에서 교훈을 얻고 더욱 성숙해지기도 하지만 교육과 훈련, 간접적인 경험, 일 등을 통해 성장하고 발전하기도 한다. 그런데 인생이라는 흐름을 놓고 볼 때 청춘기의 젊은이들이 겪는 아픔은 아직은 스스로 대처할 능력이 제대로 갖춰지지 않았거나 경험이 부족한 것이 원인으로 작용하는 예가 많다. 인간은 누구나 지식 축적과 다양한 경험을 통하여 점차 하나의 성숙한 어른으로 성장해 간다. 그러므로 청춘기에 나타나는 아픔은 특별한 것은 아니다. 단지 청춘기에 있으면서 당사자로 아픔을 느끼기 때문에 그것이 특별한 것으로 여길 뿐 자연스러운 것이다. 즉, 아프니까 청춘이 아니라 아프면서 독립적인 하나의 성인으로 성장해 간다. 정도의 차이는 있지만, 인간은 누구나 살아가는 동안 희로애락을 겪는다.

24. 큰일을 할 사람은 심지가 굳고 강인해야 한다

큰일은 다루는 데 힘이 많이 들고 범위가 넓은 일 또는 중대한 일을 말한다. 관용구(慣用句)는 습관적으로 쓰는 둘 이상의 단어가 모여 절이나 문장 일부분이 되는 말인데, 관용구로 '큰일(을) 내다'는 큰 사고를 저지르다. '큰일(이) 나다'는 '감당하기 어려운 일이나 큰 탈이 생기다'라는 뜻이다. 또한 큰일은 큰 예식이나 잔치를 치르는 일, 대사(大事)라는 뜻도 있다. '큰일(을) 치르다'는 '큰 예식이나 잔치를 치르다'라는 뜻이다.

심지(心志)는 마음과 뜻, 마음에 지니는 의지를 말하는 데, 일상 중에 '심지가 굳은 사람'이라는 표현으로 많이 사용된다. '굳다'는 뜻이 흔들리지 않다. 의지(意志)는 어떤 일을 이루려는 굳은 마음이다. 그러므로 심지가 굳어야 한다는 것은 어떤 일을 이루려는 마음이나 뜻이 흔들리지 말아야 한다는 것이다. 거대 집단이나 사회를 선도하는 위치에 있는 지도자들은 심지가 굳어야 한다. 끊임없이 발생하는 사건이나 사고에 휘둘려 거시지표나 목표, 원칙을 변화시키면 혼란을 가중시켜 종래에는 전체를 심각한 위기에 봉착하게 할 수 있다.

'강인하다'는 억세고 질기다. '억세다'는 몸이나 뜻이 굳고 세차다. '세차다'는 힘차고 억세다. '질기다'는 섬유질이 많거나 탄력성이 있어 쉽게 끊어지거나 부스러지지 않다. 물건이나 성질이 단단하여 오

래 견디는 힘이 있다. 끈덕지다. '끈덕지다'는 '끈기가 있고 꾸준하다'
는 말이다. 즉, '강인하다'는 뜻이 굳고 힘차지만, 탄력성이 있어 쉽게
끊어지거나 부스러지지 않는 가운데서도 성질이 단단하여 오래 견디
는 힘이 있어 꾸준하다는 것을 의미한다. 지도자는 강인해야 한다. 이
해와 갈등을 조정하며 어려운 문제들을 해결하고 자신이 소속된 집
단을 발전적인 방향으로 이끌어 나아가기 위해서는 강인하지 않으면
안 된다.

25. 정제, 모든 문제 해결 접근의 시작점

살아 있는 사람에게는 항상 문제가 생기게 되어 있다. 그중에는 쉽게 해결하고 감당할 수 있는 것과 감당할 수 없는 것이 있다. 사람들은 대부분 문제를 해결하기 위해 열심히 노력한다. 그런데 문제는 내가 직접 해결해야 할 것과 다른 사람이 해결해야 할 것, 상호 협력해서 해결해야 할 것이 있다. 정치나 교육정책, 사회문제 같은 것은 일반 국민이 독자적으로 해결할 수 있는 범위를 벗어난 것이다. 하지만 내가 구성원으로 소속되어 있기 때문에 어떻게 처리되든 내 삶에 직간접적인 영향을 미친다. 이렇게 영향은 미치는데 권력을 가진 사람들의 대응 자세나 일 처리 결과가 마음에 들지 않으면 화를 내기도 한다. 그런데 정작 중요한 것은 문제 해결에 어떻게 접근하고 화를 내야 할 대상이 누구인지도 모른다는 점이다.

문제(問題)는 해답을 필요로 하는 물음, 연구·논의하여 해결해야할 사항, 해결하기 어렵거나 난처한 대상, 성가신 일, 귀찮은 사건, 많은 사람의 관심이 쏠리는 일을 말한다. 이러한 문제를 해결하는 일반적인 방법은 지식과 경험을 쌓는 일로 시작하는 것이 일반적이다. 그런데 문제가 발생했을 때 지식을 쌓고 경험을 하는 것은 늦다. 지식을 쌓고 경험을 하는 일은 사전에 해야 한다. 문제가 발생했을 때는 그것을 해결해야 한다. 그 일차적인 접근은 자신을 정제하는 일이다.

정제(整齊)는 '정돈하여 가지런히 함'인데, 웬만한 문제는 자신을 정제하면 해결의 실마리를 찾을 수 있다. 이때 정제해야 할 것은 마음이다. 마음과 생각을 정돈하여 가지런히 하면 어떻게 행동하고 대응해야 할지 방도가 생긴다.

정제가 중요한 것은 모든 문제의 시작이 자신과 연관되어 있기 때문이다. 문제에 대한 잘못된 생각을 하는 사람들은 문제가 발생하면 자신에게는 책임이나 잘못이 없고 타인에게 책임이나 잘못이 있다고 생각한다. 그러므로 문제를 해결하는 방식도 자신이 안고 있는 잘못을 제거하기보다는 다른 사람이 책임을 지고, 잘못을 사과하고, 해결해야 한다고 생각하는 경향이 있다. 그러나 이것은 문제에 대한 생각이 근본적으로 잘못된 것이다. 세상 모든 일은 나에게서 시작되었고 나와 연관이 있다. 나에게 직접적인 잘못이 없는 일도 내가 존재하고 문제가 있다고 인식한 데서 발생한다.

다른 사람이 문제가 있다고 하여도 내가 문제로 인식하지 않으면 문제가 성립되지 않는 것도 있다. 그러므로 모든 문제의 해결 접근은 나의 잘못이 무엇인지 점검하고 마음을 정제하여 방도를 찾고, 내가 안고 있는 문제의 원인을 제거하는 일부터 시작해야 한다. 내가 안고 있는 잘못이 문제의 원인이 되었을 때는 그것을 그대로 두고 다른 사람에게 잘못이 있다고 생각하는 것을 제거해도 문제는 해결되지 않는다. 하지만 나에게 있는 잘못을 제거하고 다른 사람의 잘못도 동시에 제거하면 문제는 풀린다. 이렇게 나의 마음 정제를 통해 해결 방도를 찾고 내가 안고 있는 잘못을 제거하고 난 다음 다른 사람이 안고 있는 잘못을 제거하는 것이 문제 해결의 기본적인 접근 방법이다.

1) 가장 먼저 화를 내고 분노할 대상은 자신

오늘날 한국의 정치사회 상황과 맞물려 스테판 에셀(Stéphane Hessel)
이 저술한 『분노하라』는 책과 어구가 우리 사회에 회자되고 있다. 화
(火)는 언짢아서 나는 성, 분노(憤怒)는 분개하여 성을 냄, 성은 불유쾌
한 충동으로 왈칵 치미는 노여운 감정이다. 출간 7개월 만에 200만
부를 돌파하며, 프랑스 사회에 '분노 신드롬(syndrome, 증후군)'을 일
으키고 있는 스테판 에셀의 『분노하라』는 전직 레지스탕스 투사이자,
외교관을 지냈으며 퇴직 후에도 인권과 환경 문제 등에 끊임없는 관
심을 두고 활동하고 있는 저자가 프랑스 사회에 보내는 메시지를 담
아낸 책이다.

저자는 전후 프랑스 민주주의의 토대가 된 레지스탕스[53] 정신이
반세기 만에 무너지고 있다고 주장한다. 그리고 프랑스가 처한 여러
가지 문제에 '분노하라'고 일갈한다. 무관심이야말로 최악의 태도이며
인권을 위해 힘써 싸워야 한다고 뜨겁게 호소한다고 출판사는 소개했
다.[54] 사람은 각자 생각과 가치관이 다르므로 오늘날 한국사회나 국
제사회에 대해 분노해야 한다고 생각하는 사람도 있고, 그렇게 해서는
안 된다고 생각하는 사람도 있을 수 있다. 그런데 화를 내고 분노하기
전에 반드시 생각해야 할 것이 있다. 화와 분노의 대상이 누구이며 왜
그렇게 해야 하는가 하는 것이다.

사람은 불완전한 존재이기 때문에 자신이 당면한 문제 중 잘 해결
하지 못하는 것이 많다. 지도자들도 만능이 아니다. 내가 나의 문제를

---

53) 레지스탕스(résistance)는 저항. 저항 운동. 침략군이나 점령군에 대한 저항 운동. 특히 제2차 대전 중 독
   일 점령군에 대한 프랑스의 저항 운동.
54) 인터넷 교보문고.

해결하기 위해 노력하는 것처럼 지도자들도 각자 자신이 선도하고 있는 집단과 사회가 직면한 문제를 해결하기 위해 열심히 노력한다. 단지 그것이 생각대로 잘 안 될 뿐이다. 그런데도 국민은 정치지도자들이 문제를 제대로 해결하지 못할 때 화를 내고 분노하기도 한다. 그러나 가장 먼저 화를 내고 분노해야 할 대상은 바로 자신이다. 내가 더욱 뛰어난 능력을 쌓고, 더 많은 의무를 분담하고, 더 많은 자원봉사를 하고, 더 좋은 지도자를 선출하고, 국민을 깨우치기 위해 노력했는가 하는 점을 반성해야 한다.

평상시에 이런 노력을 제대로 하지 않아 심각한 문제가 발생하고 폐해가 늘어나게 했으면서 어느 날 갑자기 화를 내고 분노를 표출하며 사회 혼란을 가중시키는 것은 선동가나 할 일이다. 다른 지도자가 하는 것이 마음에 안 들고 화가 나면 내가 능력을 길러 그들을 대신하면 되는 일이다. 내 능력을 늘리는 일은 소홀히 하고 문제 해결 능력은 없으면서 기대만 크게 한다고 달라질 것은 없다. 우리가 화를 내고 분노해야 할 일차적인 대상은 나태함과 게으름, 위임받은 권력을 자신의 입신출세와 욕심을 실현하는 데 사용함으로써 전체의 발전 기회를 상실하게 하는 자신이다. 나에게 능력이 없으면서 직위를 유지하려고 애를 쓰는 것은 탐욕이고 죄악이다. 나의 능력이 부족하면 다른 사람이 발전을 선도하게 하는 것이 마땅하다.

2) 병을 다스리는 가장 좋은 방법은 예방

병(病)은 생물체의 전신 또는 일부분에 생활 기능의 장애로 변화가 생겨 고통을 느끼는 상태, 사물에 생기는 탈, 고장을 말한다. '다스리다'는 '나라·사회·집안일을 보살피거나 주재하다. 사물이 문란해지지 않도록 바로잡다. 어지럽던 것을 평정하다. 병을 고치다. 죄에 대해 벌을 주다. 어떤 목적에 따라서 잘 정리하거나 다루어 처리하다'라는 뜻이다. 사람들은 대개 치료가 병을 다스리는 가장 좋은 방법이라고 생각하여 병이 나면 병원을 찾아 의사에게 치료를 받는다. 병들었을 때는 그렇게 하는 것이 옳다.

인간의 몸은 언제든지 탈이 날 수 있다. '병들었다'는 것은 인체나 정신력으로 조정하거나 감당할 수 있는 범위를 넘어 이상이 생겼다는 것이다. 사람이 가진 조정력은 노력하고 관리하기에 따라 그 한계 수준이 높아질 수 있다. 그러므로 병을 다스리는 가장 좋은 방법은 조정하고 감당할 수 있는 능력을 높이는 것, 즉 예방이다. 사람들은 일상 속에서 건강관리를 위해 운동을 한다. 이처럼 예방을 위한 노력은 미리 해야 한다. 살다 보면 화를 내고 분노하는 것이 필요할 때도 있다. 그러나 화나 분노를 다스리는 가장 좋은 방법은 화를 내지 않고 분노하지 않는 가운데 성취를 이룰 수 있도록 정제를 거쳐 목표를 설정하고 준비에 철저함을 기해 성취하는 것이다. 사회문제 해결도 마찬가지이다.

26. 기성세대 젊은이들 위해 존재하는 것이 아니다

어느 시대를 막론하고 젊은이들의 대표적인 불만 중 하나가 좋은 일자리가 부족하다는 것이다. 하지만 세상은 누가 우리에게 무엇을 해주기를 바라기보다는 나 스스로 노력하고 준비하고 개척하고 도전해 성취하는 삶을 추구하고, 그런 과정을 통해 내가 쌓은 것을 베푸는 삶을 지향해야 한다. 그래야 모두에게 환영받는다. 일자리도 마찬가지이다. 기성세대(旣成世代)는 현재 사회에서 활동하고 있는 나이가 든 세대이고, 후세(後世)는 다음에 오는 세상 또는 다음 세대의 사람들이다.

기성세대는 후세를 위해 선대는 후대를 위해 자신들이 이룬 것을 베푸는 삶을 살아야 한다. 그리고 실제 그렇게 살고 있다. 그런데도 어느 국가를 막론하고 후대들은 선대, 후세들은 기성세대에 대해 불만을 표출하는 경우가 많다. 잘못이 있으면 불만을 표출할 수도 있다. 불만(不滿)은 '불만족'의 준말이고, 불만족(不滿足)은 만족하지 않음을 뜻한다. 반대말은 만족이다. 만족(滿足)은 마음에 흡족(洽足)함 또는 흡족하게 생각함이다. 기성세대나 선대는 후세나 후대를 위해 베풀고 그들이 만족하게 하기 위해 노력해야 하는 것은 사리에 맞다. 하지만 그들을 만족하게 해야 할 의무는 없다.

만족은 개인이나 상황에 따라 다르다. 만족을 추구하는 것은 자신이다. 오늘의 기성세대들이 쌓고 이룬 것은 자신들의 노력, 준비, 도전, 성취의 결과이다. 후세들도 그런 삶을 살아야 한다. 정치지도자가 일자리를 창출하기 위해 노력해야 하는 것은 당연하다. 그러나 젊은 청년들이 '일자리를 제대로 창출하지 못하고, 일자리가 부족하다'며 불만을 표출하고 일자리를 창출해 달라고 요구하는 것은 문제가 있다. 그 이유는 간단하다. 후세나 후대들이 기성세대나 선대에 바라고 지원받아야 할 것이 불만 표출이나 일자리 창출 요구가 아니기 때문이다.

기성세대나 선대가 후세와 후대에게 해줄 수 있는 것은 자신들이 쌓은 지식과 경험, 기술을 전수하고, 후세가 그것을 전수받아 쌓을 수 있는 기회를 제공하고 경제적인 지원을 통해 건전한 사회 구성원으로 육성하는 것이다. 일자리를 제공하는 것이 아니다. 이 같은 기성세대와 선대들의 판단과 삶의 방식은 올바른 것이다. 즉, 사업체를 물려주는 것보다는 사업체를 스스로 만드는 실력을 기르게 해주는 것과 같은 이치이다. 후대나 후세가 일자리를 달라는 것은 기성세대나 선대가 후대나 후세에게 능력도 기르게 해주고 사업체까지 만들어 물려달라는 것과 같다. 이것은 욕심이다.

정상적인 국가체계에서는 시간의 흐름에 따라 사람들이 태어나고 죽는 현상이 자연스럽게 일어나고 환경변화에 따라 없어지는 일자리도 있지만, 새로 만들어지는 일자리도 있으므로 어느 정도의 일자리는 항상 존재한다. 좋은 일자리가 많지 않다고 생각하는 사람들도 있지만, 좋은 것은 상대적이다. 사람이나 상황에 따라 다르다. 같은 일자리도 좋다고 생각하는 사람도 있고 좋지 않다고 생각하는 사람도 있다. 일자리가 부족하고 많이 못 만든다고 불만을 표출하고 일자리를 만들어 달라고 요구할 수는 있지만, 그런다고 일자리가 생기는 것이 아니다.

어느 시대를 막론하고 일자리를 창출하는 것은 쉬운 일이 아니다. 새로운 일자리를 창출하기 위해서는 발전해야 한다. 하지만 발전을 하기 위해서는 경쟁력을 높여야 하는데 이를 위해서는 생산성을 향상해야 한다. 그런데 문제는 사람의 노동력에는 한계가 있다는 것이다. 결국 설비를 도입하여 생산성을 향상하고 발전하면 할수록 기계나 설비가 사람의 일자리를 잠식하는 현상이 나타난다. 이렇게 딜레마에 빠지기 때문이다. 기성세대와 선대는 자신들을 위해 존재하는 것이지, 후세나 후대인 우리를 위해 존재하는 것이 아니다. 능력을 배양할 수 있도록 양육을 통해 교육과 훈련 기회를 주고 경제적인 지원을 해준 것만으로도 감사하고 자신에게 주어진 기회를 온 힘을 기울여 살려야 한다.

기회가 주어졌을 때는 열심히 노력하지 않고 좋은 일자리가 부족하다고 말하는 것은 사리에 맞지 않다. 살아가는 동안 다른 사람이 나에게 어떤 계기를 제공하고 도움을 줄 수 있으며, 그러한 것들이 내 인생의 획기적인 전환점이 될 수는 있다. 하지만 그것을 받아들여 기회를 살리고 살리지 못하는 것은 모두 나 자신에게 달렸다. 그리고 세상에 보장된 것은 아무것도 없다. 재벌의 2세도 마찬가지이다. 물려받은 재산을 유지하고 불려 나갈 능력이 없으면 약이 아니라 독으로 작용하여 자신의 인생을 망치게 할 수도 있다. 그러므로 시간이 있을 때 준비를 제대로 해야 한다. 이것은 대단히 중요하다. 내가 원하는 삶은 나의 준비 결과가 좌우한다.

27. 인생, 자기가 필요함을 느끼고 알아서 살아야 한다

소를 물가에 끌고 갈 수는 있지만, 물을 억지로 먹일 수는 없다. 그런데 아무리 물을 먹이려고 해도 물을 안 먹던 소가 물을 잘 먹을 때가 있다. 소 스스로 물을 먹고 싶을 때, 즉 소의 내부에서 필요를 느낄 때이다. 이때는 자연스럽게 그것을 구하기 위해 움직인다. 심하게 갈증을 느낄 때는 소 스스로 물을 찾아간다. 갈증이 한계에 도달하면 생명을 잃는다는 것을 알기 때문에 죽을힘을 다해 물이 있는 곳으로 나아가 물을 마신다. 이때는 아무리 막으려 해도 막기 어렵다. 인간의 삶도 마찬가지이다. 자기가 필요함을 느끼고 알아서 살아야 한다. 자기가 필요한 것을 아는 것은 대단히 중요하다. 알아야 무엇을 제대로 할수 있기 때문이다. '알다'는 '생각하여 판단하고 분별하다'는 뜻이다.

인생의 주역은 자신이다. 옆에서 아무리 좋은 길로 인도하고 능력을 키우도록 도움을 주기 위해 노력하고 지원해도 자신이 소중함을 알고 무엇을 하려고 하는 의지가 없으면 제대로 이루어지지 않는다. 주위 사람들의 노력을 의식하여 미안한 마음에 하는 척하지만 좋은 결과를 보기는 어렵다. 그렇다고 인생은 다른 사람이 대신 살아줄 수 있는 것도 아니다. 자기가 알아서 살아야 한다. 잘살아도 못살아도 모두 자기 인생이다. 좋지 않은 길을 갈 때 옆에서 아무리 말리고 안타까워해도 소용이 없는 때도 있다. 세월이 흐른 훗날 잘못을 깨달으면 그때 후회한다.

젊은이들이 귀중한 시간을 허송세월하는 것을 보면 안타깝다. 그러나 더 안타까운 것은 자기에게 진정으로 필요한 것이 무엇인지 잘 모르는 사람들이 너무 많다는 점이다. 공부는 단순하게 지식을 쌓는 일이 아니다. 인생을 살아가는 방법을 터득하게 하고 일을 감당하는 힘을 길러주는 등 좋은 점이 아주 많다. 자신이 공부한 것은 나만의 고유한 자산이다. 죽을 때까지 나 혼자 독점한다. 일을 감당하는 힘도 공부에서 나온다. 공부는 누구에게나 필요한 것이다. 후회하지 않으려면 열심히 공부해야 한다. 그리고 나에게 진정으로 필요한 것과 하고 싶은 일이 무엇인지 한번 생각해보자.

28. 현명한 사람은 원하는 것을 쫓기보다 다가오게 한다

'쫓다'는 급한 걸음으로 뒤를 따르다. '다가오다'는 '어떤 일이나 때가 가깝게 닥쳐오다'는 뜻이다. 사람의 삶은 대개 뒤에서 앞선 것을 쫓아가기보다는 먼저 가서 준비해 놓고 다가오게 기다리는 것이 힘이 덜 든다. 문제는 쫓아가기도 어려운데 어떻게 미리 가서 준비해놓고 다가오게 기다릴 것이냐 하는 점이다. 인생은 달리기와는 다르다. 돈을 벌고 권력을 획득하고 성공하는 것은 필요한 조건을 알면 그에 맞추어 미리 준비하고 다가오게 기다리는 것이 충분히 가능하다.

실제 현명한 사람들은 자신이 목표로 하는 것을 직접 공략하기보다는 미리 준비해 놓고 일이 자신이 원하는 대로 되기를 기다린다. 다른 사람을 움직이는 것도 마찬가지이다. 상황을 그렇게 만들면 내가 일부러 부탁하지 않아도 다른 사람들이 움직여 내가 원하는 것을 이룰 수 있다. 그럼 돈을 벌고 권력을 획득하고 성공을 하기 위해 미리 준비해야 할 것은 무엇인가? 그것은 인프라이다. 인프라는 그냥 구축되지 않는다. 많은 시간과 노력, 재화를 투자해야 한다. 인프라는 목표 대상에 따라 달라질 수 있으므로 각자가 자신이 지향하는 목표에 따라 필요한 것을 파악하고 준비해야 한다.

29. 세상이 발전하는 것은 누군가 희생하기 때문이다

세상이 유지되고 발전하는 것은 다른 사람을 위해 희생하는 누군가가 있기 때문이다. 더럽고, 힘들고, 어려운 일을 아무도 하지 않으면 세상은 사람이 살기 어려운 곳이 된다. 쓰레기를 한 달만 안 치워도 도시 전체에 악취가 진동한다. 자기 잘난 맛에 세상을 사는 사람들도 있지만, 우리가 매사에 모든 것에 감사하며 살아야 하는 이유가 여기에 있다. 세상은 내가 돈을 잘 벌고 능력이 있고 권력을 가졌다고 해서 항상 나의 안전이 보장되는 곳이 아니다. 공권력이 개인의 안전을 지켜주는 데는 한계가 있다. 그런데도 오늘날 사람들의 행태 흐름을 지켜보면 모두가 더럽고, 힘들고, 어려운 일을 피하려고 안간힘을 쓴다.

더럽고, 힘들고, 어려운 일을 하는 사람들에게 감사는 고사하고 '경희대 패륜녀 사건'에서 보듯이 심지어는 그런 일을 한다고 함부로 대하기도 하고, 2011년 홍대 청소노동자 집단해고 사건을 비롯한 서울의 주요 대학에서 보듯이 최저임금에도 못 미치는 급료를 주고 일을 시키며 착취하려는 사람들도 있다. 그러나 그들도 누군가의 가족이고, 우리 사회를 지탱하는 봉사자라는 사실이다. 희생(犧牲)은 어떤 사물·사람을 위해서 자기 몸을 돌보지 않음, 사명(使命)은 맡겨진 임무, 사명감(使命感)은 주어진 임무를 수행(遂行)하려는 기개(氣槪)나 책임감이며, 임무(任務)는 맡은 일을 뜻한다.

총알이 빗발치는 전장에서 죽을 수 있다는 것을 알면서도, 지휘관의 명령에 따라 적을 쳐부수기 위해 앞으로 돌진하는 것은 단순하게 명령을 위반하면 처벌을 받기 때문에 그렇게 하는 것이 아니다. 사명감으로 자기에게 주어진 임무를 다해 자신이 희생하면 가족과 친척, 친구와 동료, 국민의 안전이 확보되고 그들의 발전적인 삶의 바탕이 된다는 것을 알기 때문이다. 즉, 다른 사람들의 행복을 위해 내가 희생하는 것을 받아들이는 것이다. 이처럼 세상은 누군가의 희생이 있기 때문에 돌아간다. 나는 희생하지 않고 다른 사람의 희생 위에 안주하려는 것은 이기주의자다. 그런데 오늘날 우리 사회에는 책임과 의무 부담은 회피하면서 권리와 이익을 누리려는 사람이 너무 많다.

더불어 사는 살기 좋은 세상을 만드는 것은 그렇게 어려운 일이 아니다. 자신에게 주어진 의무를 다해야 한다는 것은 기본이다. 한 걸음 더 나아가 모두가 타인을 위해 더 많이 배려하고 양보하면서 더럽고, 힘들고, 어려운 일을 자청하면 된다. 그러므로 오늘 내가 더럽고, 힘들고, 어려운 일을 하게 되더라도 나 자신과 우리 모두를 위한 일이라는 것을 알고 즐거운 마음으로 열심히 해야 한다. 그러면 다음에는 다른 사람들이 나를 위해 기꺼이 그 일을 해줄 것이다.

30. 대학생활, 잘 준비하여 시작하자

봄의 교정은 아름답다. 목련, 개나리, 진달래, 벚꽃 등 봄꽃들이 앞을 다투어 꽃봉오리를 터뜨리는 캠퍼스는 색과 향으로 신천지를 창조한다. 겨우내 움츠렸다가 막 기지개를 켜는 초목의 분주함은 캠퍼스에 첫발을 내딛는 대학 신입생들의 설렘과 겹친다. 희망과 기대의 표상이라 할 수 있는 봄꽃만큼 캠퍼스와 어울리는 사물이 있을까. 청춘들의 꿈이 날개를 펴고 그들의 희망과 기대가 싹을 틔우는 곳이 대학이기 때문이다.[55]

새로운 시작은 항상 막연한 불안감과 설렘, 희망과 기대가 교차한다. 대학생활을 처음으로 시작하는 신입생들도 마찬가지이다. 어느 나라 대학 할 것 없이 처음 시작은 비슷하다. 대학생활에서 가장 중요한 점은 자신이 진정으로 미래에 하고자 하는 것을 찾고, 나중에 대학원을 진학하거나 사회에 나가서 자신이 원하는 일을 잘할 수 있도록 차근차근 자신의 실력을 쌓아나가는 것이다. 그러기 위해서는 대학생활을 안정되게 잘할 수 있는 준비가 되어 있어야 한다.

2010년 발간된 『성공적인 대학생활을 위한 비결(The Secrets of College Success)』의 공동저자 린 제이콥스(Lynn F. Jacobs)와 제르미 헤이만(Jeremy S. Hyman)이 신입생들이 대학에 입학하면서부터 시간을 낭비하지 않

---

55) 경향신문 2011. 4. 17.

고 보람되고 의미 있는 대학생활을 하기 위해서는 입학하기 전에 어떠한 준비를 하는 것이 좋은가에 관해 뉴욕타임스에 기고(寄稿)해 보도되었던 글을 요약해서 소개하면 다음과 같다.

"많은 대학이 신입생들을 위하여 아주 상세하게 만든 오리엔테이션(orientation) 프로그램을 통해 거의 일주일간 캠퍼스 소개와 강의 선택에 대한 정보를 알려주고, 학생들 서로 간의 공동체 인식을 형성하기 위한 그룹 활동도 마련한다. 그런데 종종 대학의 의도와는 달리 너무 한꺼번에 많은 정보를 얻게 되어 혼란스럽게도 된다. 그래서 오리엔테이션이 시작되기 전에 학생 스스로 자신의 대학 수강에 관한 정보를 미리 파악해 놓는 것이 중요하다. 대학의 웹 사이트(web site)를 통하여 필수 과목, 수업 계획표, 과목의 개요 등을 미리미리 잘 파악해 두고 마지막 순간에 급히 결정하는 일이 없도록 해야 한다. 고등학교에서의 생활과 대학생활은 완전히 다르다. 이제 시간은 모두 학생 자신의 것이고, 모든 시간 관리는 혼자 해야 한다. 강의를 들으러 가지 않아도, 과제물을 제출하지 않아도, 그 누구도 어떠한 경고를 하거나 나무라지 않는다. 그리고 교수님들은 학생들을 하나의 독립된 성인으로 취급한다. 앞으로 대학생활을 시작할 때까지 남은 기간 자신의 생활에 대해 관리를 하고 책임감을 가지며, 스스로 일정표를 만들어 실천하는 습관을 지니도록 노력해야 한다. 많은 학생과 부모들은 그동안 대학 입시를 준비하느라 힘들었으니 좀 쉬어야 한다고 생각을 하지만, 대학생활을 시작하기 전에 자신이 하고 싶은 분야에서 미리 일을 해보거나 엿볼 수 있는 경험을 가져본다면 대학생활을 시작한 후에 훨씬 더 많은 동기부여를 받을 수 있다. 여행을 한다든지, 병원이나 클리닉, 푸드 뱅크, 노숙자 시설 등 사회 공동체에 기여하는 봉사활동을 함으로써 학생 자신이 풍요로워질 뿐만 아니라 의미와 가치가 부여된 대학생활을 시작하는 데 도움이 될 것이다."

미국 국립 고등교육 관리센터(NCHEMS, The National Center for Higher Education Management Systems)의 보고에 따르면 미국에서 대학을 입학한 후 6년 안에 학사학위를 받는 비율은 2009년도 기준으로 볼 때 55.5%였다고 한다. 한국도 취업과 가정 형편, 어학연수 등 여러 가지 이유로 점차 4년 만에 대학을 졸업하지 않는 학생들이 많아지고 있다. 대학생활 4년 동안의 여정은 꿈과 희망과 즐거움과 노력이 모두 담겨 있는 귀한 시간이다. 이 귀한 시간이 균형 있고 의미 있는 그리고 보람된 시간이 되도록 미리 잘 준비하고 계획하여 시작하자.[56]

---

56) 맛있는 교육 2011. 8. 1.

31. 방학 활용이 대학생활 성패 좌우한다

방학이 되면 학비와 용돈을 벌기 위해 아르바이트를 하는 학생들도 많지만, 스펙 쌓기에 쉬는 날이 없는 학생들도 있다. 취업을 위해 어학과 컴퓨터 공부도 해야 하고, 틈틈이 봉사활동과 자기 계발계획서까지 들여다봐야 한다고 대학생들은 이구동성으로 말한다.[57] 방학은 학생들이 학기 중에 할 수 없는 새로운 일을 하거나 다양한 경험, 공부 등 자신의 부족한 부분 보충, 특기나 잘하는 것을 능력으로 육성하는 특화 등에 대단히 유용하다.

학기 중에는 수업에 들어가고 수시로 부과되는 과제물에 대한 보고서를 제출하고 중간고사와 기말고사를 준비해야 하므로 학교 공부하기에도 바쁘다. 그러므로 학기 중에 다른 것을 한다는 것은 쉽지 않다. 대학의 방학은 12분의 5이다. 이는 대략 41%에 달하는 엄청난 시간으로 모두 자기 마음대로 활용할 수 있다. 여름방학 2달 반과 겨울 방학 2달 반은 결코 짧은 기간이 아니다. 자기가 마음먹고 계획하기에 따라 부족한 공부를 보충하고 다양한 경험을 쌓을 수 있는 절호의 기회로 방학만큼 자신의 능력을 개발하고 실력 향상을 통해 경쟁력을 높이기 좋은 시간은 없다. 좋은 기회는 쉽게 찾아오지 않는다. 놓치면 반드시 후회한다.

---

57) 뉴시스 2011. 7. 20.

32. 스펙과 구직

1) 스펙

20대에게 스펙은 골치 아픈 존재이면서 꼭 필요한 조건이다. 토익 (TOEIC) 점수, 자격증, 인턴(intern) 경험, 수상실적 등 이력서에 기재 되는 스펙은 서류전형 당락 여부를 결정짓는 핵심요소이기 때문이다. 하지만 스펙만 높다고 해서 취업에 성공하는 것은 아니다. 요즘 사회적 분위기는 '스펙' 이외에도 '스토리(story: 이야기, 줄거리)'까지 선호하고 있다. 대학경제는 이런 분위기를 '스펙토리(spectory)'라고 지칭한다.[58]

스펙(specification)은 직장을 구하는 사람들 사이에서, 학력·학점·토 익 점수 따위를 합한 것을 이르는 말이다. 원래 스펙(spec)은 'specification' 의 줄임말로 흔히 복수로 쓰이면서 제품사양이나 설명서 등을 뜻한 다. 그런데 언제부터인가 취업준비생들은 출신학교와 학점, 토익점수 와 자격증 소지 여부 그리고 외국연수나 인턴 경험 여부 등을 종합해 스펙이란 두 글자로 줄여 부르고 있다. 대학 시절 동안 자신이 확보 할 수 있는 외적 조건의 총체가 스펙인 셈이다.[59] 오늘날 대학생들은 스펙 쌓기에 바쁘다. 그런데 다른 한편에서는 '스펙을 쌓아야 한다'고

---

58) 대학경제 2011. 10. 28.
59) 주간경향 2004. 12. 10.

하는 사람들과 '스펙을 일부러 쌓을 필요가 없다'고 하는 사람들의 주장이 맞서고 있다. 어떤 쪽이 옳은 것일까?

대학생과 학부모들은 대체로 스펙을 쌓아야 한다고 생각하고 실제 스펙을 쌓는 데 열심이다. 대학생과 학부모가 스펙을 쌓아야 한다고 생각하는 이유는 간단하다. 이제까지 원하는 취업을 한 사람들의 합격요소를 분석해보니까 그들이 보편적으로 갖춘 조건이 있었다. 그것이 출신학교와 학점, 토익 점수와 자격증 소지 여부 그리고 외국연수나 인턴 경험 여부 등이었다는 것이다. 취업을 준비하는 학생들은 어쩔 수 없이 기업이 원하는 조건을 충족시켜야 합격하고 취업에 성공할 수 있기 때문에 그 길을 가고 있는 것이다.

실제 오늘날 상당수 대기업은 토익 성적을 영어시험으로 대체하고, 서류심사에서 출신학교와 학점을 고려한다. 그러므로 스펙을 쌓아야 한다고 생각하는 대학생과 학부모들의 생각은 잘못된 것이 아니다. 하지만 정도를 넘어 스펙에 집착하는 것은 바람직하지 않다. 스펙은 활용하기에 따라 도움이 될 수도 있고, 도움은 되지 않고 부담만 가중시키는 요소로 작용할 수도 있다. 즉, 활용하기 나름이다. 쌓고 싶은 스펙 내용을 자신의 능력 평가, 긍정적인 생각과 자신감을 키우는 요소로 활용하면 취업뿐만 아니라 살아가는 데도 도움이 되는 등 대단히 유용하다. 그러나 세상만사가 그렇듯이 정도를 넘어 지나치면 대개 화근이 된다.

(1) 돈으로 스펙 사는 부끄러운 세상

민망하고 낯 뜨겁다. 미국 버락 오바마 대통령이 주는 봉사상을 받게 해주겠다는 말에 속아 수십 명이 억대의 돈을 뜯기는 어처구니없는 일이 벌어졌다. 스펙과 사회적 명예를 얻기 위해서라면 돈으로 사는 것도 마다하지 않겠다는 우리 사회의 비뚤어진 단면을 고스란히 보여주는 사건이 발생했다. 2011년 7월 9일 경찰에 붙잡힌 비인가 봉사단체 관계자 등 사기범 일당은 자녀 스펙 쌓기에 혈안이 된 학부모에게 접근해 '오바마 봉사상'을 받으면 대학입학에 유리하고 미국 대학 장학금 수령 대상이 된다고 꾀었다.

변호사·기업가 등에게는 사회적 명예를 얻고 미국 영주권을 받을 수 있다고 속였다. 이런 말에 현혹된 피해자 29명은 급기야 수백만 원에서 많게는 1,500만 원까지 내고 미국 뉴욕으로 날아가 급조된 시상식에 참석했다. 그러나 이들이 받은 상장과 메달(medal)은 진짜 상이 아니라 인터넷(Internet)에서 누구나 쉽게 살 수 있는 85센트짜리 상장과 7달러짜리 기념품에 불과했다. 한두 명도 아닌 수십 명이 어떻게 이런 터무니없는 사기 행각에 감쪽같이 놀아날 수 있었는지 쉽게 이해가 되지 않는다. 한마디로 극단적 스펙주의가 불러온 촌극이다.

게다가 이번 사기극의 소재가 '봉사상'이란 점에서 더 기가 막힌다. 봉사는 말 그대로 사회나 남을 위해 힘과 노력을 바쳐 헌신하는 숭고한 행위다. 그런데도 진정한 봉사의 의미는 안중에도 없고 사익을 위해 봉사상을 돈 주고 사고팔겠다는 발상을 했으니 이런 후안무치(厚顔無恥: 뻔뻔스러워서 부끄러움이 없음)가 없다. 오바마 대통령이나 미국 사회가 이런 황당한 일을 보고 뭐라고 할지 그야말로 아뜩하다.

자녀를 좋은 대학에 보내고 싶고 자신을 드러내고 싶은 인간의 심리를 무작정 탓할 일은 아니다. 그러나 거기엔 넘지 말아야 할 도(度)가 있음은 자명하다. 남의 시선은 아랑곳하지 않고 돈을 뿌려가며 무분별한 스펙 쌓기에 골몰하고 바른길을 벗어난 자기 과시 풍토가 만연해선 결코 건강한 사회가 될 수 없다. 그래서는 그걸 노리는 사기범들만 판치게 할 뿐이다. 이번 '오바마 봉사상' 사기극을 보면서 사기범보다 피해자에게 눈총이 쏠리는 이유다.[60] 이런 세태는 단순하게 대학입학 준비생이나 그 학부모에 국한된 일이 아니다. 성적이나 토익점수 관련 비리와 부정행위가 대학생들에게서도 심심찮게 일어난다.

(2) 화려한 스펙 더는 채용기준 아니다

채용기준이 획일성을 벗고 실무능력과 경험을 중시하며 인성검사와 구조화 면접으로 인재를 골라내며 인턴제를 활용하는 기업도 늘고 있다. SK텔레콤은 2011년 채용 방식을 대폭 바꿨다. 상반기 채용에서 절반 정도를 인턴 프로그램을 통해 선발한 것이다. 90명가량의 인턴을 뽑아 그 가운데 45명을 정규직원으로 채용했다. 채용 기준에서도 획일성을 걷어냈다. 대학 재학 중에 특허를 40개 정도 출원한 '발명가'와 월 수억 원의 매출을 거둔 인터넷 쇼핑몰(shopping mall)을 운영하다가 채산성 악화로 폐업한 '전 CEO(chief executive officer, 최고경영자)' 등을 학력이나 영어 점수에 상관없이 채용했다.

몇 년 전까지만 해도 'SKY대(서울대·고려대·연세대) 중에서도 스펙 좋은 사람이 아니면 못 간다'고 알려졌던 회사가 신입사원 채용에서 모험을 감행한 것이다. SK텔레콤이 이런 변화를 시도한 데는 '학점이나 어학시험 점수 등 이른바 '스펙'이 좋은 인력만 가지고는

---

60) 중앙일보 2011. 7. 11.

기업을 꾸려갈 수 없다'는 절박함이 깔려 있다. 회사 관계자는 "정형화된 스펙을 갖춘 모범생들만 뽑아서는 불확실한 미래에 대비하기 어렵다고 판단했기 때문"이라고 설명했다.[61]

◆ 스펙 중요도 낮춘다

최근 주요 기업 인사담당자들은 스펙에 그다지 높은 점수를 주지 않는다. 구직자들이 온갖 경로로 쌓아놓은 스펙에 눈길이 가지 않는 것은 아니지만, 대부분이 화려한 스펙을 쏟아내는 상황에서 굳이 차별할 필요를 느끼지 못한다는 반응이다. 삼성전자 인사팀의 한 관계자는 "이력서에 아무리 화려한 경력을 쓴다 해도 실제로 그 사람이 업무를 잘할 수 있을지는 알 수가 없다"고 말했다.

이 때문에 요즘 인사담당자의 가장 큰 고민은 스펙을 배제한 상태에서 어떻게 좋은 인력을 판별해낼 수 있느냐로 모이고 있다. 각종 심리검사 기법을 활용해 구직자의 인성을 파악하고 실전을 병행하는 면접을 통해 업무 능력을 가늠하는 프로그램도 운영하고 있다. 남건욱 하이닉스반도체 인사그룹장은 "처음부터 일을 가르쳐야 하므로 구직자의 잠재 능력과 품성을 파악하는 게 가장 중요하다. 요즘 구직자들이 하도 준비를 철저히 하는 터라 채용 요건도 매년 변경해야 한다"고 말했다.[62]

---

61) 한국경제 2011. 12. 6.
62) 한국경제 2011. 12. 6.

◈ 면접 기법도 진화

2010년을 기점으로 주요 대기업 사이에서 확산하고 있는 이른바 '구조화 면접 기법(structured interview)'은 이 같은 고민의 산물이다. 구조화 면접은 미리 정해진 질문을 구직자에게 던지고 답변에 따라 시나리오(scenario)[63]별로 추가 질문을 던지는 방식이다. 일종의 대면 심리 검사인 셈이다. 핵심은 첫 질문 이후에 이어지는 후속 질문들이다. '행동사건면접(BEI, Behavioral Event Interview)'이라고 불리는 질문 방식은 이력서를 바탕으로 과거의 경험을 이야기하게 한 뒤 사전에 정해진 질문을 다시 물어 경험의 강도나 수준을 파악한다. LG그룹의 채용담당 관계자는 "첫 번째 질문이야 미리 준비할 수 있지만 두 번째나 세 번째 질문에서는 대개 그 사람의 생각과 개성이 드러나게 마련이다. 사전에 정해진 질문을 연속해 던지면서 구직자의 특성을 보다 구체적으로 파악하게 된다"고 전했다.[64]

◈ 채용 인력 다변화

아예 채용 인력을 다변화해 높은 스펙 구직자만 뽑는 위험을 회피하려는 기업도 생겨나고 있다. 롯데백화점은 2011년 하반기 공채 인력 120명 가운데 상당수를 지방대 총장 추천전형, 전역 장교 특별전형 등을 통해 충원했다. 고졸 출신으로 유통업에서 경력을 쌓은 인력을 채용하기 위해 학력 제한도 없앴다. 이 회사 관계자는 "신입사원 때부터 매장 관리를 담당해야 하는데 이력서 보고 면접만 하여 채용

---

63) 시나리오(scenario)는 영화 장면의 순서, 배우의 대사(臺詞)·동작 등을 적은 대본. 영화 각본. 미리 짜 놓은 계획 또는 안.
64) 한국경제 2011. 12. 6.

하는 방식을 고수하다가는 자칫 필요한 인력을 뽑지 못할 가능성이 있다"고 말했다.

LG, SK 등 많은 기업이 인턴 제도와 정규직 채용의 연결고리를 대폭 강화한 것도 비슷한 맥락이다. 이력서를 보거나 면접만 하고는 알 수 없는 업무 처리 능력이나 품성 등을 6주 내외의 인턴 과정을 통해 파악하기 위한 것이다. 전문가들은 앞으로 대기업의 채용 방식이 학력이나 학벌보다는 실무 능력 중심으로 급속히 이동할 것으로 내다보고 있다. 미국 구글(Google)이 상상력이 뛰어난 '괴짜'들을 집중적으로 채용하는 것처럼 '끼'와 전문성, 실무 경험을 중시하는 방향으로 전환될 것이라고 설명한다.[65]

(3) 윤종용 고문 "삼성이 원하는 스펙은…"

윤종용 전 삼성전자 부회장(고문)이 대학생들에게 스펙만을 중요하게 여기지 말고 다양한 경험을 통해 지혜를 쌓으라고 강조했다. 윤 전 부회장은 삼성그룹 후원으로 2011년 11월 4일 서울대학교에서 열린 '열정 낙서' 강연에 참석해 "자신의 지혜와 선견력을 갖추는 게 매우 중요하다. 이를 기르기 위해선 역사에 대한 지식을 쌓고 배우는 것이 좋다"고 조언했다. '기업이 원하는 스펙을 갖춘 인재상은 무엇인가요?'라는 학생들의 질문에 그는 "스펙은 기계와 제품에 있는 것이다. 스펙 한두 개가 사람의 인생을 결정할 만큼 중요한 것은 결코 아니다"라고 말했다.

열정 낙서는 삼성의 스타급 최고 경영자(CEO)·임원들 및 삼성 라

---

65) 한국경제 2011. 12. 6.

이온즈 선수, 각 분야의 명사, 유명 인사(celebrity)들이 2011년 10월 26일부터 서울, 전주, 춘천 등 전국을 돌며 젊은이들에게 자신의 경험담과 기술적 지식(know-how), 열정의 가치를 전달하는 자리다. 이날은 또 삼성 라이온즈의 한국시리즈 우승을 이끈 '끝판대장' 오승환 선수가 나와 미래를 고민하는 대학생들에게 "포기하지 않는 끈기와 노력"이라는 메시지를 던졌다.

그는 "대학 시절 팔꿈치 부상으로 야구를 포기할까 생각도 했지만, 내가 할 수 있는 일이 야구뿐이라는 생각에 이를 악물고 수술과 재활 치료를 했다. 이후 삼성 라이온즈에 입단하게 됐고 2009년, 2010년 부진 당시에도 어려운 상황을 이겨냈던 자부심을 느끼고 재기를 위해 최선을 다했다. 꿈과 미래를 위해서는 역경 속에서도 포기하지 않는 끈기와 피나는 노력이 중요하다"고 강조했다. "내 자리를 위협할 만한 역량 있는 후배는 누가 있는가"라는 사회자의 질문에는 "정현욱, 안지만, 권오준이다. 이들은 다른 팀에서도 마무리 투수를 할 수 있을 만한 실력을 갖췄다. 열심히 하지 않으면 마무리 투수 자리를 뺏길 수도 있겠다는 생각에 더욱 노력하고 있다"고 말했다.

강단에 선 이노디자인 김영세 대표는 '개성(Individuality)'이라는 주제로 인간의 마음을 움직이고 세상을 선도하는 디자인(design, 도안)의 중요성에 대해 전했다. 김 대표는 "많은 사람이 아닌 단 한 사람의 마음을 정확히 이해했을 때 수만 명을 감동하게 할 디자인이 나온다"며 개인역량주의, 즉 '한 사람의 가치'에 대한 중요성을 강조했다. 이어 강연에 나선 가수 인순이는 "때를 놓치지 말고 즐겨라. 시간은 나를 기다려주지 않는다. '나는 가수다' 출연 제의가 들어왔을 때 망설였지만, 이 시기를 놓치면 다시는 이런 설레고 긴장되는 무대에 설 기회

가 없을 거란 생각에 도전했고, 등수에 연연하지 않고 즐겼다"고 말
해 청춘을 마음껏 즐기고 누리라고 당부했다.[66)]

(4) 스펙보다 무형자산 키워라

노학영 리노스 대표이사·코스닥협회장은 취업을 고민하고, 사회
의 높은 벽에 좌절하며, 경쟁에 지친 청년들에게 꼭 묻고 싶은 것이
있다. "자신의 꿈이 있습니까?", "자신에 대해 얼마나 확신이 있으며,
나만이 가진 강점은 무엇입니까?"라는 것이다. 어린 시절 나의 꿈은
기업 최고 경영자(CEO)였다. 반드시 최고 경영자가 되고 말겠다는 강
한 신념이 있었다. 하지만 그 시절 꿈을 실현하기 위해 나 자신이 무
엇을 해야 할지, 과연 나에게 그 꿈을 이룰 수 있는 강점이 있는지 잘
알지 못했다. 그런데 어느 순간 나 자신에게 남보다 뛰어난 리더십
(leadership)과 사교성이 있다는 것을 친구들을 통해 깨닫게 되었다. 이
를 강점으로 삼아 나의 꿈을 위해 한 걸음씩 전진해 나갈 수 있었다.

청년들에게 자신만의 무형자산을 만들라고 권하고 싶다. 부모로부
터 물려받지 않고, 노력으로 개발할 수 있는 것이 있다면 그것이 바
로 무형자산이다. 여기서 말하는 무형자산이란 한 사람의 이미지, 지
식, 성격, 열정 등 내부적인 요소를 가리키는 말이다. 무형자산의 힘
이 얼마나 클까. 2010년 기준 애플(Apple Inc.)의 무형자산 가치는 194
조 원으로 시가총액 215조 원의 90%를 차지하고 있다. 마이크로소프
트의 순자산은 40조 원이지만, 무형자산인 브랜드(brand, 상표) 가치는
61조 원에 달한다.

---

66) 한국경제 2011. 11. 6.

물론 취업을 위해서는 '스펙'이 중요하다. 그런데 상당수 기업에서는 빼곡한 스펙보다는 단 하나라도 자신만의 무형자산을 가진 인재를 더 원한다는 사실을 알아야 한다. 그렇다면 이러한 무형자산은 어떻게 만들 수 있는 것일까. 첫째는 나의 목표가 무엇인지를 정확하게 인지해야 한다. 그런 다음 목표에 맞는 무형자산을 개발해야 한다. 목표에 맞는 무형자산의 개발이야말로 성공의 가장 빠른 지름길이 될 것이다. 둘째는 자신을 객관적으로 판단할 수 있는 태도가 필요하다. 그렇다고 비관적일 필요는 없다. 스스로 무형자산을 키우기 위해서는 오히려 평소에 긍정적인 마인드(mind, 마음)와 태도로 자신을 바라볼 수 있어야 한다. 자신의 장점을 찾기 위한 노력의 과정이 필요하다는 것이다. 셋째는 자신의 무형자산을 찾아냈다면, 창의성을 발휘해야 한다. 창의성이란 목표를 향해 끊임없는 지적 호기심을 갖고, 물음을 지속해서 던지는 것을 말한다. 이 과정을 통해 목표가 발전할 수 있다. 목표에 창의성이 더해지면 무언가를 창조할 수 있다. 그렇게 창조된 결과물은 사람들에게 감동을 준다.

최고 경영자로서 직원들을 평가할 때 나는 겉으로 드러나는 조건보다는 그 사람의 내부 역량이나 열정, 도전자세, 창의적 사고를 더 중요하게 본다. 애플의 전 최고 경영자인 스티브 잡스가 천만금을 주어도 바꾸지 않을 것이라고 극찬했던 디자이너(designer)는 욕실 디자이너 출신이었다. 취업, 성공, 꿈에 대한 목표를 위해 계속 시도해 나가는 과정에서 가장 망설이게 되는 것은 아마도 실패에 대한 두려움일 것이다. 미국의 발명가 에디슨(Thomas Alva Edison)이 전구를 발명하기까지는 약 1만 번의 도전이 있었다. 그것은 9,999번의 실패 과정을 이겨냈다는 것을 의미한다.

도전과 실패, 그리고 성공은 결코 다른 말이 아니다. 실패할수록 우리 삶의 시행착오는 적어지고, 성공에 이르는 길은 가까워진다. 노학영 리노스 대표이사·코스닥협회장 역시 현재의 위치에 오기까지 많은 고난과 역경이 있었다. 농사꾼의 아들로 태어나 직장생활을 하다 늦은 나이에 대학교에 입학했다. 낮에는 직장생활에 전념하고, 저녁때는 집에서 가장의 역할을 한 뒤 밤을 지새우며 공부한 시간이 있었다. 지금 경영하는 기업의 창업 아이템을 경영정보시스템(MIS)이라는 주제로 대학 논문을 쓰면서 찾았다. 만학의 열정이 지금 자신의 꿈을 실현하게 해 줬다고 해도 과언이 아니라고 말했다.

성공에 이르는 가장 가치 있고 값진 길은 도전과 실패의 교훈을 벗삼아 개척해 나가는 과정에 있다. 꿈을 향한 도전, 무형자산을 레벨업(level up)시키기 위한 도전은 지속해야 한다. 스펙 쌓기에 매달리기보다는 지금부터라도 꿈을 갖고, 끊임없이 그 꿈에 가까워지도록 나만의 무기를 업데이트하면 성공의 지름길이 보일 것이다. 더불어 무형자산의 가치가 스펙 한 줄 한 줄과 비교할 수 없을 만큼 값진 것임을 공유하는 사회 문화가 정착되길 기대해 본다.[67]

(5) 스펙만 화려한 청년 백수

'신(新)빈곤층'이란 용어가 처음 한국사회에 쓰인 것은 외환위기 이후인 지난 2000년부터였다. 몰락한 중산층이 새로운 빈곤층으로 등장했다. 2008년 이후 신빈곤층의 범위는 더욱 넓어지고 있다. 열심히 일해도 가난에서 벗어날 수 없는 '워킹푸어(working poor: 근로빈곤층)',

---

67) 중앙선데이 제235호(2011. 9. 11.)

내 집을 갖고 있지만 삶은 팍팍해진 '하우스푸어(house poor)', 한평생 일하고도 가난하기만 '실버푸어(silver poor)', 출산으로 더욱 힘들어진 '베이비푸어(baby poor)', 수많은 스펙을 쌓고도 취업이 안 돼 고시원을 전전하는 젊은 '스펙푸어(spec poor)' 등 신빈곤층은 자꾸만 늘고 있다. 우리 사회의 2011년 말 신빈곤층의 현실은 어떨까?[68]

◈ 스펙푸어와 청년 실업률

취업을 앞둔 청년층들의 '스펙 쌓기' 열풍이 식지 않고 있지만, 정작 많은 스펙을 쌓아도 취업이 되지 않아 백수로 전전하며 빈곤층으로 빠져드는 이른바 '스펙푸어'가 늘고 있다. 청년실업이 사상 최악으로 치닫고 있는데다 좁은 경쟁의 구멍을 뚫으려는 취업준비생들의 절박함, 좋은 일자리를 늘리지 않으면서 취업준비생들에게 온갖 스펙을 요구하는 기업들의 채용행태가 뒤섞여 나온 결과다. 취업준비생들은 스펙을 쌓기 위해 외국어 학원에 다니거나 어학연수·유학을 다녀오기도 하고 자격증을 따러 또다시 학원에 나가야 하기 때문에 취업을 하기도 전에 대학 등록금 이외에 큰돈을 쓰면서 빈곤에 빠져들고 있다.

통계청에 따르면, 청년실업률(15~29세)은 지난 2008년 7.2%에서 2009년 8.1%, 2010년 8%를 기록했다. 2011년 들어서는 1~2월 8.5%, 3월 9.5%, 4월 8.7%로 더욱 치솟다가 6~7월 7.6%, 10월 6.7%로 다시 하락하는 모습을 보이고 있다. 하지만 통계청 실업률 지표가 현실을 제대로 반영하지 못하고 있다는 분석이 나오고 있어 실제 청년실업

---

68) 뉴스토마토 2011. 12. 6.

률은 이보다 훨씬 높을 것으로 추정된다. 더욱이 60대 이상 노인 연령층의 일자리는 늘고 있지만, 20~30대 신규취업자는 늘지 않거나 심지어 줄어들고 있다. 통계청의 2011년 10월 고용동향을 보면, 50대 신규취업자가 30만 명 늘어나는 동안 20대는 0명, 30대는 6만여 명 감소한 것으로 나타났다.[69]

◆ 인사담당자, 구직자 스펙 매년 높아져

결국 청년들은 자신들이 선호하는 직종이나 산업의 일자리가 줄어드는 가운데 소수 양질의 일자리를 놓고 더욱 치열한 경쟁에 임할 수밖에 없다. 그리고 경쟁에서 우위를 선점하려는 방편으로 스펙 쌓기에 몰두하고 있다. 취업포털 잡코리아가 2011년 상반기 대졸 신입사원 채용을 진행한 대기업 41곳의 인사담당자를 대상으로 '상반기 취업 성공자 취업스펙'에 관해 조사한 결과, 이들의 평균 취업스펙은 ▲학점 3.6점(4.5점 만점 기준), ▲토익 705점, ▲자격증 개수 2.9개로 나타났다. 수치상으로만 보면 그리 높지 않은 스펙이지만, 이는 평균적인 수치일 뿐 소위 구직자들이 선호하는 기업의 구직자 스펙은 높다는 게 취업준비생들의 공통된 의견이었다.

문제는 청년들이 더 좋은 스펙을 만들기 위해 많은 돈을 사용해야 한다는 데 있다. 토익과 토플 같은 영어 학원을 비롯해 직무와 관련된 자격증, 면접을 대비한 스피치 학원 수강 등에 몇만 원에서 수십만 원, 많게는 수천만 원을 사용한다는 것이다. 이러한 돈을 투자해 취업에 성공하면 그나마 다행이지만 그렇지 못한 경우가 허다하다.[70]

---

69) 뉴스토마토 2011. 12. 6.
70) 뉴스토마토 2011. 12. 6.

2) 구직

어느 시대에도 구직이 쉬웠던 때는 없었다. 자신이 원하는 구직을 할 수 있는 사람은 많지 않다. 구직이 힘들고 어렵다고 느끼면 그만큼 더 철저하게 준비하고 능력을 기르기 위해 치열하게 노력해야 한다. 자신이 쌓은 지식이나 실력은 반드시 살아가는 데 도움이 된다.

(1) 구직자 81% 마구잡이 스펙 쌓기

마구잡이식 스펙 쌓기에 몰두하는 구직자가 많은 것으로 나타났다. 취업포털 사람인이 2012년 12월 2일부터 8일까지 구직자 1,081명을 대상으로 조사한 결과, 응답자의 81.0%는 취업에 꼭 필요하지 않은 스펙을 준비하거나 취득한 경험이 있다고 답했다. 준비하거나 취득한 스펙(복수응답)으로는 ▲토익 등 어학 점수가 34.0%로 가장 많았다. 이어 ▲컴퓨터 등 사무 관련 자격증(33.0%) ▲지원 분야 관련 자격증(28.8%) ▲학력(21.7%) ▲봉사활동(21.0%) ▲학생회·동아리 등 교내 활동(17.9%) 등이었다.

필요하지 않은 스펙을 준비한 이유(복수응답)를 묻자, ▲40.4%는 '없는 것보다 있는 게 나을 것 같아서'라고 밝혔다. 다음으로 ▲'남들도 다 가지고 있는 스펙이라서'가 34.6%였고 ▲능력을 증명하는 방법이라서(28.8%) ▲스펙이 다양하지 않으면 불안해서(22.0%) ▲무엇을 갖춰야 취업에 유리한지 잘 몰라서(19.1%) 등이었다. 한편, 선택한 스펙을 갖추기 위해 하루 평균 3시간이 소요된 것으로 집계됐다. 비용은 한 달 평균 25만 원이었다.[71] 그러나 높은 스펙이 무조건 취업에 도움이 되지는 않는 것으로 조사됐다.

　취업포털 사람인은 2011년 11월 15일부터 23일까지 중소기업 인사 담당자 423명을 대상으로 조사한 결과, 응답자의 72.3%가 감점 및 불이익을 주는 지원자의 높은 스펙이 있다고 밝혔다. 감점 및 불이익을 주는 높은 스펙(복수응답)으로는 '석·박사 등 높은 학력'이 40.5%로 가장 많았다. 이어 '높은 학벌'이 38.9%였고 ▲화려한 집안 배경(28.1%) ▲많은 자격증(28.1%), ▲빈번한 인턴십 경험(11.4%) ▲어학연수 등 잦은 외국 경험(10.8%) ▲화려한 대외 수상 경력(10.8%) 등이었다. 응답기업의 49.4%는 높은 스펙 지원자에게 불이익을 줘서 탈락한 경험이 있었다.

　탈락시킨 이유(복수응답)로는 '쉽게 이직 및 퇴사를 할 것 같아서'가 88.1%였다. 뒤이어 ▲높은 수준의 연봉을 요구할 것 같아서(47.6%) ▲회사에 불평·불만이 많을 것 같아서(33.3%) ▲애사심이 낮을 것 같아서(26.2%) 등의 순이었다. 한편 중소기업의 37.1%는 높은 스펙자를 채용한 경험이 있는 것으로 나타났다. 이들에 대한 만족도는 평균 56점으로 집계됐다.[72]

(2) 구직자 평균 10.8회 지원해 1회 합격

　2011년 취업을 목표로 했던 구직자는 평균 11회 입사시험에 지원해 1회 합격통보를 받은 것으로 나타났다. 취업포털 잡코리아는 2011년 12월 1일부터 5일까지 신입 및 경력구직자 751명을 대상으로

---

71) 데이터뉴스 2011. 12. 19.
72) 데이터뉴스 2011. 12. 5.

'2011년 취업성적표'를 조사했다. 조사 결과 구직자의 입사지원 횟수는 평균 10.8회로 집계됐다. 이들 중 52.5%는 최종합격 경험이 있었고, 합격 횟수는 평균 1.0회였다. 1차 서류심사를 한 번도 통과하지 못한 구직자는 전체의 21.0%였다. 응답자의 21.0%는 서류전형에서 탈락했다고 밝혔다. 본격적으로 취업준비를 시작한 기간은 평균 6.8개월이었다.

그렇다면 2011년 취업시장의 특징은 무엇일까? 전체 응답자의 42.7%가 '면접의 다양화'를 꼽았다. 이어 '인턴 등 경력사항 필수'가 33.2%였고, ▲잘 쓴 자기소개서(28.1%) ▲생각보다 낮은 연봉수준(19.3%) ▲높아진 지원자 자격요건(17.7%) ▲영어 말하기 능력 중시(14.1%) ▲경쟁자의 높은 스펙(12.1%) 등이었다.[73]

---

73) 데이터뉴스 2011. 12. 8.

33. 시간이 없다는 것은 핑계에 불과하다

    열심히 사는 사람들은 시간이 부족해 못 하는 일은 없다. 시간이 부족해서 해야 할 일을 못 한다고 생각하는 사람들은 대개 게으른 사람이나 세상을 열심히 살지 않는 사람들이다. 대학에 다니는 4년이란 세월은 자신을 발전시킬 수 있는 엄청난 시간이다. 한 사람의 수명을 80살로 볼 때 20분의 1에 해당한다. 자기 인생에서 가족의 지원을 받으면서 자율적으로 자신의 삶을 위해 노력할 수 있는 시간은 이때 외에는 없다. 인생의 성패도 대부분 대학에 다니는 동안 무엇을 준비하고, 시간을 어떻게 알차게 보내느냐에 달려 있다고 해도 과언이 아니다. 졸업하고 사회에 진출하는 사람들도 그렇고, 공부를 계속하기 위해 대학원에 진학하는 사람도 마찬가지이다.

    학교에 다니면서 취업 준비할 시간도 부족한데 대학에 다니는 동안 꼭 해보아야 할 일이 스물한 가지나 된다고 하면 너무 많다고 생각하는 사람들도 있을 것이다. 그런데 어느 사회에나 그렇지만 대부분 안 된다고 생각하는 일을 반드시 해내는 사람들이 있다. 인류 역사는 그런 사람들에 의해 발전해 왔다. 스물한 가지를 반드시 모두 해야 한다는 것은 아니지만, 할 수 있으면 모두 하는 것이 좋다. 그리고 다음에 제시될 스물한 가지에 자신이 꼭 하고 싶은 일이 포함되어 있지 않으면, 자신이 하고 싶은 것을 하면 된다. 스물한 가지는 참고용이다. 자신이 하고 싶은 일의 선정은 자율이다. 대학생활에서 시간은 제한되어 있기 때문에 우선순위를 어떤 일에 둘 것인가 하는 점은 아주 중요하다. 그러나 시간이 없어 못한다는 말은 될 수 있으면 하지 않는 것이 좋다.

내가 갖춘 잠재능력이 어느 정도 되는지 아무도 모른다. 4년은 엄청나게 긴 시간이다. 마음가짐과 노력, 능력 개발, 도전하기에 따라 내 인생을 완전히 바꾸어 놓을 수 있는 전기를 마련할 수도 있다. 도전하고 노력을 해본 후에 시간과 능력이 부족해서 못했다고 한다면, 그것은 어쩔 수 없다. 일상 속에서 발휘할 수 있는 개인의 능력은 한계가 있고, 일하는 데는 일정하게 요구되는 시간이 있기 때문이다. 그러나 이것도 열심히 살고 성취한 사람들에게는 변명으로 들릴 수도 있다. 성취한 사람들은 대개 효율적으로 일하고 능력을 발휘하는 방법뿐만 아니라 스스로 시간을 창조할 수 있다는 것을 알기 때문이다. 그리고 실제 시간을 창조한다.

시간을 창조한다니까 황당하게 들릴지 모르겠지만, 시간을 창조하는 것은 어렵지 않다. 하루 24시간, 한 달 30일이나 31일, 1년 365일을 사는 것은 누구나 마찬가지이다. 그러나 공부와 일을 할 때 선택과 몰입, 효율의 정도에 따라 사용하는 시간은 전혀 달라진다. 다른 사람들이 통상 3시간에 할 수 있는 공부나 일을 우선순위를 잘 정하고 좋은 방법을 활용하거나 집중하여 2시간 만에 끝낸다면 1시간은 창조한 것과 같다. 열심히 산다고 모두 시간을 창조할 수 있는 것은 아니지만, 사람은 같은 일을 반복하면 요령은 물론 효율적으로 일하는 방법을 터득하는 능력이 있다.

국가 최고 지도자인 대통령이나 대기업의 회장 같은 사람들은 같은 시간 동안 일을 하면서 보통사람들이 하기 어려운 정도의 엄청나게 많은 일을 처리한다. 그들이 그렇게 할 수 있는 것은 우수한 두뇌와 풍부한 경험을 갖고 있는 이유도 있지만, 대개는 우선순위를 정하고 하는 일에 집중을 잘하기 때문이다. 초 단위까지는 아니더라도 시간이나 분 단위까지 관리하며 사람을 만나고 회의를 하고 의사결정을 하는 등 시간을 잘 활용한다. 하지만 평범한 능력을 갖춘 사람은 하고 싶은 일이 있어도 못하고, 시간이 부족한 것이 문제가 될 때도 있다. 만약 자신이 대학에 다니는 동안 꼭 해보아야 할 것이 여러 가지가 있는데 능력과 시간이 부족해서 하기 어렵다고 생각하는 사람은 확실하게 할 수 있는 한두 가지만이라도 제대로 해두자. 세상을 살아가는 동안 반드시 긴요하게 사용되고 도움이 될 때가 있을 것이다.

2
장

대학생이 꼭 해보아야 할
21가지

1. 리더십에 대한 관심과 이해

공부는 대단히 중요하다. 사회에 나가서도 마찬가지이다. 하지만 사회에서는 공부를 잘하는 사람이 최고 지도자가 되는 것이 아니라 리더십이 뛰어난 사람이 최고 지도자가 된다. 리더십을 발휘하기 위해서는 공부가 필요하고, 학습이 리더십 도구 중 하나다. 하지만 공부가 모두는 아니다. 사회생활을 하는 동안 집단 내에서 요구되는 활동은 공부가 아니라 일이다. 일을 잘하기 위해서는 리더십이 필요하다. 리더십에 대한 기본지식을 갖고 있으면서 리더십을 발휘하는 것과 그렇지 않은 것은 차이가 난다. 그리고 리더십에 대한 지식은 사회생활을 하는 데 반드시 도움이 된다.

리더십(leadership)은 인간이 살아가고 일을 하는 과정에서 나타나는 제반 문제를 해결하고 성과를 창출해 집단이나 사회를 유지, 발전시키고 구성원의 권익 신장과 복리 증진을 통해 인간 존엄성을 실현하고 삶의 질을 향상하기 위해 리더가 갖추어야 할 자질과 마음가짐이다. 즉, 리더십을 발휘해야 하는 목적은 인간 존엄성 실현과 삶의 질 향상에 있다. 이를 위해서는 발전이 필수적이다. 직접 리더십을 기르기 위해 선거에 출마하고 학생 대표가 되는 것도 좋은 경험이 된다. 하지만 그보다는 먼저 리더십이 무엇인지 알기 위해 책을 읽고 지식을 쌓고 이해하는 것이 더 중요하다.

2. 취업과 진학 준비를 고려한 전문지식 함양

시대와 국가를 초월하여 교육의 기본적인 목표는 개인이 가진 잠재력을 육성하는 것이다. 그러므로 교육을 받는 기간 동안 배우는 사람인 학인(學人)은 자신의 잠재력 육성을 위해 열심히 노력해야 한다. 잠재력을 육성하는 방법은 사람에 따라 여러 가지가 있을 수 있지만, 교육을 통한 전문지식 함양이 일반적이다. 대학은 전문화된 고등교육기관으로 이미 고등학교까지 기초 지식이 상당 부분 축적되어 있으므로 자신이 전공하는 분야와 장차 하고자 하는 일에 도움이 되는 전문지식을 함양할 좋은 기회이다. 여기서 특히 중요한 점은 자신이 함양하는 전문지식이 취업과 진학 준비와 연계되게 해야 한다는 것이다. 대학생은 이미 성인으로 자신의 삶을 자력으로 이끌어 나갈 수 있는 역량을 키워두지 않으면 안 된다.

취업이나 진학, 전공과 상관없이 자신이 좋아하는 공부를 하고 책을 읽으면서 다양한 지식이나 상식을 함양하는 것은 자유이지만, 이것이 사회에 진출하고 대학원에 진학하는 경쟁에서 실패 요인으로 작용하는 단계에 이르도록 하는 것은 대단히 어리석은 행동이다. 전문분야의 공인자격증 취득이나 취업은 자신의 평생 직업이 될 수 있으며, 가정과 사회생활, 삶의 질, 진로, 사회적 지위에 많은 영향을 미친다. 시간이 넉넉하면 이것저것 원하는 일들을 자유롭게 해볼 수 있다. 그러나 대학생활은 4년으로 제한되어 있고, 자신이 목표하는 삶을 위해 모두 나름대로 열심히 살기 때문에 치열한 경쟁에서 성취를 이루기 위해서는 한눈팔 시간이 없다.

3. 자기 한계 극복과 도전을 통한 경쟁력 제고

경쟁력(競爭力)은 경쟁할 만한 힘이나 능력을 말한다. 사람들은 일반적으로 다른 사람보다 무엇을 잘하거나 뛰어난 능력을 갖추었을 때 '경쟁력이 있다'고 말한다. 그러나 진정한 경쟁력은 그런 것이 아니라 자신을 이기는 것이다. 이때 경쟁의 대상은 타인이 아니라 자신이고, 경쟁력은 자신이 어려움을 느끼는 것이나 한계를 극복하는 힘과 역량이다. 그러므로 진정한 경쟁력 제고는 자신이 당면한 어려움과 한계를 극복하는 것이다. 수많은 사람이 더불어 살아가는 사회생활에서 다른 사람보다 무엇인가 잘하는 것, 뛰어난 능력이 있다는 것은 대단히 유용하다. 그러나 이러한 경쟁력도 그 시작은 자신을 이기는 일에서 시작된다. 나태해지려는 마음을 추스르고 열심히 노력하여 지식을 축적하고 반복된 연습을 통해 숙련하며 수신해야 한다. 이러한 과정을 거쳐 잠재력을 개발하면 큰일을 감당하는 힘이 생기고 다른 사람들과도 능히 경쟁할 수 있다.

그럼 자신의 한계 극복 도전을 통해 경쟁력을 제고 하는 방법은 무엇인가? 그것은 간단하다. 여기에는 두 가지가 있다. 첫째는 목표를 정하고 열심히 노력하여 그것을 달성하는 일이다. 이때 중요한 것은 목표 설정이다. 자신의 능력으로는 도저히 달성할 수 없는 너무 큰 목표를 세우는 것도 곤란하지만, 일상적으로 할 수 있는 정도의 것을 목표로 세우면 경쟁력 제고에 도움이 되지 않는다. 나의 현재 실력을 일반적인 한계로 볼 때 1~5% 정도 높여 목표로 설정하는 것이 바람직할 것으로 판단된다. 가령 학교 성적을 기준으로 할 때 평균 90점 이상은 1점, 80점 이상은 2점, 70점 이상은 3점, 60점 이상은 4점 정도가 적당하다. 처음에는 시시해 보일지 모르겠다. 하지만 5번만 목표 달성에 성공하면 다른 사람들이 괄목상대(刮目相對)할 정도로 실력이 늘어난 것을 자신도 확인할 수 있다. 구체적인 목표는 자신이 판단하여 정하면 되지만, 중요한 것은 처음부터 목표를 너무 높게 설정하면 실망하기 쉽다. 또한 사람의 일반적인 발전에는 한계가 있으므로 다음 단계나 일정수준에 도달하면 상승 폭을 줄여나가는 것이 타당하다. 둘째는 자신이 어려움을 겪고 있는 문제 해결, 이제까지 해보지 않은 새로운 일에 도전하여 개척하는 것도 좋은 방법이다.

어느 것이 되던 목표를 정하고 그것을 달성하는 일을 몇 번 되풀이해보면 그만큼 발전한 모습을 느낄 수 있는데, '나는 마음만 먹으면 무엇이든 할 수 있다'는 생각을 하게 된다. 인간은 일을 반복하면 더 잘하는 기능을 타고났으므로 처음에 하는 것이 어렵지 다음에 할 때는 훨씬 수월하게 해낸다. 원대한 하나의 목표를 정하든지 세분된 여러 개의 목표를 정하든지 그것은 자유다. 중요한 점은 실패에 관한 부담이 적은 대학생활 중에 반드시 자신의 한계 극복을 통한 경쟁력 제고를 추진해 보는 것이다. 성공하면 좋지만, 실패도 좋은 경험이 되는 등 여러 가지 의미가 있다.

4. 수신과 절제에 관심을 둘 것

인간 삶에서 공통으로 추구하는 일반적인 가치 중 하나가 행복해지는 것이다. 행복(幸福)은 욕구가 충족되어 충분한 만족과 기쁨을 느끼는 상태, 반대말인 불행(不幸)은 행복하지 못함을 말하는데, 언짢은 일을 당하는 일을 뜻하기도 한다. 행복이나 불행은 추상적인 것으로 사람마다 느끼는 정도와 상태가 제각기 다르다. 자신이 느끼고 생각하는 것이므로 같은 일에 대해서 행복하다고 느끼는 사람, 평범한 일로 받아들이는 사람, 심지어는 불행하다고 느끼거나 생각하는 사람도 있다.

예를 들어 우리는 모두 매일 새로운 아침을 맞는다. 비가 오는 날도 있고 맑은 날도 있다. 그런데 비가 오면 우산장사는 좋아하지만, 양산장사는 좋아하지 않는다. 가물어 수돗물이 안 나오는 지역에 사는 사람이나 논밭에 물을 대야 하는 농부들은 당연히 비가 오는 것을 반긴다. 그러나 수해지역에 사는 사람이나 햇빛에 말려야 하는 상품을 생산하는 사람은 비가 오는 것을 싫어한다. 그리고 비가 오고 맑은 날이 반복되는 것을 일상적인 평범한 일로 받아들이는 사람들은 더 많다.

아침에 일어나서 해를 보는 것도 그렇다. 보통 사람들은 일상적인 일로 생각하고 별다른 느낌을 갖지 않는다. 그런데 너무 힘든 일을 처리해야 하는 극단적인 상황에 부닥쳐 있는 사람에게는 아침에 일어나 해를 본다는 것이 두려움의 대상이나 너무 싫은 일일 수 있다.

그러나 언제 죽을지 모르는 중병에 걸린 환자에게는 아침에 일어나 해를 본다는 것은 자신이 아직 살아 있다는 것을 확인하는 일이다. 이처럼 평범한 일상적인 일들이 사람에 따라 다르게 느껴지는 것은 자신이 처한 상황이나 여건, 가치기준이나 욕심, 감성 등에 개인차이가 있기 때문이다.

사람에게는 욕심과 욕망이 있다. 본능적 욕구와 욕심에 따라 어떤 것을 가지더라도 욕망 때문에 그것에 쉽게 만족하지 못하고 새로운 것, 더 좋은, 더 많은 것, 더 아름다운 것, 더 큰 것을 끊임없이 탐하게 된다. 특히, 탐욕을 가진 사람은 더욱 그렇다. 욕구(欲求)는 무엇을 얻거나 무슨 일을 바라고 원함, 욕심(慾心)은 무엇을 탐내거나 분수에 지나치게 하고자 하는 마음을 뜻한다. 욕망(欲望)은 누리고자 탐함 또는 그 마음, 부족을 느껴 이를 채우려고 바라는 마음, 탐욕(貪慾)은 지나치게 탐하는 욕심이다. 욕구는 인간 삶의 원동력으로 필요한 것이다. 그런데 이것이 욕심이나 욕망의 단계로 넘어가면 문제가 발생하기 시작한다. 그러나 욕심이나 욕망이 항상 나쁜 것은 아니다.

욕심을 내야 할 것이나 욕심을 부려야 할 때가 있고 그렇게 하지 말아야 할 것이나 때가 있다. 이것을 구분하지 못하고 아무것이나 아무 때나 욕심을 내면 반드시 화(禍)를 당한다. 더 나아가 욕심이나 욕망이 탐욕의 단계에 이르면 화근(禍根)으로 작용하는 일이 많다. 그러므로 너무 욕심을 부려서는 안 된다. '욕심이 사람 죽인다'는 '욕심이 너무 지나치면 사리를 분별하지 못하고 위태로운 일까지 거리낌 없이 하게 된다'는 말이고, '욕심이 눈을 가리다'는 관용구로 '욕심이 사물에 대한 판단을 흐리게 하다'라는 뜻으로 욕심을 경계할 것을 강조하는 말이다.

우리가 욕심이나 욕망을 제어해야 하는 것은 단순하게 화를 당하는 원인을 제거하여 그것을 예방하거나 모면하는 일이 전부는 아니다. 그보다 더 중요한 것은 자신의 행복을 가꾸기 위함이다. 작은 것에 행복을 느끼는 사람들에게 나타나는 공통점은 매사에 감사할 줄 알고 수신과 수양이 잘되어 있으며 절제하는 삶을 산다는 것이다. 감사(感謝)는 고마움, 고맙게 여김, 고마워함, 고맙게 여겨 사의를 표함을 뜻한다. 수신(修身)은 마음과 행실을 바르게 하도록 심신을 닦는 일, 수양(修養)은 몸과 마음을 닦아 품성이나 지식, 도덕심 따위를 높은 경지로 끌어올림이다. 절제(節制)는 정도를 넘지 않도록 알맞게 조절하여 제한함을 말한다.

감사, 수신, 수양, 절제는 대단히 중요하다. 이것은 우리의 행복을 가꾸어 가는 좋은 도구이다. 나눔과 배려까지 실천할 수 있으면 더욱 좋다. 현실적으로 수신과 수양까지는 어렵더라도 그러한 것에 관심을 두고 인내심을 발휘하여 절제를 강화하며 매사에 감사하면 내 삶은 행복해진다. 자신의 삶이 지금 행복하지 않다고 생각하는 사람은 매사에 감사하는 마음을 갖고 그것을 표현하는 일을 실천해보자. 그러면 얼마 지나지 않아 반드시 자신의 삶이 행복하다는 것을 느끼는 기회가 찾아온다.

누군가 나를 위해 희생하고 도움을 주고 고락을 함께하고 배려하는 사람이 있다면 행복한 사람이다. 내가 먼저 베풀면 나도 행복해지고 다른 사람도 행복해진다. 행복은 자기 마음속에 있다. 그것을 끄집어내 행복하게 사는 방법은 수신과 절제를 생활화하고 매사에 감사하며 사는 것이다.

5. 내가 좋아하는 것, 잘하는 것

　오늘날 우리나라 대학생 중에는 현재 전공하는 분야가 나의 적성이나 재능과 맞다고 생각하는 사람이 많다. 하지만 학교의 사회적 위상이나 지명도(知名度), 개인의 성적이나 실력을 고려하여 선택하고 입학한 사람은 더 많다. 부모의 권유에 따라 그렇게 한 사람도 있고, 자신이 해당 학교와 학과를 선택한 사람도 있다. 이들의 공통점은 자신의 적성, 좋아하는 것, 잘하는 것을 자신이 잘 모른다는 점이다. 전공과 적성이 잘 맞고 공부하는 것이 재미있는 사람은 전공분야의 실력을 육성하여 계속 발전시켜 나가면 된다. 그런데 전공이 자기 적성과 맞지 않은 사람들은 휴학, 전과, 계속 공부 진행 사이에서 고민하는 어려운 대학생활을 한다. 선택과 판단은 각자의 자유이고, 그 결과도 자신의 몫이다.

　현재 전공이 적성에 맞는가를 떠나 대학생활 중에 반드시 해보아야 할 것이 있다. 내가 원하는 것, 하고 싶은 것, 좋아하는 것, 잘하는 것이 무엇인지 자신에게 물어보고 확인하여 육성할 방안을 모색하는 일이다. 이것은 중요하다. 사람은 누구나 제한된 기간의 삶을 살아간다. 그러므로 자신이 행복할 수 있는 삶을 살 수 있다면 그렇게 하는 것이 좋다. 이를 위해서는 반드시 내가 원하는 것, 하고 싶은 것, 좋아하는 것, 잘하는 것은 무엇인지 자신에게 물어볼 필요가 있다. 이것은 내가 어떤 삶을 살고 싶은지, 어떻게 하면 행복해질 수 있는지를 자신의 내부에서 방향을 제시하고 있는 것과 연관되어 있다.

　물론 세상은 내가 원하는 것, 하고 싶은 것, 좋아하는 것, 잘하는 것을 모두 하면서 살 수 있는 곳이 아니다. 자신과 가족의 생계를 위해 안정적인 수입원 확보 등을 고려해야 하므로 재화를 획득하는 데 도움이 되는 일을 하며 사는 사람들이 아주 많다. 이것이 현실이다. 그러나 내가 원하는 것, 하고 싶은 것, 좋아하는 것, 잘하는 것을 하면서 돈도 벌고 권력이나 명예도 추구하며 행복할 수 있다면 얼마나 좋은 일인가? 그 길을 찾아가는 방법이 있다. 그것이 자신에게 내가 원하는 것, 하고 싶은 것, 좋아하는 것, 잘하는 것은 무엇인지 먼저 물어보고 육성하는 방안을 마련하는 일이다.

　인생과 행복은 살아가는 동안 배우고 경험하고 만들어 가는 것이다. 사람의 삶에서 무슨 일이 일어나고 변화가 생기려고 하면 반드시 그것을 불러올 무엇인가가 있어야 한다. 자신의 준비와 노력이 변화의 바탕이 되므로 우리가 행복한 삶을 하고 싶으면 행복을 만들 무엇인가를 준비해야 한다. 내가 불행해지는 방향으로 노력하고 나아가면서 행복해지는 것을 바란다고 하여 행복해지지는 않는다. 행복한 삶을 원한다면 행복해질 수 있는 방향으로 나아가면서 미리 그것을 맞을 준비를 해야 하는 것은 당연하다.

　전공이 적성에 맞다고 생각하는 사람도 자신이 하고 싶은 일과 좋아하는 것이 다를 수 있다. 사람에게는 의식과 무의식의 세계가 있다. 그것이 일치하는 때도 있고 일치하지 않는 때도 있다. 가령 자신은 의식적으로 현재 전공이 적성에 맞다고 생각하는데 공부를 하고 시험을 보면 이상하게 공부를 많이 하지 않은 다른 과목에서는 높은 점수가 나오는데 전공이고 열심히 공부했는데도 높은 점수가 나오지 않는 사람이 있다. 이런 사람들은 무의식 속에서 원하는 것이 적성이 높은 점수가 나오는 쪽에 있다고 보아야 할 것이다. 그러므로 내가 원하는 것, 하고 싶은 것, 좋아하는 것, 잘하는 것이 각기 다를 때 우선순위를 정해야 한다면 그것은 잘하는 것을 선택하여 하는 것이 옳다.

잘하는 것에 노력을 집중해도 최고가 되기 어려운데, 잘하는 것을 두고 잘 못하는 것을 선택하여 하면 최고가 되는 것은 더욱 어렵다. 대학은 사회에 나가기 위한 준비를 하는 곳이다. 이 기간을 어떻게 보내느냐 하는 것은 대단히 중요하다. 강구(講究)는 좋은 대책과 방법을 연구함이다. 내가 원하는 것, 하고 싶은 것, 좋아하는 것, 잘하는 것을 미리 파악하고 강구해 준비를 해두면 취업이나 사업은 물론 행복한 인생을 살아가는 데도 도움이 된다.

6. 자신의 미래 발전을 위한 투자

사람에게는 욕망이 있기 때문에 어떤 것을 가지면 더 많은 것, 더 좋은 것, 새로운 것을 가지려고 한다. 그러므로 다른 사람들이 보기에는 넉넉해 보여도 자신은 살아가는 동안 항상 재화의 부족을 느낀다. 이렇게 사람은 항상 무엇인가 부족하다는 생각을 하고 산다. 욕망과 욕심이 있기 때문이다. 지금 삶이 힘들다고 생각하든 그렇지 않다고 생각하든 미래에 무엇인가 성취하기를 바란다면 지금 가진 것을 열심히 투자해야 한다. 학생에게 투자할 것이 무엇이 있겠는가 하고 생각하는 사람도 있을 것이다. 그렇지만 학생들도 투자할 수 있는 것이 여러 가지가 있다.

먼저 대학생이 투자해야 할 대상부터 한번 생각해보자. 대학생이 투자해야 할 대상은 무엇일까? 그것은 자신의 잠재력을 개발하는 일이다. 공부와 배움, 경험과 연습을 통해 자신의 능력을 육성해야 한다. 그러나 잠재력을 개발하는 것은 그냥 열심히 한다고 해서 되는 것은 아니다. 사람이 세상을 살아가면서 일을 하는 데는 아무 생각 없이 그냥 해서는 안 된다. 개념을 파악하고 목표의식을 갖고 자신이 가진 에너지와 노력을 집중해야 좋은 성과를 거둘 수 있다. 대학생활도 마찬가지이다. 학교 교육과정을 이수하고 자신이 선택한 과목을 공부해 학점을 받고 시간이 지나 졸업하는 것으로 끝나게 해서는 안 된다.

무엇인가 목표를 정하고 그 일을 하기 위해 준비하고 도전해 성취하는 삶을 살아야 한다. 그러기 위해서는 개념이 필요하고 목표의식을 가져야 한다. 자신이 무엇에 투자하고 무엇을 투자할 것인지 알고 투자해야 한다. 다른 사람이 그렇게 하니까 나도 그렇게 한다. 이유는 잘 모르겠지만, 그냥 그렇게 하는 것이 좋을 것 같은 생각이 들어서 또는 부모가 하라고 하니까 한다는 방식은 곤란하다. 자기 인생의 주체는 자신이다. 자기 인생에 대해 방관적 태도를 취하는 것은 안타까운 일이다.

다음은 학생들이 투자할 수 있는 것에 대해 생각해보자. 보통 학생들이 투자해야 할 것이 있다고 하면 시간과 돈을 생각한다. 하지만 학생들이 투자해야 할 것은 시간과 돈 못지않게 투자해야 할 것들이 여러 가지가 있다. 학생이 투자해야 할 것 중에는 크게 나누어 보면 모든 학생에게 동일하게 주어져 있는 것과 동일하지 않은 것이 있다. 첫째는 동일하게 주어져 있는 것이다. 가장 대표적인 것이 시간이다. 대학에 다니는 동안 모두 동일하게 4년이라는 시간이 주어져 있다. 이 시간을 어디에 집중하고 어떻게 보내느냐에 따라 향후 인생이 크게 달라질 수 있다. 둘째는 동일하지 않은 것이다. 여기에는 돈, 도구, 관심, 기회 제공, 준비 등 여러 가지가 있다. ▲오늘날은 돈을 어떻게 어느 곳에 얼마나 투자하느냐가 성공과 실패에 큰 영향을 미친다. 돈은 책과 같은 도구를 사고 무엇을 배우고 의식주를 해결하고 문화생활을 하는 데 필요하다. 가정환경이나 자신의 능력에 따라 경제력에 많은 차이가 있다. 어떤 학생은 자신이 하고자 하는 일에 대해 부모가 많은 것을 지원해줄 수 있는 사람도 있지만, 또 어떤 학생은 자신이 학비와 생활비를 벌어서 학교에 다녀야 하는 등 경제적인 어려움

때문에 배우고 싶은 마음이 있는데도 학원에도 못 다니는 등 힘들게 생활하는 사람도 있다. ▲관심도 학생들이 투자해야 할 중요한 대상 중 하나다. 자신과 세상을 변화 발전시켜 나가는 것은 관심에 의해 이루어진다. 목표를 정하고 노력하고 행동하는 것은 관심에서 시작되고 관심이 지속하는 동안 유지된다. 관심이 다른 곳으로 이동하면 자연스럽게 투자와 노력도 따라서 이동한다. ▲기회 제공도 투자의 대상이다. 기회는 상황변화에 따라 자연스럽게 주어지는 것과 목표로 설정하고 의도적으로 접근하여 만드는 것이 있다. 특정한 시험을 응시하고 하지 않는 것은 내 마음이다. 그러나 아무리 성취하는 삶을 살고 싶고 무엇을 하고 싶어도 기회가 오지 않거나 자신이 만들지 않으면 성취하는 삶을 살 수 없다. ▲준비하지 않고 성취할 수 있는 것은 없다. 우연히 성취되었다고 느끼는 것들도 과거에 노력을 통하여 축적된 지식이나 능력이 좋은 환경 요소와 만났을 때 나타난 결과이다. 감나무 밑에 누웠는데 감이 입에 떨어지기 위해서는 최소한 그곳으로 이동하고 누워 입을 벌리는 일을 해야 한다. 준비가 기회와 만났을 때 성취가 이루어진다. 그러므로 준비에 투자하지 않은 사람은 성취할 수 없다.

성취하는 삶을 살기 위해서는 돈, 시간, 열정(熱情), 정성(精誠)을 쏟아야 한다. 그런데 많은 사람이 정작 중요한 열정과 정성도 제대로 쏟지 않으면서 돈과 시간이 없고 가정 형편이 좋지 않다는 변명을 한다. 진정한 성취는 단순한 목표달성이 아니라 자신의 한계를 넘어서는 것이다. 돈과 시간이 없다거나 부족하다고 느끼는 것이 한계라면, 그것을 넘어서는 것이 성취의 시작이다. 돈을 벌 수 있는 아이디어를 내기 위해 노력하고 역량을 집중하고 효율을 높이는 것으로 넘어설 수도 있다. 그리고 발전을 위한 가장 좋은 투자는 자신이 가장 어려울 때 하는 것이라는 점을 기억해둘 필요가 있다.

사람들은 대개 어려울 때는 여유가 없다고 생각한다. 하지만 어려울 때 투자한 것만큼 자신의 발전에 큰 도움이 되는 것은 없다. 나에게 투자할 것이나 투자할 여유가 없다는 생각은 착각이다. 내가 살아 있고 건강이 유지되는 동안 내가 투자할 것은 노력, 기회 제공, 열정, 정성, 관심, 새로운 도전 등 얼마든지 있다. 대학은 사회에 진출하기 위해 투자하고 준비하여 기초를 마련하는 기간이다. 대학에서 마련한 기초가 인생의 성공에 결정적인 역할을 한다. 그러므로 좋은 기초를 마련하는 데 온 힘을 기울여야 하는 것은 당연하다.

현실의 삶이 너무 힘들고 어렵다면 비관할 것이 아니라 지금이 내 인생을 발전시키기 위해 투자해야 할 가장 적기라는 것을 인식하고 내가 가진 모든 것을 투자해보자. 반드시 미래에 좋은 일이 생기고 성취하는 성공적인 삶을 사는 데 도움이 된다. 지금 가진 것을 모두 사용하고 나면 죽을 것 같아도 그렇지 않다. 또 살아갈 방도가 생기고 새로 투자할 것이 만들어진다. 하지만 지금 가진 것을 움켜쥐고 투자하지 않으면 미래에 성취할 수 있는 것은 아무것도 없다.

7. 현재까지 자신의 삶에 대한 평가

자신이 잘 느끼든 잘 느끼지 못하든 사람의 사고체계에는 자신을 스스로 점검하는 기능이 있다. 우리가 살아가면서 언뜻언뜻 자신이 한 행위나 일에 대해 '이것은 아닌데', '그래 바로 이거야' 하는 생각이 드는 때가 있다. 이것이 자기 점검 기능이 작동하고 자신이 그것을 인지했을 때 나타나는 반응이다. 무슨 일을 하든 제대로 목표에 도달하고 좋은 결과를 얻기 위해서는 중간에 점검과 확인이 필요하다. 그런데 일상 속에서 자기반성을 통해 자신이 일을 잘하고 있는지 점검하는 사람은 그렇게 많지 않은 것 같다.

대개 그때그때 또는 그날그날 처리해야 할 일을 열심히 처리하는 바쁜 삶을 산다. 하지만 현실에 안주하는 사람은 시간이 지나면 후회하는 일이 많다. 시대나 환경 변화에 원활하게 대응하기 위해서는 자신의 능력과 기술을 끊임없이 재정비하고 향상해 나가야 한다. 자기관리를 소홀히 하면 어느 순간 시대에 뒤떨어진 사람으로 전락하기 마련이다. 오늘날과 같이 과학과 기술의 발전 속도가 빠르고 경쟁이 치열한 사회에서는 변화에 대응하고 변화를 선점하기 위한 자신의 인생행로와 목표에 대한 점검은 필수적이다.

자신이 막 대학에 입학한 신입생이라면 고등학교까지의 결과를 평가해 보거나 가장 최근에 새로 세운 계획의 진행 상태 점검, 앞으로 대학에 다니는 동안 해야 할 일을 계획해 보는 것도 괜찮다. 2학년이나 3학년이라면 자신이 입학 당시 목표하고 계획했던 일들이 제대로 진행되고 있는지, 4학년이라면 취업이나 대학원 진학을 위한 준비가 제대로 되었는지, 무엇이 부족하고 보완해야 할 것은 무엇인지에 대한 점검과 중간평가를 해보는 것은 대단히 의미 있는 일이다.

중간점검은 공부나 일에 대한 속도의 완급 조절, 변화요소를 반영하여 남은 시간의 계획을 다시 세우거나 우선순위 조정, 만족도와 성취도, 능력 평가 등을 통해 더욱 분발하고 정진하는 계기로 삼을 수 있으므로 목표 달성 가능성을 높여준다. 이렇게 해도 목표를 달성하고 원하는 것을 이루기 쉽지 않다. 그런데 노력도 제대로 해보지 않고 막상 졸업을 앞두게 되었는데 아무것도 이루어진 것이 없을 때는, 지나온 세월 동안 잘못 살아온 자신에 대해 후회한다. 하지만 그때는 이미 무엇인가 잘못되었고 늦었다는 것을 의미한다.

8. 긍정적 사고와 자신감 만들기

1) 긍정적인 사고의 개념

미국 합동참모본부 의장과 국무부 장관을 역임한 콜린 파월(Powell)은 '지속적인 긍정적 사고는 능력을 배가시킨다(Perpetual optimism is a force multiplier)'라고 하였다. 긍정적인 사고는 아무리 강조해도 지나치지 않다. 위기와 절망을 이겨 내는 힘도 긍정적인 사고로부터 비롯되며, 이는 곧 자신감의 원천이 된다.[1] 긍정(肯定)은 어떤 사실이나 생각에 대하여 그렇다고 인정 또는 승인함, 사고(思考)는 생각하고 궁리함이다. 그러므로 긍정적 사고는 주변 상황이나 상태, 사실에 대해 그것이 좋은 것이든 좋지 않은 것이든 그렇다고 인정하고 좋은 결과를 도출하고 바람직한 방향으로 이끌어 가기 위해 생각하고 궁리하는 것이다.

즉, 긍정적인 사고는 어떤 상황에서도 낙관적으로 생각하며 희망을 실현하기 위해 꿋꿋이 앞을 보고 나아가는 사고방식을 말한다. 긍정은 희망을 수반하고 자신에게 기회를 제공한다. 긍정적인 사고가 만들어 내는 것이 '할 수 있다'는 생각이다. 세상의 모든 것은 할 수 있다는 생각에 따라 발전하고 바뀌어 왔다. 상상의 현실화, 불가능한

---

1) 김종현(2007), 『콘디의 글로벌 리더십』, 일송북, p.206.

것처럼 보였던 일들이 가능하게 된 것은 모두 할 수 있다는 생각을 하고 가능한 방법을 찾았기 때문에 실현되었다.

2) 자신감 만들기

자신감(自信感)은 자신이 있다고 여겨지는 느낌이다. 인간은 무한대의 잠재력을 갖추고 있다. 하지만 살아가는 동안 자신의 잠재력을 제대로 발휘하고 활용하는 것은 극히 일부분이며, 긍정적 사고와 자신감을 갖는 사람들은 보통 사람들보다 훨씬 큰 잠재력을 발휘할 수 있다고 한다. 그럼 긍정적인 사고와 자신감을 만드는 방법은 어떤 것들이 있을까? 긍정적인 사고와 자신감을 갖게 하는 방법은 목표달성, 힘들고 어려운 문제 해결, 특별한 훈련과정 이수, 한계 극복 등 여러 가지가 있다. 일상에서 긍정적인 사고와 자신감을 만드는 가장 좋은 방법은 목표 달성을 통한 성취이다. 여기에 한계 극복이 수반되면 더욱 바람직하다. 그러나 목표 설정에는 주의해야 할 부분이 있다.

사람은 각자 개성이 있고 역량에 차이가 나므로 자신이 적절한 목표를 설정해야 한다. 그런데 일상 중에 행하는 일이 목표가 되어서는 곤란하다. 너무 낮은 목표를 설정해서는 긍정적인 사고와 자신감을 함양하는데 별로 도움이 되지 않기 때문이다. 또한 너무 높고 어려운 목표는 좌절감을 맛보게 하고 부정적인 사고를 형성하게 하거나 오히려 자신감을 잃게 하는 부작용을 불러올 수 있다. 그러므로 현재 내가 달성할 수 있는 점수를 기준으로 한 단계 더 진보하는 수준으로 목표를 정하는 것이 바람직하다. 이런 방법으로 몇 번 자신이 정한 목표를 달성하고 일정한 시간이 지나면 자신감이 생겨있는 것을 실감할 수 있다.

자신감이 생기면 긍정적인 사고도 자연스럽게 형성되어 '나는 마음만 먹으면 무엇이든지 할 수 있다'는 생각을 하게 된다. 이뿐이 아니다. 목표 달성을 통해 형성된 자신감은 성공과 성취과정에서 문제를 해결하고 한계를 극복하고 돌출하는 장애의 제거와 대응 속도 조절 등 일하는 방법도 자연스럽게 체득하게 하므로, 성취나 성공 경험 그 자체가 능력으로 작용한다. 성공과 성취 경험이 많은 사람은 어떤 일을 맡겨도 잘 처리해 나가는 경향이 있다. 대부분 스스로 문제를 해결하는 방법을 찾는 기술을 경험을 통해 터득했기 때문이다. 사람은 강화할 수 있는 능력을 타고났다.

강화(强化, reinforcement)는 수준이나 정도를 더 높임, 행동 발생 뒤에 미래의 행동 발생 가능성을 증가시킬 결과가 뒤따르는 과정을 말한다. 즉, 행동을 촉진하거나 미래에 더 많이 일어나게 한다. 기업 등 집단 내부에서 기획업무를 하는 유능한 사람들은 같은 분야는 물론 새로운 분야의 상품이나 사업 기획을 어렵지 않게 해낸다. 한번 상품을 생산해본 경험이 있는 사람이 다른 상품을 어렵지 않게 생산하는 것과 마찬가지이다. 긍정적인 사고와 자신감을 만드는 것도 처음이 어렵지 몇 번 해보면 방법이 터득되므로 누구나 할 수 있다.

9. 개인기 육성과 특화

　현대사회에서 모든 집단은 차별화된 능력을 개인에게 요구한다. 차별화된 능력의 가장 대표적인 것이 개인기이다. 개인기(個人技)는 개인의 기술, 특히 운동 경기에서 개인의 기량을 말한다. 개인기는 내용이나 실력의 정도에 따라 그 자체가 사회적 능력으로 인정받아 취업이나 사업을 하는 데 도움이 되는 등 삶의 방편이 될 수도 있다. 당장 내 삶에 큰 도움이 되지 않더라도 자신이 소속된 집단이나 사회단체에서 분위기를 환기하는 등 다른 사람에게 웃음과 즐거움, 기쁨과 감동을 줄 수 있다면 얼마나 좋은가? 나에게 무엇인가 다른 사람들보다 잘할 수 있는 것이 있다는 그 자체가 바로 나에게 있는 소질(素質)이 드러난 것이다.

　사람이 세상을 살아가는 동안 '남보다 좀 더 잘할 수 있다'는 것이 있다는 점은 대단히 중요하다. 개인이 가진 기량(技倆)은 사회적 직위와 대우, 수입, 인기 등과 직결된다. 그러므로 많은 사람이 기량 면에서 다른 사람들과 차별화하기 위해 개인기 육성에 나선다. 하지만 개인기를 취업이나 사업 등 생업에 활용하기 위해서는 단순한 육성 차원을 넘어 누구에게나 객관적인 능력으로 인정받을 수 있게 특화하는 것이 바람직하다. 이는 경쟁력 제고의 좋은 수단이 될 수도 있다. 누구나 자신에게 전문화할 것이 있다고 생각되면 그 부분을 집중적으로 육성해야 한다.

특화(特化)는 어떤 한 부분을 전문화하는 것이다. 특화의 대상은 희소성의 가치가 큰 것이면 더 좋겠지만, 실현할 수 있는 것이 우선이다. 그러므로 내가 좋아하는 것, 잘하는 것, 하고 싶은 것 중에서 자신의 능력을 고려하여 우선 실행 가능한 것을 골라 육성하면 된다. 대학생들이 육성할 수 있는 개인기나 전문화, 특화의 대상은 국제 또는 국가 공인자격증 획득, 공무원 시험 합격, 각종 경진대회 수상, 실용신안이나 특허, 의장등록, 문학과 예술품 창작, 신기술 개발 등 자신의 내부에 무한하게 존재하는 창의력 개발, 각종 스포츠, 춤과 노래, 유머, 웅변, 동화구연, 연기 등 얼마든지 많다. 놀이나 일, 직업의 대상이 될 수 있는 것은 모두 특화의 대상에 해당한다.

10. 자기 힘으로 창조적인 일 한 가지 이상 해보기

　　교육 과정에서 가장 많이 듣는 말 중 하나가 창의력의 중요성이다. 창의(創意)는 새로 의견을 생각하여 냄 또는 그 의견, 창의력(創意力)은 새로운 생각을 해내는 능력을 말한다. 창의력과 상상력을 키워 주는 교육은 대단히 중요한데 우리나라 교육은 그런 측면에서는 아직 부족한 점이 많다. 창의력을 키우는 것은 교육기관의 노력도 필요하지만, 그보다는 개인의 관심과 노력이 더 중요하다. 창조(創造)는 전에 없던 것을 처음으로 만듦, 새로운 업적·가치 따위를 이룩함을 뜻한다. 학생은 교육을 받는 과정에 있으므로 대학에 다니는 동안 새로운 업적이나 가치 따위를 이룩하는 일까지는 어렵더라도 창의력을 발휘하여 전에 없던 것을 처음으로 만드는 일은 얼마든지 할 수 있다.

　　창의력을 발휘할 내용이나 수준은 각자 자신의 전공이나 하고 싶은 일, 개인이 가진 재능에 따라 선택하거나 설정하면 된다. 중요한 점은 자발적으로 자신의 창의력을 발휘하여 창조를 해보는 것이다. 그것이 사회적으로 공인받을 수 있는 발명특허나 실용신안, 상업 생산이 가능한 제품이나 작품이면 더 좋다. 그러나 세상만사가 그렇듯이 첫술에 배부른 것은 드물다. 한두 번으로 능숙해지지 않는다. 어느 정도의 실력을 갖춘 사람도 스스로 자신감을 느끼고 타인에게 이것이 나의 실력이라고 결과물을 내보이려면 적어도 초기 세 번 정도는 형태를 만들고 완주해 보는 정도의 경험을 거쳐, 자신이 인정할 수 있는 완성도를 갖춘 세 번이나 다섯 번 정도 작품을 만들어 보아야 한다.

경험이 부족한 초기에는 대부분 자신에게 실력이 있어도 그것을 표현하는 방법을 잘 모르기 때문에 서투르다. 나름대로 열심히 노력해도 결과를 보면 마음에 안 든다. 자신이 만든 것이지만 조잡하다는 생각이 드는 것이 대부분이다. 그런데 이런 과정을 적어도 3번 이상 거치는 것은 대단히 중요하다. 실패하고 생각대로 잘 안 되는 과정은 자신의 능력에 대한 한계를 실감하게 하기도 하지만, 그 과정을 통해 부족한 것을 보완하고 문제점을 해결하는 방법을 터득하게 한다. 이런 노력을 통해 완성도를 높이면 어느 날 자신의 실력이 크게 향상된 것을 느낄 수 있다. 자신감도 붙는다. 그런데 힘들다고 중도에 포기하면 실력이 더는 늘지 않는다.

시나 소설, 작사나 논문 같은 글쓰기, 그림 그리기와 작곡, 안무(按舞) 등 예술작품 창작, 컴퓨터 프로그램이나 게임 개발, 로봇이나 자동차 만들기, 신제품 개발, 새로운 이론 정립 등 하고자 하면 할 것은 얼마든지 있다. 처음부터 창조가 어려우면 공부를 하고 부분적인 기술은 모방하는 방법으로 시작하면 된다. 중요한 것은 자신 안에 있는 가능성을 실현해 보는 일이다. 이러한 노력이 실력으로 공인을 받을 수 있는 내용이면 더욱 바람직하다. 자신이 가진 창의성을 발현하는 일을 시도해 보는 것은 큰 의미가 있다. 나 스스로 무엇인가를 할 수 있는 능력이 있다는 것을 확인하면 자신감을 갖게 할 뿐만 아니라 일을 감당하고 살아가는 데 큰 힘이 된다.

11. 건강 점검과 올바른 관리

치열한 경쟁과 집단따돌림 등으로 오늘날 우리나라 학생 중에 스트레스와 우울증 등 정신적인 질환을 앓는 사람들이 많다. 대학생 정도 되면 심신(心身)은 밀접한 관계가 있어 신체가 건강하면 자연히 정신도 건전하다는 말인 '건전한 정신은 건전한 신체에 깃든다'라는 관용구는 거의 들어 보았을 것이다. 그러나 실제 대학생활 중에 자신의 건강을 스스로 챙기는 사람은 그렇게 많지 않다. 가족이 챙겨주는 보약도 귀찮다고 마다하는 학생이 많다. 그런데 어머니는 왜 싫다고 하는데도 굳이 돈을 들여가며 보약을 해주는 것일까? 그것은 자신의 경험상 건강관리가 그만큼 중요하다는 것을 잘 알기 때문이다.

개중에는 아직은 젊고 건강하기 때문에 나이 들어서 건강을 챙겨도 될 것으로 생각하는 사람들도 있다. 그러나 그때는 늦다. 병이 들면 대가를 치러야 한다. 병은 짧은 시간에 회복할 수 있는 것과 고칠수 없어 생명에 치명적인 타격을 안겨주는 것도 있다. 건강관리를 한다고 병에 안 걸리는 것은 아니다. 하지만 관심을 두고 노력하면 그만큼 건강한 생활을 할 수 있다. 중요한 것은 관심과 노력이다.

오늘날 우리나라 대학생들이 건강관리를 위해 가장 신경을 써야할 것은 무엇일까? 그것은 일부러 건강관리를 하는 것보다 건강이 악화하지 않게 하는 것, 즉 음주와 흡연 조절이다. 많은 학생이 입학과 동시에 술과 담배를 접한다. 술과 담배는 건강에도 좋지 않지만, 학업에 지장을 주기도 한다. 이러한 문제를 해결하기 위해 절주(節酒)와 금연(禁煙) 캠페인(campaign)을 벌이는 학교도 있다. 가급적이면 담배는 배우지 않거나 끊고 술도 줄여 적당하게 하는 것이 좋다. 젊은 혈기에 호기롭게 술을 많이 마시는 것을 자랑하는 사람도 있다. 한 번쯤은 그럴 수 있다. 하지만 결국 술에 이기는 사람은 없다.

중국의 고대 철학자인 노자(老子)가 지은 『도덕경(道德經)』에는 징후에 대해 다음과 같이 언급하고 있다. '일엽낙지천하추(一葉落知天下秋: 떨어지는 잎사귀 하나로 가을이 올 것을 짐작한다).' 그리고 '위지어말유 치지어미란(爲之於未有, 治地於未亂: 아직 드러나지 않았을 때 행하고, 아직 어지러워지지 않았을 때 다스린다)'이라는 말이 있다. 앞서 가는 사람은 남의 길을 따라가지도 변화를 피하지도 않는다. 세상은 쉼 없이 변화를 거듭한다. 변화에 능동적으로 대처하는 것은 말처럼 쉬운 일이 아니지만, 그렇게 하는 사람은 앞서 갈 수밖에 없다.

앞서 가는 사람들은 한발 앞서서 행동한다는 특징이 있다. 미리 파악하고 그에 대처하기 때문이다. 이미 벌어지고 난 다음에는 다만 그 일을 수습할 뿐이지 주도적으로 그 상황의 중심에 서기 어려운 법이다. 그리고 새로운 상황에 대해 적절한 방식을 취한다는 것은 남의 길을 따라가지 않는 것이기도 하다. 징후는 그냥 오는 것이 아니다. 인과의 측면에서 보면 가을은 그저 와 버리는 것이 아니라 한 잎 두잎 낙엽이 날리는 과정을 거친 다음에 도래하는 사건인 것처럼 어떤 일이 일어날 징후는 반드시 그 전개과정이 있기 마련이다. 이 전개과정을 파악하고 미리 준비하지 않으면 실효를 거두기 어렵다.[2]

---

2) 안은수(2008), 『행복한 인생』, 도서출판 문사철, pp.267~268.

사람들은 자신이 젊다고 생각하고 살아가는 데 불편이 없으면 건강에 신경을 잘 안 쓴다. 그러나 건강도 건강할 때 관리를 잘하는 것이 중요하다. 건강에 이상이 오는 것도 징후가 먼저 나타난다. 일시에 드러나는 것은 그렇게 느낀 것일 뿐이다. 자신이 인지하든 못하든 몸속에서는 서서히 증상이 진행된다. 그러므로 평상시에 관리를 제대로 하지 못하고 징후가 나타나는 것까지 놓치면 고통을 겪을 수밖에 없다. 사람들은 건강에 대해 언급하면 대개 육체적인 건강을 생각하는 경향이 있지만, 사람의 건강은 육체적인 건강과 정신적인 건강이 있다. 어느 한쪽이라도 잃으면 힘겨운 삶을 살아야 한다.

1) 청춘! 몸은 안 아프다?

나효진 재활의학과 전문의에 따르면, 얼굴은 젊은데 뼈·근육이 노인인 사람도 있고, 젊은이도 퇴행성 질환이 늘어나는 추세라고 한다. 누구나 건강한 삶을 위해서는 몸이 보내는 신호에 귀를 기울여야 한다. 2011년 국립도서관에서 가장 많이 대여된 책은 김난도 교수의 『아프니까 청춘이다』라고 한다. 물론 여기서 말하는 아픔은 몸의 통증이 아닌 마음, 정신세계의 고통이다. 그러나 몸이 아픈 청춘 또한 늘고 있다. 젊은이들은 할 일도 많고 하고 싶은 일도 많다. 나이가 들수록 걱정이나 스트레스가 쌓이기 때문에 육체적·정신적으로 건강하지 않으면 버티기가 어렵다. 그런데 요즈음은 젊을 때부터 몸의 통증으로 괴로워하는 사람들이 적지 않다.

장시간 앉아서 공부나 일에 집중하고 먼 거리의 학교나 직장에 다니면서 목·어깨·허리 등이 아픈 청춘들이 많아졌다. 얼굴은 젊지만 뼈나 근육 나이가 이미 노인인 경우가 늘고 있다. 젊은 사람들에게 퇴행성 변화가 많이 나타나는 것은 일상생활에서 반복되는 기계적인 자극과 잘못된 자세로 외부에서 비정상적인 힘이 가해졌기 때문이다. 통증은 그 자체의 일차적인 문제로 끝나지 않는다. 물리적인 고통은 수면장애·우울감·집중력 및 기억력 감소, 불안감 등으로 이어진다. 잠자고 아침에 일어나도 몸이 천근만근 무겁거나 오후만 되면 집중이 안 되고 머리가 맑지 않거나 두통에 심한 피로감까지, 이 모두가 만성 통증에 따라 나타날 수 있는 부작용이다.

통증은 매우 주관적인 감각이다. 그 때문에 정확한 진단을 내리지 않으면 오히려 질환을 악화시키고 만성피로 등 2차적인 문제를 가져온다. 또 통증은 빨리 치료를 받아야 함에도 많은 젊은 환자들이 "바쁘고 시간이 없다"는 핑계로 치료를 받는 데까지 시간이 길어지면서 많은 기회를 놓치고 있다. 젊음만 믿고 치료를 미루기 때문이다. 가장 안타까운 것은 젊을수록 본인의 젊음만 믿고 통증을 대수롭지 않게 생각하고 내버려두다가 심각한 상태가 된 후에야 병원을 찾는 경우가 많다는 것이다. 몸이 보내는 경고인 통증을 무시해서는 안 된다. 모든 병이 그렇듯 통증도 조기치료가 가장 중요하다고 말한다.[3]

2) 마음 건강

김주훈 국민체육진흥공단 이사장·이학박사는 건강관리를 위해 첫째는 '조석으로 운동하고 주말이면 산에 오른다.' 둘째는 '동호회에 가입해 정기적으로 체육 활동을 즐기며 피우던 담배는 끊고 술자리

---

3) 서울경제 2012. 1. 5.

는 될 수 있는 대로 피한다.' 셋째는 '건강에 좋은 음식은 뭐든 가리지 않고 먹어야 한다'고 강조한다. 이것이 건강하게 사는 방법이고 절제된 삶이며 후회 없는 인생을 위해 노력하는 현명한 자세라고 말한다. 바야흐로 건강이 이 시대 핵심 키워드(key word)로 자리 잡았다. 경제적 부유함이 가져온 자연스러운 현상이다. 텔레비전이나 신문, 책 할 것 없이 건강 관련 정보는 넘쳐나고 있다.

'건강해지려면 이렇게 해라'에서부터 '장수 비결은 이런 것이다'라는 연구 결과에 이르기까지 다양하다. 이제는 많은 사람의 관심이 건강한 삶으로 모아지고 있다. 어느 시대를 막론하고 건강을 지키지 못하면 꿈도 야망도 인생의 성공도 이룰 수 없다. 다 알고 있는 얘기지만 '재산을 잃으면 조금 잃은 것이요, 명예를 잃으면 더 많이 잃은 것이며, 건강을 잃으면 모든 것을 잃는 것과 같다'는 말이 있다. 그래서 많은 이들이 건강을 위해 부단히 노력하고 있는지도 모르겠다. 하지만 진정으로 건강한 삶을 산다는 것은 무엇일까. 건강 비결만을 실천하면서 사는 것이 전부는 아닐 것이다. 신체적 건강 못지않게 중요한 것이 바로 건강한 마음이다. 따지고 보면 모든 병의 근원도 마음의 병에서 비롯된 것이다. 마음의 건강을 유지하지 못하고서는 신체적 건강을 바랄 수 없다.

고대 로마 시인 유베날리스(Juvenalis)는 '건강한 신체에 건강한 정신이 깃든다'고 말했다. 마음의 병은 미움, 불안, 근심, 시기, 질투, 욕심, 분노 등 여러 가지에서 비롯된다. 물론 각자가 처한 상황에 따라서는 건강한 마음을 갖기가 쉽지 않을지 모른다. 그렇더라도 이제부터는 신체와 더불어 마음도 건강하게 하는 방법에도 관심을 둬보자. 방법은 멀리 있지 않다. 매사에 긍정적인 마음을 갖고 웃음과 여유를 잃지 않는 것, 욕심을 줄이고 나보다 남을 배려하는 마음, 절망 속에서도 희망의 싹을 틔우는 용기를 갖는 것에서부터 시작해보는 것은 어떨까.[4]

4) MK뉴스 2008. 11. 24.

12. 책 읽기

학창시절에는 누구나 책을 읽는다. 전공서적이냐 아니냐의 차이는 있어도 모두 책을 읽는다. 그런데도 책 읽는 방법을 말하는 것은 뭔가 좀 새롭지 못하다고 생각을 할 수도 있다. 하지만 누구나 책을 읽지만, 공부와 연계해서 책을 제대로 읽는 방법을 아는 사람은 많지 않은 것 같다. 여기서 책 읽기에 대해 한번 생각해 보자. 먼저 대학에 다니는 동안 책을 읽어야 한다면 목표를 몇 권으로 해야 할까? 이것은 답이 없다. 자신이 필요한 만큼 읽으면 된다. 그러나 참고로 알아두어야 할 것이 있다. 사람에 따라 차이는 있으나, 한 분야의 개념을 파악하는 데는 20~30권, 전문적인 식견이나 지식을 갖추기 위해서는 100권은 읽어야 한다.

이미 수백 권의 책을 읽은 경험이 있는 사람들은 책 100권을 읽는 일을 대수롭지 않게 생각할 수도 있다. 그러나 100권은 대단히 많은 분량이고, 100권도 100권 나름이다. 대학에 다니는 동안 공부하는 교재는 학교에 따라 다소 차이는 있지만, 기본적으로 28권 전후이다. 대학원 석사과정에서는 9권, 박사과정에서는 13권 정도를 공부한다. 물론 석사와 박사 통합과정, 학교와 담당 교수, 이수학점에 따라 교재 수에 차이가 나거나 부교재를 사용하는 곳도 있다. 그러나 통상적으로 대학에서 학교 교육과정이 모두 끝나는 박사과정까지 공부하게 되는 교재는 총 50권 정도이다.

이런 점을 고려하면 스스로 100권을 읽고 공부하는 것은 엄청난 일이다. 4년 동안 100권을 읽기 위해서는 1년에 25권을 읽어야 하는데, 대학교재 등 전문서적은 1,000쪽을 넘는 것도 있기 때문에 누구나 할 수 있는 일이 아니다. 4년 동안 100권을 읽고 공부하기도 어려운데 경륜이 있는 교수님의 교수실이나 연구실에 가보면 수천 권의 장서를 가지고 있는 분들이 적지 않다. 학교에서 학생들을 가르치고 연구를 하더라도 학창시절을 모두 끝내고 직업 활동을 하면서 공부를 한다는 것은 쉬운 일이 아니다. 교수도 마찬가지이다. 할 일이 너무 많고 바빠 책 읽을 시간을 내기가 어렵다. 그럼에도 교수 중에는 2~3천 권의 책을 읽고, 수십 권의 책을 집필하고 수백 편의 논문을 발표하는 사람들도 있다.

어떻게 이런 일을 할 수 있을까 하는 생각이 들 정도다. 그런데 김용옥 선생은 한국에서 새로 출판되는 철학 서적은 모두 읽는다고 강의할 때 말한 적이 있다. 불가능한 일처럼 보이지만 책을 제대로 읽는 방법을 알면 가능하다. 가령 대학생활을 하는 동안 책 100권을 읽는다면 대략 50권은 지나고 나면 쓸모없는 것이라는 점을 알게 된다. 이것은 책을 읽다 보면 내용이 중복되거나 수준이 낮아 어느 단계에 이르면 별로 도움이 되지 않는 내용이 그만큼 많아진다는 것을 의미한다. 그러나 쓸모없는 것으로 여겨질 수도 있는 이 50권에 해당하는 지식이 기초를 형성하므로 대단히 중요하다.

처음부터 너무 수준이 높고 어려운 책을 손에 잡으면 이해력이 부족해 생각하는 공부를 진행해 나갈 수 없다. 그러므로 처음에는 읽기 쉽고 공부하기 편한 책을 선택해야 한다. 누구나 이 과정을 거쳐야 어려운 책을 공부할 수 있다. 책을 읽고 공부를 진행해 나가는 동안 적어도 50권까지는 책에 밑줄도 긋고 필요한 것은 부기(附記)하기도 하고, 중요한 내용이나 핵심적인 내용은 공책에 옮겨 적어 정리하는 공부를 해야 한다. 꼭 필요하다고 생각되는 내용은 외어두는 것도 필요하다. 이렇게 하면 처음에는 아주 속도가 느리고 힘이 많이 든다. 하지만 지식이 쌓여 일정한 수준에 도달하면 그때부터는 웬만한 수준의 책은 그냥 읽기만 해도 이해할 수 있다.

이런 방법으로 책을 읽고 공부를 하여 기본 지식이 쌓이면 다음부터는 어떤 책을 읽든 새로운 것, 중복되지 않는 내용만 골라보면 김용옥 선생과 같이 새로 출판되는 책을 모두 읽는 것이 가능해진다. 특히, 일정한 수준에 도달하기 위해서는 공부하는 과정에 책의 선택이 대단히 중요하다. 어느 대학이나 도서관에 가면 엄청난 종류의 책들이 있다. 책의 수준을 선택하는 것도 책을 읽을 의지와 관심이 있으면 어렵지 않다. 모르면 선배나 교수님 등 주위 사람들에게 물어보면 되고, 기본적으로 대학교재, 대학원의 석사과정 교재와 박사과정의 교재는 단계별로 수준이 높아진다.

이들 책을 모두 읽고 나면 다음은 국내외 해당 학계에서 발행하는 학회지에 실린 논문이 있고, 세계적인 석학들이 저술한 최신 서적도 좋은 자료가 될 수 있다. 나의 실력이나 공부 진행에 맞추어 책의 수준이 높은 것을 선택하는 방법으로 한 분야에 100권의 책을 읽어두면 누구와 마주 앉아도 당당할 수 있다. 요즈음 젊은이들은 순간적인 기쁨과 쾌락을 지나치게 추구하는 경향이 있다. 하지만 긴긴 인생을 살아가려면 깨달음을 얻고 지혜의 바탕이 되는 책 읽기를 소홀히 해서는 안 된다.

13. 세 가지 연습

1) 양심의 소리에 귀 기울이는 삶

　고도의 정보화와 지구촌 시대가 도래하면서 인간관계가 복잡해지고 삶의 수단에 불과한 물질문화가 인간관계 사이에서 중요한 교량 역할을 한다고 해도 항상 양심의 소리에 귀를 기울이며 정직한 삶을 살아갈 수 있도록 노력해야 한다. 양심을 저버리고 물욕과 이기주의에 도취해 자신의 안위만을 추구하며 살아간다면 과연 먼 훗날 우리 사회는 어떻게 될 것이며 그 책임 또한 누가 질 것인가? 인간은 뒷모습이 아름다워야 한다. 감언이설(甘言利說)로 남을 속이고 눈앞의 이익을 챙겼다 해도 정직과 양심을 저버린 삶의 말로는 항상 비참한 것이며 먼 훗날 때늦은 후회를 해도 그 순간은 다시 돌아오지 않는다.

　정직한 사람은 언행이 일치되어야 한다. 말과 행동이 다르다면 이는 정직한 것이라고 할 수 없다. 거짓말을 하거나 남을 속이는 것은 양심을 저버린 것이며 자기의 인격수준을 떨어뜨리는 것이다. 정직한 사람은 신용이 있고 대개 존경을 받게 된다. 신용은 생명같이 존귀하며 인생의 보배임을 망각하지 말고 과거를 반성하는 가운데 현재와 미래에 정직한 삶을 살아갈 수 있도록 노력해야 한다.[5] 모든 사람에

---

5) 충청일보 2011. 9. 22.

게는 양심의 자유가 있다. 양심의 자유는 인간의 존엄과 가치의 내면적 기초가 되는 각자의 윤리의식과 사상을 자유로이 형성하고 또 그것을 외부에 표명하도록 강제 당하지 아니할 자유와 더불어 그 윤리의식이나 사상에 반하는 행위를 강요당하지 아니할 자유를 말한다. 양심의 자유는 성격상 자연인만이 그 주체가 될 수 있다.[6]

정상적인 사람은 누구나 잘못을 저지르면 양심의 가책을 받는다. 양심(良心)은 도덕적인 가치를 판단하여 옳고 그름, 선과 악을 깨달아 바르게 행하려는 의식, 소리는 항간의 여론이나 호소, 여론(輿論)은 사회 대중의 공통된 의견, 세상 사람들의 의견이다. 호소(呼訴)는 억울하거나 딱한 사정을 남에게 하소연함, 가책(呵責)은 꾸짖어 책망함을 뜻한다. 양심의 소리는 도덕적으로 옳고 선한 일을 하라는 마음속에서 우러나 온 의견으로 올바른 삶을 살라는 나의 내부에 있는 타고난 선(善)의 요구이자 명령이다. 이것을 어기면 양심의 가책을 받는다.

대학생은 모두 성인이다. 자아가 형성되는 청소년기를 거쳐 이제 독자적인 삶을 살아야 하는 성인이 되었다. 앞으로 내가 어떻게 살 것인가 하는 것을 생각해보아야 하고 나의 행동이 올바른 것인지, 내가 사는 삶이 만족스러운 것인지, 나는 어떤 삶을 살고 싶은지 자신에게 물어보아야 한다. 그리고 자신의 행동과 삶에 대해 양심의 소리에 귀를 기울이는 삶을 사는 연습을 해야 한다. 많은 사람이 순간의 책임을 벗어나기 위해 양심의 소리를 저버리지만, 이것은 올바른 삶의 자세가 아니다. 세상 모든 것은 속일 수 있어도 자신의 양심은 속일 수 없다.

사람은 같은 일을 반복하면 습관이 된다. 잘못된 습관은 언젠가는 반드시 그것으로 말미암아 대가를 치르게 되어 있다. 인간은 본래 불완전한 존재이기 때문에 항상 옳은 일이나 착한 일을 하고 살 수는

---

6) 위키백과.

없다. 하지만 스스로 떳떳하고 당당한 삶을 살기 위한 노력은 해야 한다. 그렇게 하기 위한 가장 좋은 방법은 양심의 소리에 귀를 기울이는 연습을 하는 것이다. 그리고 자신에게 물어보았을 때 떳떳하고 당당하지 않다면 잘못된 것을 스스로 고치는 것이 바람직하다. 자신의 잘못을 다스리고 균형 있는 삶을 살아가는 데 양심의 소리를 듣는 것은 중요한 역할을 한다.

2) 도망가지 않는 연습

힘겨운 일, 어려운 일, 책임을 져야 할 일이 있으면 어떻게든 회피하고 도망하려고 하는 사람들이 있다. 살다 보면 현저하게 능력의 차이가 나서 도저히 감당할 수 없는 대적하기 너무 버거운 상대, 능력이 부족하여서 해낼 수 없는 일, 까다로워 풀기 어려운 문제와 직면하면 누구나 피하거나 도망가고 싶다는 생각을 할 때도 있다. 그러나 아무리 피하려고 하여도 어쩔 수 없이 만나야 할 사람이나 마주치는 일이 있다. 이때는 회피하거나 도망가지 않고 맞선 것을 극복해야 한다.

회피하거나 도망가는 것은 그것이 가능할 때 하는 일이다. 도망가는 것이 상책일 때는 도망가야 한다. 그래서 어려운 때에는 도망하여 몸을 보전함이 상책임을 뜻하는 삼십육계(三十六計) 줄행랑이 제일이라는 말까지 생긴 것이다. 학창시절에는 생사를 좌우할 만한 일이나 상대를 대해야 할 일이 없으므로 결사적으로 회피하고 도망해야 할 일이 없다. 자존심이 상하고 체면이 깎이는 일들이 심심찮게 발생하고 정도가 심하면 굴욕을 맛보는 일은 생길 수 있다. 하지만 학창시절에 당면하는 일들은 이해 교환과 큰 상관이 없다. 대개 자신을 발전시키는 능력 개발과 경험을 제공하는 것이다. 그러므로 회피나 도망이 능사가 아니다.

꼭 피해야 할 것은 피해야 하겠지만, 피할 수 없을 때는 즐길 줄 알아야 한다. 살다 보면 하고 싶지 않은 일을 할 수밖에 없는 때가 생긴다. 그때마다 피하거나 도망하면 자신의 인생을 제대로 살 수 없다. 인간관계도 마찬가지이다. 마음에 들지 않거나 싫은 사람들과 같이 일하며 매일 쳐다보아야 할 때도 있다. 내가 다른 사람이 싫고 마음에 안 들어 하듯이 다른 사람도 나를 그렇게 생각할 수도 있다. 어떤 경우든 한 사람이라도 마음에 안 든다고 자주 인상을 찡그리면 다른 사람들이 모두 나를 인상이 좋지 않은 사람으로 생각하게 된다. 이러한 결과는 나 자신의 고립을 불러온다.

고립이 심화될수록 극단적인 행동을 하게 할 가능성은 높아진다. 현실에서 어려운 문제와 맞서는 것은 많은 시간, 노력, 인내가 요구되는데도 원하는 결과를 얻지 못할 때가 적지 않다. 하지만 큰일을 하려면 여러 가지 일을 겪고 문제를 넘으면서 강인함을 길러야 한다. 현재의 삶이 아무리 아프고 괴로워도 자기 인생이다. 힘들고 어렵다고 쉽게 도망하면 이룰 수 있는 것은 아무것도 없다. 살다 보면 좋은 일도 있고 좋지 않은 일도 겪지만 모두 내 인생이다. 자기 인생을 회피하려고 해서는 안 된다. 내가 내 인생의 주역이고 주인이기 때문이다.

3) 규칙 경기와 경쟁 습관화

규칙(規則)은 여러 사람이 다 같이 지키기로 작정한 법칙, 법학에서는 헌법·법률에 따라 정해지는 제정법의 한 형식을 말한다. 입법·사법·행정의 각 부에서 제정되며, 국회 인사 규칙·법원 사무 규칙 따위가 있다. 법규(法規)는 일반 국민의 권리 의무를 규정하여 활동을 제한한 법률이나 규정으로 가장 대표적인 규칙이다. 현대 민주주의 사회에서는 국가의 공권력이 미치는 범위 내에서 인간의 모든 활동은 기본적으로 법규에 따라 통제된다.

법규 내에서 활동은 자유가 보장되지만, 그 범위를 벗어난 행동을 하면 처벌을 받는다. 그러므로 모든 구성원의 일상적인 생활은 법규를 준수하며 질서가 유지되는 가운데 자유로운 활동과 경쟁을 통해 자신의 권익을 신장하고 삶의 질 향상을 추구해야 한다. 법규 준수는 개인의 자유를 제한하고 의무 부담을 강제하는 등 상당한 불편이 따르지만, 이것은 모든 구성원의 안전을 확보하고 안정된 삶을 영위하면서 편익 증진과 발전을 추구하게 하기 위함이다. 따라서 현대 민주주의 국가에서 모든 국민은 규칙을 지키면서 자신의 능력 발휘를 통해 편익을 증진해야 한다.

특히, 대학생들은 사회에 나가 순방향으로 자신의 능력을 발휘하고 역량을 인정받기 위해 규칙이 요구하는 범위 내에서 좋은 성과를 창출하는 방법을 미리 연구하고 연습해 두는 것이 반드시 필요하다. 편법과 위법, 반칙은 일시적으로는 편리하고 도움이 될지 몰라도 반드시 그에 상응하는 대가를 치르게 되어 있다. 정상적인 사람이라면 다른 사람이 뭐라고 하지 않더라도 양심의 가책을 받는다. 커닝, 리포트 베끼기, 대리출석, 도서관 자리 잡아주기를 하지 마라는 것도, 그것이 공정한 사회가 형성되는 것을 저해되고 다른 사람의 존엄성을 침해하는 이기적인 행동이기 때문이다. 공인받지 못하는 좋지 않은 일을 자주 하면 그것이 습관이 된다. 습관은 사람의 삶을 변화시킨다. 좋은 습관은 도움이 되지만 좋지 않은 습관은 화를 불러온다.

14. 경제관념 정립

경세제민(經世濟民)은 세상을 다스리고 백성을 구제함이며, 준말은 경제(經濟)이다. 경제(經濟)는 인간 생활의 유지·발전에 필요한 재화를 획득·이용하는 과정의 일체 활동으로 재화의 생산·교환·분배·소비는 모두 경제의 한 부분이다. 관념(觀念)은 어떤 일에 대해 가지는 생각이나 견해(見解), 경제관념(經濟觀念)은 재화나 노력, 시간 따위를 유효하게 쓰려고 하는 생각이다. 경제발전의 기반은 기술혁신이다. 세계사에서 강대국의 위치가 영구히 고정적이지 않았음은 분명하다. 그러나 비교 정치·경제학자들은 모두 서양이 대규모의 육군과 해군력을 유지하는 기반으로 경제발전을 성공적으로 이룩할 수 있었기 때문에 중세 이후 국제정치 체제에서 우월한 위치를 차지할 수 있었음을 인정하고 있다.[7]

경제를 발전시키려면 경세제민하려는 마음이 있어야 하고, 경세제민하려는 지도자는 경제를 중시하고 경제관념을 가져야 한다. 지도자는 구성원의 세금 부담으로 조성된 예산으로 경제를 발전시키고, 경제발전을 통해 이룩된 재화나 이윤을 재분배하는 역할을 수행해 구성원의 삶의 질을 향상하는 것이 주요한 임무 중 하나다. 그런데 지도자가 경제관념이 약하면 마련된 재원은 비효율적으로 사용될 수밖

---

7) 하봉규(2008), 『한국 정치와 현대 정치학』, 팔모, p.19.

에 없다. 그렇게 되면 정작 혜택을 받아야 할 사람은 못 받고 엉뚱한 사람이 혜택을 받는 등 부정부패가 만연하고, 구성원의 부담은 늘어나기 마련이다.

경우에 따라서는 국가 경제를 도탄에 빠지게 하여 국제통화기금이나 다른 나라로부터 긴급 구제 금융을 받거나 모라토리엄[8]을 선언할 수밖에 없는 상태에 이르게 할 수도 있다. 집단과 사회조직이 발전하고 발전하지 않는 것은 지도자가 어떤 경제관념을 갖고 일을 하느냐에 따라 큰 차이가 난다. 개인의 신용관리와 가정경제도 마찬가지이다. 오늘날 우리 사회에는 소비심리 확산에 따른 무분별한 카드사용으로 신용불량자가 끊임없이 양산되고 있다. 카드 대란과 가계 빚 급증은 남의 일이 아니다. 경제관념이 부족하면 반드시 문제가 생긴다.

개인적인 측면에서 경제관념 정착은 반드시 필요한 일에는 지출하고 지출하지 않아도 될 일에는 지출하지 않는 것이면 충분하다. 미래 발전을 위한 투자를 고려하여 주어진 예산 범위 내에서 만족을 극대화하고 예산규모에 적합한 생활을 습관화하면 더욱 바람직하다. 적은 돈으로 높은 효율을 달성하기는 어려워도 수입이 늘어 지출을 늘리는 것은 아무나 할 수 있는 쉬운 일이다. 기존에 자신이 해온 지출은 하나같이 모두 필요한 것이었으므로 지출을 조정하거나 줄이는 일이 현실적으로 어렵다고 생각하는 사람도 있을 수 있다. 그러나 지출을 조정하고 줄이는 것은 얼마든지 가능하다. 단지 다소 힘이 들고 인내가 요구될 뿐이다.

인생은 기복이 있기 때문에 지출을 늘렸는데 수입이 줄어들면 산

---

8) 모라토리엄(moratorium)은 한 국가가 경제 · 정치적인 이유로 외국의 차관 따위에 대하여 일시적으로 상환을 연기하는 일. 지급 유예.

다는 것 자체가 고통으로 느껴질 수 있다. 그러므로 경제관념을 정립(正立)하여 돈을 적절하게 사용하는 것을 익혀두면 반드시 도움이 될 때가 있다. 처음에는 용돈에서 시작하지만, 자신의 사회적 지위 변화에 따라 국가 예산까지 거대 자금을 운용하는 능력은 경제관념이 그 성패(成敗)를 좌우하는 바탕이 된다. 사람은 자신이 체험하지 않은 일에 대해서는 얼마나 좋은지, 얼마나 고통스럽고 힘든지 그 실상을 잘 모른다. 그래서 '당해봐야 안다'는 말이 생겼다. 세상은 미리 준비하지 않으면 같은 어려움을 당했을 때도 그 기쁨이나 고통이 배가될 수 있다. 이것은 기쁨이나 고통 자체가 증폭되는 것이 아니라 느끼는 사람의 마음가짐이나 감정, 경험이 그렇게 만든다.

15. 좋은 만남

대학생활에서 가장 중요한 한 것이 무엇이냐고 물으면 대개 공부라고 말한다. 공부가 중요한 것은 맞다. 그러나 공부 못지않게 중요한 것이 있다. 좋은 만남이다. 세상은 인간관계에 의해 모든 것이 좌우된다. 세파에 부딪히면서도 어려운 일을 감당하고 자신을 지탱하며 살아가는 힘이 인간관계에서 나온다. 또한 성공의 기회도 사람에게서 나온다. 인간관계의 중요성을 직접 체험해본 사람들은 '인맥의 크기가 능력에 비례한다. 좋은 사람을 아는 것이 능력이고 자산이다'라고 말하기도 한다. 개인이 갖춘 능력에는 한계가 있고, 일은 혼자서 하는 것보다 여러 사람이 힘을 합쳐 함께하는 가운데 일자리와 기회가 만들어진다는 것을 알기 때문이다.

인생에서 대학생활은 이해관계에 크게 얽매이지 않고 다른 사람과 자유로운 만남을 할 수 있는 가장 좋은 기회다. 하지만 사람 중에는 좋은 사람과 좋지 않은 사람이 있으므로 좋지 않은 사람을 구분할 줄 알아야 한다. 자신을 좋은 길로 인도하는 사람이 있는가 하면, 악의 수렁으로 빠뜨리거나 끌고 들어가는 사람도 있기 때문이다. 만남은 사람에 따라 서로에게 소소한 영향을 미치기도 하지만, 한 사람의 인생을 송두리째 바꾸어 놓은 사례도 얼마든지 있다. 그러므로 성공적인 삶을 위해서는 평소에 긍정의 힘이 넘치는 사람, 꿈꾸고 도전하는 사람들을 가까이해야 한다. 만남에는 여러 가지가 있다. 동료와 친구, 선배와 후배, 이성, 교수님, 존경하는 사람 등 그 대상은 다양하다.

좋은 만남은 자신들뿐만 아니라 자신이 소속된 집단이나 사회 더 나아가서는 국가까지 발전적으로 변화시키는 엄청난 힘을 발휘하기도 한다. 사람들이 인간관계를 중요하게 생각하는 이유가 여기에 있다. 좋은 만남의 기준은 사람에 따라 각자 다를 수 있다. 그러나 분명한 것은 좋은 만남이 우연히 이루어지는 때도 있지만, 대부분 자신이 그에 상응하는 노력을 해야 한다는 점이다. 상호 존중과 상호 만족, 공존공영을 통한 발전 추구, 개성이나 다양성을 존중하며 차이를 인정하고 그 가치를 활용할 줄 알아야 한다. 대학에 다니는 동안 평생을 가까이서 동행할 수 있는 한 사람을 만난다면 정말 뜻있는 대학생활을 보낸 것으로 평가해도 좋다. 좋은 만남이 어떤 결과를 가져올 수 있는지 중앙일보에 소개된 박정희와 박태준의 만남을 한번 살펴보자.

1) 나라의 명운 가른 만남

박태준과 박정희의 만남은 대한민국의 홍복(洪福)이었다. 그 만남은 대한민국을 희망 없는 음지에서 활기 넘치는 양지로 이끈 결정적 계기였다. 1948년 조선경비사관학교 6기생으로 들어가 육사 6기가 된 박태준 생도는 생도대 제1중대장 겸 교관이었던 박정희 대위와 처음 만났다. 어느 날 교관 박정희는 미분과 삼각함수 등을 제대로 이해해야만 풀 수 있는 탄도궤적 측정의 문제를 강의실 칠판에 적었다. 모두가 난감해할 때 그 문제를 풀어낸 이가 다름 아닌 박태준 생도였다.

그 일로 박태준이란 이름 석 자는 젊은 박정희에게 각인됐다. 정말이지 운명적인 만남이었다.

그 후 박정희는 1948년 여순반란사건[9] 이후 전개된 숙군(肅軍)[10] 과정에서 죽음의 문턱을 넘나들다 살아남았고, 포천 1연대 중대장이었던 박태준은 6·25 전쟁의 최전선에서 끝내 생환했다. 두 사람이 다시 만난 것은 1957년 10월이었다. 1군 참모장이었던 박정희가 박태준을 1군 산하 25사단 참모장으로 부른 것이다. 그 후 박정희 소장이 1960년 2월 부산군수기지 사령관이 된 후 박태준 대령 역시 사령부 인사참모로 부임했다. 하지만 이듬해 5·16 군사정변[11]이 감행됐을 때 거사명단에는 박태준의 이름이 빠져 있었다. 거사 이틀 뒤 박정희는 박태준을 불러 혁명 거사 명단에서 그를 뺀 이유를 밝혔다. "하나는 거사가 실패하더라도 살아남아 군을 이끌 지도자가 필요했고, 다른 하나는 내 처자의 뒷일을 부탁하려 했기 때문이라네!" 결국 거사가 성공한 후 박태준은 최고회의 의장 박정희의 비서실장이 됐다.

박태준이 아내 장옥자 여사로부터 받은 신혼 첫 선물은 반지도 시계도 아니었다. 『경제학 원론』이었다. 하지만 그는 가정살림 경제엔 도무지 관심이 없었다. 1964년 새해 첫날 박태준은 박정희의 저녁 초대를 받았다. 그는 육영수 여사가 손수 따라주는 따끈한 청주를 마시며 이제 곧 미국 유학길에 오른다는 것을 알려 드렸다. 하지만 박정희는 그를 한·일 국교정상화를 위한 대일특사로 파견할 뜻을 밝힌 후 봉투 하나를 내밀었다. "자네 여태 집도 없더구먼. 집이나 장만하

---

9) 여순반란사건(麗順叛亂事件)은 1948년 10월 20일 전라남도 여수에 주둔하고 있던 국군 제14연대에서 좌익계열의 장병이 일으킨 사건이다.
10) 숙군(肅軍)은 기강이 서 있지 않은 군을 숙정함.
11) 5·16 군사정변은 1961년 5월 16일에 육군 소장 박정희가 주동이 되고 육군사관학교 8기생 출신의 일부 군인들이 제2공화국의 장면(張勉) 정부를 강압적으로 무너뜨리고 정권을 잡은 군사정변이다.

게." 첫딸을 낳은 후 열다섯 번이나 이사하며 셋방살이를 전전하던 박태준은 박정희의 금일봉과 셋방 전세금을 합쳐 서울 서대문구 북아현동에 처음으로 집을 마련할 수 있었다.

1964년 10월 박정희는 다시 박태준을 불렀다. 그리고 그에게 대한중석을 맡아 달라고 했다. 텅스텐을 캐내 외국에 수출하던 대한중석은 1960년대 초반 당시 연간 국가 총 수출액 약 3,000만 달러 중 500만~600만 달러를 점유할 만큼 막중한 기업이었다. 박정희는 박태준을 대한중석에서 시험해보고 종합제철소 건설의 임무를 맡길 요량이었다. 1965년 6월 박태준은 다시 박정희와 독대했다. 박정희가 입을 떼었다. "제철소 건설을 맡아주게. 아무리 둘러봐도 이 일을 맡길 사람은 임자밖에 없어. 나는 고속도로를 직접 감독할 거야. 자넨 제철소를 맡아!" 국토의 대동맥을 잇는 일은 대통령이 맡고, 산업의 쌀인 철을 만드는 일은 박태준의 손에 달렸던 것이다.

1969년 7월 박태준은 박정희의 3선 개헌 지지서명서에 사인(sign)하지 않았다. 김형욱 중앙정보부장 등 대통령 주변은 분개했다. 하지만 박정희는 달랐다. "그 친구 원래 그래. 제철소 일 열심히 하게 건드리지 마." 3선 개헌이 관철되고 난 다음인 1970년 2월 박정희는 박태준에게 설비구매와 관련된 애로사항을 건의토록 한 후 그 서류에 곧장 사인해서 되돌려 줬다. 전권을 위임한 이른바 '종이마패'였다. 그러나 박태준은 이것을 한 번도 세상에 내밀지 않았다. 그것은 박정희 사후에 공개됐을 뿐이다. 둘의 관계가 어떠했는지를 단적으로 웅변해주는 사례가 아닐 수 없다. 이 두 사나이의 만남이 대한민국을 살렸다. 한 사람은 오래전에 고인이 됐고, 이제 남은 한 사람마저 우리는 2011년 떠나보냈다. 이 흔들리는 시절에 "애국심 갖고 일해 달라"는 그의 마

지막 유언이 귓전을 때린다.[12]

2) 멘토와 좋은 친구 한 명 사귀기

외형상으로는 평범하게 보이는 학생들도 학교생활에 어려움을 겪는 사람들이 의외로 많다. 여러 사람이 모이면 그중에는 뛰어난 실력을 갖춘 사람과 그렇지 않은 사람, 가정 형편이 좋은 사람과 어려운 사람, 건강이 좋은 사람과 그렇지 않은 사람, 좋아하는 사람과 싫어하는 사람 등 여러 부류(部類)가 있기 마련이다. 그 결과 끼리끼리 어울리고 의도하든 하지 않던 따돌림을 당하는 사람이 생긴다. 학교생활을 하는 가운데 발생하는 어려움은 크게 보면 대인관계(가족, 친구, 이성, 선후배), 학업 및 진로문제, 다양한 심리적 갈등(우울, 불안, 스트레스)이 대표적이다. 그 원인은 자신에게서 비롯되는 것도 있고, 타인이나 가정환경 등 여러 가지 요소가 있다. 사람에 따라 한 가지가 원인이 된 예도 있고 몇 가지 요소가 복합적으로 작용하여 어려움을 겪는 사람도 있다.

학생상담센터 등 대학교 자체에서 학생들이 겪는 어려움을 해결하기 위한 체계를 갖추고 있는 곳도 있지만, 그렇지 않은 곳이 더 많다. 체계를 갖추었다는 곳도 학생 수와 비교하면 시설은 턱없이 부족하다. 결국 학생들은 자신의 고민이나 스트레스를 스스로 해결해야 한다. 고민과 스트레스는 모든 현대인이 공통적로 해결해야 할 문제 중하나다. 대학생이라고 특별할 것은 없다. 학교에 다니는 학생들이 직면하는 대인관계, 학업 성적이나 진로문제, 다양한 심리적 갈등 등을

---

12) 중앙일보 2011. 12. 17.

해결하고 예방하는 방법은 가족, 멘토와 친구, 병원 활용 등 세 가지가 대표적이다.

가족과 대화만 잘해도 많은 부분을 해결할 수 있다. 가족은 오늘의 내가 존재하기까지 물심양면의 지원을 해주었고 평생을 같이할 세상에서 내가 가장 신뢰할 수 있는 사람들이다. 나에게 문제가 있거나 도움이 필요할 때 가장 먼저 의지할 수 있는 사람은 가족이다. 스트레스를 받고 고민이 있을 때 부모, 형제 또는 자매, 친인척과 상의하고 도움을 받는 것이 바람직하다. 웬만한 문제는 가족과 친인척을 통해 해결할 수 있다. 하지만 대학에 다니는 나이가 되면 대부분 자의식(自意識)이 강해지고 '세상은 스스로 개척하고 자신이 만들어 가야 한다'는 것을 알기 때문에 가족에게 도움을 받아야 할 일들이 왠지 쑥스럽게 느껴지고 말을 끄집어내기가 어려워진다.

이런 때는 멘토나 친구들과 상의하는 것이 좋다. 멘토의 경험은 내가 문제를 해결해 나가는 데 도움이 되고, 좋은 친구는 마음을 터놓고 상의할 수 있는 사람이다. 친구는 때로는 선의의 경쟁을 하기도 하지만 어려움을 함께 겪으며 앞으로 나아가기 위해 협력하거나 상호 도움을 주고받는 동료이기도 하다. 답답하고 힘들 때는 굳이 속내 이야기까지 안 하더라도 그냥 같이 앉아 차 한잔하면서 잡담을 나누어도 마음이 한결 가벼워지기도 한다. 가족, 멘토, 친구로 해결이 안 되고 나 스스로 감당할 수 없어 고통이나 아픔을 느끼는 병적인 단계에 있는 사람들은 전문가와 상담하거나 의사에게 진단을 받고 치료를 해야 한다.

오늘날은 맞벌이하는 가정이 늘고 기숙사 시설이 있는 학교가 많아지면서 가족 간의 대화는 상대적으로 줄어드는 경향이 있다. 경제적인 지원도 중요하지만, 가족 간에 관심과 대화가 줄어든다는 것은 가족 구성원 모두를 위해 안타까운 일이다. 사람은 대화와 공유영역이 줄어들면 점차 서먹해진다. 한번 서먹해지면 대화는 더욱 줄어들기 마련이다. 이런 단계가 더욱 심화하면 형식적인 가족관계로 전락할 수 있다. 그런데 대개 문제는 이때 많이 나타난다. 가족 누군가에게 문제가 발생한 이후에 그 사실을 알게 된다는 것이다. 평상시에 대화가 잘되고 서로의 관심 속에 있으면 충분히 예방할 수 있는 대수롭지 않은 일까지 가족 모두가 걱정하고 협력해야 해결할 수 있는 일로 발전하기도 한다. 오늘이라도 가족과 대화는 잘되는지 사랑과 감사 등 마음은 잘 표현하고 있는지 한번 생각해 보자. 그러면 자신의 삶을 더욱 풍요롭게 하는 데 도움이 된다.

친구를 사귄다는 것은 상대적인 일이다. 상대가 호응하고 서로 마음이 통해야 하므로 나 혼자만 열심히 노력한다고 좋은 친구를 사귈 수 있는 것은 아니다. 쉽고도 어려운 것이 친구 사귀기인 것 같다. 대부분 동기나 동창으로 같이 학교에 다니면 어느 정도 왕래와 연락을 할 수 있는 것이 보통이다. 하지만 이것은 좋은 친구를 사귀는 것과는 개념이 다르다. 좋은 친구를 사귀려면 열심히 노력하고 좋은 사람을 찾아야 한다. 그리고 학생들이 잘 못하는 분야 중 하나가 멘토 확보이다. 선후배 관계를 활용하여 멘토를 확보한 사람도 있지만, 그렇지 못한 사람이 더 많다. 멘토는 나에게 경험과 지식을 제공할 수 있어야 하므로 선배, 교수님, 부모님, 친인척, 기타 아는 사람 등이 대상이 될 수 있다.

이 글을 읽으면서 다 아는 말을 너무 많이 한다고 생각하는 사람들도 있을 것이다. 그런데 바로 이 점이 중요하다. 많은 사람이 안다는 것은 그만큼 필요하고 중요하다는 것을 의미한다. 인간 삶은 보편성의 원리에 비추어 보면 어느 시대에나 비슷하다. 내가 많이 알고 있다고 생각하는 사람도 사실은 인간이 쌓아온 전체 지식에 비하면 너무나 보잘것없는 것일 수 있다. 그리고 알고 있다고 하더라도 생활화하거나 실행하지 않으면 소용이 없다. 그러므로 자신이 아는 것이 있다고 생각하는 사람은 실천해야 한다. 지금 한두 사람의 좋은 친구가 있다고 생각하는 사람들은 멘토를 구하고 가족 구성원으로서 화목한 가정과 가족이 될 수 있도록 좀 더 노력하자. 모두 나를 위한 일이다. 모든 일이 처음이 힘들지 다음은 쉽다. 일단 멘토와 좋은 친구를 한 명만 사귀어보자.

16. 내 전공 분야의 달인이 누구인지 확인

내가 전공하고 있는 분야와 내가 하고자 하는 일에 대해 국내 최고와 세계 최고 달인이 누구인지 확인하는 일은 나의 장래 진로와 연관되는 중요한 일이다. 내가 취업하고자 하는 목표 기업에 대한 자료 축적과 조사도 마찬가지이다. 최고의 대상이 사람이면 그분이 저술한 논문과 책을 읽어보고, 삶의 발자취와 업적을 살펴보고, 현재 진행 중인 연구나 관심사가 무엇인지 알아볼 필요가 있다. 그리고 기업이면 그 회사의 경영자와 경영정책, 생산 제품, 시장 점유율 등을 파악해 두는 것이 바람직하다. 그 회사가 나의 장래 취업 대상이면 어떤 사원을 선발하고 요구사항은 무엇인지 반드시 알아두어야 한다. 이러한 정보는 취업 준비는 물론 롤 모델(role model)로 삼으면 나의 발전에도 도움이 된다.

세상 모든 일은 사람의 관심에 의해 만들어지고 움직여 나간다. 누구든 자신이 하고자 하는 일과 연관된 분야에 대해 관심을 둬야 하는 것은 당연한 일이다. 그리고 사람이 세상을 살아가는 동안 발전적인 삶을 위해서는 자신의 현재 실력과 위치를 파악하고 어느 방향으로 나아가야 할 것인지 알아야 한다. 이것들은 다음 공부나 일을 진행하는 데 상당한 도움이 된다. 가령 목표를 정하더라도 내가 목표를 향해 나아가는 방향과 길이 역방향인지, 좌나 우 또는 정 방향인지, 앞으로 나아가더라도 우회로인지 직선 길을 가고 있는지 가늠할 수 있으면, 더욱 효율적인 방법으로 목표에 도달할 수 있다.

　세상은 무조건 열심히 노력하는 것이 대수가 아니다. 사람은 쉬지 않고 일할 수 있는 것도 아니지만, 그렇게 한다고 반드시 잘되는 것도 아니다. 열심히 살고 노력하는 것은 중요하다. 그러나 그보다 더 중요한 것은 우선순위를 정하고 집중해서 일하는 것이다. 우선 처리해야 할 것을 구분해 제때에 맞추어 필요한 노력을 하고 상황이 요구하는 능력을 발휘하는 일이다. 이를 위해서는 자신이 하고자 하는 것이 무엇인지 어느 방향으로 나아가야 하는지 알고 목표를 정하는 것이 반드시 필요하다.

17. 다양한 경험

    학생들에게 다양한 경험의 필요성을 강조하는 것은 세 가지 목적이 있다. 첫째는 자기 재능 발견이고, 둘째는 다각적인 시각으로 사물을 바라볼 수 있는 이해력 증진과 사고 확장, 셋째는 그동안 쌓아온 지식과 잠재력 개발 노력이 경험을 통해 재능을 더욱 공고히 하는 데 보탬이 되도록 하기 위함이다. 다른 사람과의 만남이나 일을 통해 내가 알고 있는 나의 능력을 누군가가 알아주는 것만큼 기분 좋고 고마운 일도 없다. 그러나 그보다 더 짜릿한 일은 다른 누군가에 의해 나도 몰랐던 나의 능력을 발견하는 것이다.[13]

    이론과 실제에는 상당한 차이가 난다. 이론도 중요하지만, 실전에서는 경험이 더 많은 도움이 된다. 유명대학이나 명문대를 졸업한 수재가 꼭 일도 잘하리라는 보장은 없다. 이론과 실무는 다르기 때문이다. 이론적으로 충분한 지식을 갖추었다고 해도 실무는 예상하지 못한 변수를 많이 갖고 있으므로 이론이 별로 도움이 되지 않을 때가 많다.[14] 경험의 중요성이 여기에 있다. 사람은 기본적으로 자신이 쌓은 지식과 경험을 바탕으로 옳고 그름, 해야 할 것과 하지 말아야 할 것을 판단한다. 다양한 경험은 세상에 자기가 접해보지 못한 세계가

---

13) 김만기(2011), 『20대에는 사람을 쫓고 30대에는 일에 미쳐라』, 위즈덤하우스, p.166.
14) 김만기(2011), 『20대에는 사람을 쫓고 30대에는 일에 미쳐라』, 위즈덤하우스, p.213.

많이 존재한다는 것을 느끼게 한다. 이러한 체험은 다른 사람의 삶에 대한 이해의 폭을 넓혀주므로 자신의 삶을 가꾸고 일을 해나가는 데 많은 도움이 된다. 그러므로 이론과 경험을 겸비하면 더욱 바람직하다.

학생들은 이론을 중심으로 교육을 받으므로 아무래도 경험이 많지 않다. 이를 보완하여 자신의 잠재력을 잘 발휘하도록 하기 위해서는 이론을 경험과 접목하는 기회가 필요하다. 그렇지만 현재 자신의 신분이 학생이라는 점을 잊어서는 안 된다. 이것은 학생으로 장차 사회에 나가 자신의 잠재력을 실현하는 데 도움이 되는 경험의 종류를 선택하게 하는 데 중요한 요소로 작용한다. 경험에는 삶에 도움이 되는 것과 도움은 되지 않고 해가 되는 것이 있다. 그러므로 경험해서 좋은 것과 경험할 필요가 없거나 경험하지 않는 것이 좋다고 생각되는 것을 구분하여 행해야 한다. 분명한 것은 해가 되는 일을 하면 훗날 그에 상응하는 대가를 치르므로 일을 하기 전에 선택에 신중을 기해야 한다.

학생으로서 경험해야 할 것은 크게 보면 자기 재능 발견, 이해력 증진과 사고 확장, 지식을 쌓고 잠재력 개발에 도움이 되는 일, 재능을 공고히 하는 데 도움이 되는 간접 경험과 일을 통한 체험 등이다. 사람들은 대부분 일을 통한 경험을 많이 생각하고 그것이 중심이 된다. 하지만 간접적인 경험도 대단히 중요하다. 학생들에게 독서를 권장하는 이유는 여러 가지가 있는데, 사회에 대한 간접적인 경험도 그중 하나에 포함된다. 간접 경험의 중요성은 해야 할 일과 하지 말아야 할 일을 구분하고 의사를 결정하는 데 도움이 된다. 옳고 그름은 물론 좋은 것과 나쁜 것을 구분할 수 있어야 좋은 일, 필요한 일, 도움이 되는 일을 할 수 있다. 방법도 알아야 효율적으로 일할 수 있다.

가령 이런 것이다. 리더십이 필요하다고 생각하고 그것을 경험해

보고 싶다는 생각을 했다고 하자. 이때 학생들이 일반적으로 생각하는 방법은 동아리, 학과, 단과대학, 총학생회 간부나 회장이 되는 것을 생각한다. 그러한 직책을 맡아 주어진 업무를 수행하면 리더십이 양성되는가? 그 답은 사람에 따라 다르다. 그런데 여기서 우리가 생각해보아야 할 점은 사전에 리더십에 관한 지식을 함양하기 위해 관련 서적을 찾아 공부나 독서를 통하여 리더십 개념을 이해하고 리더가 사용해야 할 도구까지 알면서 리더십을 발휘하는 일을 경험하는 것과 그렇지 않은 것은 뚜렷한 차이가 있다는 사실이다.

이렇게 직접 경험에 앞서 자신이 하고자 하는 일에 대한 사전 조사, 경험 청취, 공부와 독서를 통한 간접 경험이 선행되어 있으면 실무를 진행하는 데 도움이 된다. 좋은 경험은 자신의 잠재력 향상은 물론 긍정적인 사고와 자신감 육성, 기쁨과 즐거움을 느끼게 하므로 행복한 삶의 바탕이 된다. 좋은 경험은 많이 하면 많이 할수록 좋다. 일을 통한 체험은 그 대상을 무엇으로 할 것인가 하는 것이 중요하다. 대학생 대상 논문과 주식 투자 등 각종 현상공모와 경진대회도 좋고, 이 책에서 소개하는 대학생이 되어 해보아야 할 21가지 내용 속에 포함된 일을 경험해 보는 것도 괜찮다. 찾아보면 할 것은 많다.

아르바이트도 일이고 학비나 생활비 마련을 위해 돈이 필요하므로, 국내외 유흥가를 기웃거리거나 다단계 제품판매에 뛰어드는 남녀 학생들이 적지 않은 것이 현실이다. 사람이 세상을 살아가는 데 돈은 반드시 필요하고 중요하다. 돈이 없어 자신의 꿈을 접어야 하거나 원하지 않는 휴학을 하고 학업을 중도에 포기해야 하는 사람들도 있다. 그러나 돈이 인생의 전부는 아니다. 사람 나고 돈이 났다. 그러므로 힘들고 어렵고 시간이 더 많이 걸리더라도 사람의 도리에 맞는 건전한 노동을 하여 돈을 벌어야 한다. 유혹의 미끼를 덥석 물거나 함정에 빠지면 대가를 치른다. 그러므로 될 수 있으면 공부에 도움이 되는 경험을 하는 것이 좋다.

18. 연애

연애가 대학에 다니는 동안 해보아야 할 일이라고 하는 것은 가정의 중요성을 이해하고, 자신의 행복을 찾아가기 위해 사랑과 연애에 대해 올바른 인식을 가지며, 장차 배우자 선택에 신중을 기할 필요가 있기 때문이다. 여기서 말하고자 하는 것은 대학에 다니는 동안 반드시 연애를 해야 한다는 것은 아니다. 20대의 청춘 남녀가 연애하는 것은 인지상정(人之常情)이다. 오늘날에는 인생의 반려자를 찾는 방법으로 종교적 제약을 받지 않는 국가에서는 사실상 모두 자유연애가 허용되어 있다. 중국 대학생들도 90%는 연애가 대학생활의 필수라고 생각하는 것으로 나타났다. 2011년 11월 11일 빼빼로데이 전날 중국 지린대학(吉林大学)네트워크통신사는 '대학생의 연애 경험'을 주제로 인터넷 조사를 했다. 471명이 인터넷 설문조사에 참여했고, 그 결과는 매우 흥미로웠다.

2011년 11월 3일부터 10일까지 일주일간 진행된 조사 결과 471명의 조사 참여자 중에는 학부생이 약 80%를 차지했다. 그 중 남성이 약 60%, 여성이 약 40%를 차지했으며, 약 35%는 인문사회과학 전공생이었고, 2%는 예체능 전공생이었다. 조사에 참여한 학생 중 93.9%는 "연애는 대학생의 필수 과목"이라고 답했고, 42.1%는 대학교 2학년이 연애의 '황금기'라고 답했다. 그러나 50.2%는 "한 번도 연애를 해보지 못했다"라고 대답했으며, 70.8%는 "현재 이성 친구가 없다"고 대답했다. 그리고 48.5%는 "연애에서 서로 간에 배려하는 것이 중요하다"라고 대답했으며, 연애할 때 가장 중요한 요소에 대해서는 77.9%가 성격, 76.5%가 인품, 49.6%가 능력이라고 답했다.

데이트(date, 이성과의 만남) 비용 부담에 대해서는 86.9%가 부모가 준 용돈으로 충당한다고 답했고, 데이트 비용이 매월 생활비에서 차지하는 비율은 평균 24.1%를 차지했다. 규모는 100~600위안 사이였다. 데이트 비용을 남자 쪽이 부담한다고 대답한 학생은 58.1%였고, 더치페이(Dutch pay)를 한다는 학생은 40.6%였다. 그 밖에 연애가 학업에 지장을 준다고 대답한 학생이 59.7%였고, 32.1%는 "그렇지 않다"고 대답했다. 전문가들은 "사랑은 나이와 상관없이 마음에 따르는 것"이라고 조언했고, 네티즌들은 "이번 조사는 대학생들의 생활과 심리 상태에 관한 관심을 나타낸 것"이라고 긍정적으로 반응했다.[15)]

1) 자유연애 방종 의미하는 것 아니다

결혼할 때 연애를 하든 아니면 중매나 소개를 받아 하던 그것은 선택권을 갖고 있는 당사들의 자유다. 어느 나라 할 것 없이 점차 연애하는 젊은이들이 늘어나고 있지만, 중매나 소개를 통해 결혼하는 사람도 여전히 많다. 그리고 자유연애를 한다고 모두 결혼하는 것은 아니다. 연애하다가 헤어지는 사람들도 있다. 그러므로 연애를 하더라도 자유와 방종은 분명히 구분할 줄 알아야 한다. 자유(自由)는 남에게 구속을 당하거나 무엇에 얽매이지 않고 자기 마음대로 행동함, 법

---

15) 내일신문(중국망신문중심) 2011. 11. 15.

률의 범위 안에서 자기 마음대로 하는 행위이다. 민주주의 국가에서 일반적인 사회생활은 법규가 허용하는 범위 내에서 누구나 자유롭게 행동할 수 있다.

방종(放縱)은 아무 거리낌 없이 자기 마음대로 행동함이다. 사람이 동물과 다른 것은 도리를 추구하기 때문이다. 도리는 다른 사람을 위한 것이기도 하지만 자신의 행복을 위한 것이다. 결혼식이라는 의식절차를 통해 부부가 되었음을 인정하고 보호하는 것, 사람 사이의 예절, 자신에게 주어진 책임을 다하려는 노력도 모두 도리와 연관이 있다. 사람의 몸과 마음은 분리된 것이 아니라 손바닥의 양면과 같이 유착되어 각각 기능하는 것이다. 어느 한쪽이 손상되면 다른 쪽도 영향을 받는다. 좋은 사랑과 연애는 감정대로 하는 것이 아니라 스스로 책임질 수 있는 범위 내에서 자유롭게 하는 것이다.

2) 쾌락 추구하면 반드시 대가 치른다

연애를 하면 자연히 사랑하고 성관계를 할 가능성이 높아진다. 사랑에는 에로스(Eros: 육체적 쾌감을 느끼는 관능적 사랑)와 플라토닉 러브(platonic love)라고 하는 육체적인 사랑과 정신적인 사랑이 있다. 이 두 가지가 조화를 이루는 것이 바람직하다. 인간은 사랑을 바탕으로 가정을 이루어 자녀를 생산하고 협력과 화목, 상호 존중과 상호만족, 공존공영을 통해 행복을 추구한다. 부부가 자녀를 생산하고 교육을 하는 것은 세상에서 가장 중요한 일이다. 이러한 과정을 통하여 서로 합심하고 신뢰하는 가운데 행복을 만들기도 하지만, 세상이 유지되고 발전한다.

부모가 자녀를 생산하는 일을 신성하고 성스러운 일로 생각하며 임신과 교육을 하는 데 온갖 정성을 쏟는 것도 그것이 사람의 도리이고, 세상에서 가장 중요한 일이라는 것을 알기 때문이다. 이기적인 사람들은 대부분 세상에 가장 소중한 것은 나 자신이라고 생각한다. 물론 나 자신은 대단히 소중한 존재이다. 하지만 세상에서 가장 소중한 것은 가족이다. 나의 존재는 가족이 있을 때 그 가치가 더욱 빛난다. 세상을 움직여 나가는 바탕이 되는 것은 내가 아니라 가족이다. 거시적으로는 영속적인 세상의 유지와 발전을 위한 자녀생산을 통한 구성원의 충원, 국가 운영의 기초가 되는 예산 확보, 미시적으로는 내가 세파를 헤치고 살아가게 하는 힘과 행복이 사랑과 가정, 가족에게서 나온다.

쾌락(快樂)은 기분이 좋고 즐거움, 심리학에서는 감성(感性)의 만족, 욕망의 충족에서 오는 유쾌하고 즐거운 감정, 대가(代價)는 어떤 일을 하여 생기는 희생이나 손해를 뜻한다. 사람은 잘못된 행위를 하면 자신이 원하지 않는 책임을 지고, 양심의 가책을 느끼며, 타인에게 아픔과 고통을 안겨줄 수도 있다. 또한 상호 평생 가슴에 그리움이나 좋지 않은 추억 같은 비밀을 안고 살아야 할 수도 있다. 어떤 것이 되든 쾌락을 추구하면 반드시 대가를 치른다. 연애와 사랑을 통해 기분이 좋고 즐거우려면 순리를 따르며 도리를 추구하는 가운데 자연스럽게 만들어지는 것이어야 한다. 그래야 좋음과 즐거움을 만끽해도 탈이 생기지 않고 행복할 수 있다.

3) 사랑 제대로 하려면 도리를 알아야 한다

사랑을 제대로 하려면 가장 먼저 사랑이 무슨 뜻인지 알아야 한다. 그리고 도리와 오상(五常)까지를 이해한다면 더욱 바람직하다. 도리와 오상을 말하니까 구닥다리나 케케묵은 것으로 생각할지 모르겠다. 하지만 인간이 세상을 살아가는 동안 추구하는 본질적인 가치는 옛날이나 지금이나 크게 다를 것이 없다. 사랑은 첫째는 아끼고 위하는 따뜻한 마음, 둘째는 남녀가 서로 애틋이 그리는 일 또는 그 애인, 연애, 셋째는 동정하여 친절히 대하고 너그럽게 베푸는 마음, 넷째는 육정적·감각적이 아닌 동정·긍휼(矜恤)·구원·행복의 실현을 지향하는 정념, 다섯째는 열렬히 좋아하는 이성(異性)을 말한다.

연애(戀愛)는 남녀가 서로 그리워하며 사랑함, 결혼(結婚)은 남녀가 정식으로 부부 관계를 맺음, 결혼식(結婚式)은 부부 관계를 맺는 서약을 하는 의식이다. '정을 통하다'는 관용구로 '부부 사이가 아닌 남녀가 불의의 관계를 맺다'는 뜻이다. 관계(關係)는 남녀 간에 성교(性交)를 맺음을 완곡하게 이르는 말, 정사(情事)는 남녀 사이에 벌이는 육체적인 사랑의 행위, 성교(性交)는 남녀가 성기(性器)를 결합하여 육체적 관계를 맺음을 뜻한다. 윤리(倫理)는 사람으로서 마땅히 행하거나 지켜야 할 도리, 불륜(不倫)은 사람으로서 지켜야 할 도리에서 벗어난 데가 있음, 도리(道理)는 사람이 마땅히 행하여야 할 바른길이다.

오상(五常)은 인(仁), 의(義), 예(禮), 지(智), 신(信)의 다섯 가지 덕을 뜻한다. 이 외에도 유학에서 사람이 지켜야 할 다섯 가지 도리를 말하는 오륜(五倫)과 같은 말, 아버지는 의리로, 어머니는 자애로, 형은 우애로, 아우는 공경으로, 자식은 효도로 대해야 하는 마땅한 길을 말한다. 오륜(五倫)은 유학에서 사람이 지켜야 할 다섯 가지 도리로 부자유친[16], 군신유의[17], 부부유별[18], 장유유서[19], 붕우유신[20]을 이른다. 인(仁)은 윤리적인 모든 덕(德)의 기초로, 유교(儒敎)에서 추구하는 정치상·윤리상의 이상(理想)이다. 극기복례(克己復禮)를 그 내용으로 하는 윤리적 모든 덕(德)의 기초가 되는 심적 상태를 말한다. 의(義)는 사람으로서 행하여야 할 바른 도리, 사람이 마땅히 행해야 할 도덕상의 의리인 '도의(道義)'의 준말, 군신(君臣) 사이의 바른 도리이다. 예(禮)는 사람이 마땅히 지켜야 할 도리, 예법, 예식을 뜻한다. 지(智)는 사물의 도리·시비·선악을 잘 판단하고 처리하는 능력, 지혜, 슬기, 신(信)은 믿음성이 있고 성실함이다.

그냥 감정 따라 내 마음 가는 대로 자유연애를 하면 되지 뭐가 이렇게 복잡한가 하고 생각할 수도 있다. 하지만 사람들이 살아가면서 격에 맞는 법식을 따지는 것은 오랜 세월에 걸친 경험을 통해 그것이 자신을 보호해주고 길게 보면 사람을 행복하게 하고 도움이 된다는 것을 알기 때문이다. 그러므로 사랑과 연애는 하되 저속(低俗)하다는 말을 듣지 않도록 해야 한다. 그렇다고 좋은 연애와 사랑을 너무 어렵게 생각할 필요는 없다. 연애와 사랑이 뜻하는 내용에 따라 하면 된다. 청춘 남녀가 결혼한 부부의 흉내를 내거나 같이 하려고 하는 것은 사리에 맞지 않다.

세상에 가만히 있어도 그냥 얻어지는 것은 없다. 좋은 연애와 사랑도 마찬가지이다. 행복을 느끼는 좋은 사랑을 하기 위해서는 여러 가

---

16) 부자유친(父子有親)은 아버지와 아들 사이의 도(道)는 친애에 있음.
17) 군신유의(君臣有義)는 임금과 신하 사이의 도리는 의리에 있음.
18) 부부유별(夫婦有別)은 부부 사이에는 서로 침범치 못할 인륜의 구별이 있음.
19) 장유유서(長幼有序)는 어른과 어린이 사이에는 차례가 있음.
20) 붕우유신(朋友有信)은 벗 사이의 도리는 믿음에 있음.

지 요소가 필요하다. 상호존중, 노력, 인내, 책임, 배려, 절제, 대화, 경청이 대표적이다. 특히, 행복을 느끼기 위해서는 상호존중과 절제가 아주 중요하다. 연애와 사랑은 좋은 사람을 만나는 노력에서 시작된다. 좋은 사람은 무엇보다 내가 좋아하고 나를 사랑해주고 나에게 어울리고 나와 마음이 맞는 사람이다. 이런 사람을 만나더라도 서로 지켜주고 아껴주며 상호 교감(交感)하기 위해서는 지속적인 노력을 통한 관리가 필요하다. 한번 맺어진 것으로 영원히 변치 않는 사랑은 없다. 그것을 유지하고 발전하기 위해서는 욕망을 절제하며 꾸준히 노력해야 한다.

4) 결혼은 신의를 저버리지 않겠다는 약속

결혼(結婚)은 남녀가 부부 관계를 맺음, 결혼식(結婚式)은 남녀가 부부 관계를 맺는 서약을 하는 의식인데 양가 가족과 친인척 동네 분들을 모시고 절차에 따라 부부의 언약을 맺는 것을 말한다. 결혼과 관련하여 사용되는 가장 대표적인 말이 언약, 가약, 백년가약이다. 언약(言約)은 말로 약속함 또는 그 약속, 가약(佳約)은 아름다운 약속, 사랑하는 사람과 만날 약속, 부부가 되자는 약속, 백년가약(百年佳約)은 젊은 남녀가 결혼하여 평생을 함께할 것을 다짐하는 언약으로 백년언약이라고도 한다. 이것은 모두 약속을 표현한 것이다. 즉, 결혼은 약속이다. 진정한 약속, 귀한 약속은 간단하게 생각하고 아무나 하고 해서는 안 된다.

일단 한번 약속했으면 서로 신뢰할 수 있고 신의를 저버리지 말아야 한다. 신뢰(信賴)는 믿고 의지함, 신의(信義)는 믿음과 의리이다. 믿음은 믿는 마음, 의리(義理)는 사람으로서 지켜야 할 바른 도리, 신의를 지켜야 할 교제상의 도리를 말한다. 의지(依支)는 다른 것에 몸을 기댐, '기대다'는 남을 의지하여 희망을 붙이다. 희망(希望)은 어떤 일을 이루거나 얻고자 기대하고 바람, 좋은 일을 기대하는 마음 또는 밝은 전망을 뜻한다. '저버리다'는 '도리나 의리를 잊거나 어기다'는 뜻이다. 그리고 '남이 바라는 바를 거절하여 실망시키다'는 의미도 있다.

좋은 결혼 생활이 되기 위해서는 여러 가지 요소가 필요하지만, 사랑을 바탕으로 항상 신뢰하고 신의를 저버리지 않는 생활을 해야 한다. 그렇게 하면 믿음 속에서 사람으로서 지켜야 할 바른 도리를 지키는 가운데 서로에게 의지하며 이루고자 하는 기대와 바람인 행복을 얻을 수 있다. 이런 관계를 통해 교감이 형성될 때 행복은 저절로 찾아든다.

5) 임신과 육아

대학생의 성관계와 임신이 이제는 특별한 사회적인 관심사가 아니다. 여기서 임신과 육아까지 언급하는 것은 장차 좋은 배필을 만나 가정을 꾸릴 때 참고가 되었으면 하는 점도 있지만, 오늘의 내가 있기까지 부모가 얼마나 많은 정성을 기울이고 노력을 했는가 하는 점을 돌아보는 계기가 되었으면 하는 바람에서이다. 그리고 자신이 얼마나 귀한 존재인지 인식하고 좋은 연애와 사랑을 가꾸는 데 도움이 되었으면 한다.

결혼 적령기를 앞두고 이미 육제적인 성장이 대부분 끝난 성인인 청춘 남녀가 연애하고 사랑을 하면 성적 욕구를 자제하지 못하고 성관계까지 이어지는 것은 자연스러운 흐름이라 할 수 있다. 문제는 스스로 가정을 꾸려나갈 준비가 제대로 안 되어 있으며 힘이 부족하다는 점이다. 오늘날 대학가에는 도서관에서 여자친구의 어깨와 팔을 감싸 안고 스킨십(skinship)을 즐기는 모습을 어렵지 않게 볼 수 있다. 학교에 기숙사가 늘어나서 그런지 여름밤이면 교정에서 서로 부둥켜 안고 있는 남학생과 여학생을 보는 것은 어렵지 않은 세상이 되었다. 그 결과 원하지 않은 임신을 해 힘들어하는 학생들도 적지 않다.

이러한 자유연애 사조(思潮)와 성 경험 나이는 점차 내려오고 있다. 포옹을 통해 보편화된 현대인의 정신적 치유와 평화를 전해주자는 의미로 시작된 프리허그(Free Hug)가 일부 중·고등학생 사이에서 일탈 공간으로 변질해 논란이 일어나는 시대가 되었다. 학생들의 안전사고와 탈선행위가 우려되자 2012년 1월 6일 서울 중구청과 지역 9개 중고교 등 관련 기관이 참석한 학교 폭력근절을 위한 대책회의에서 프리허그의 위험성을 지적했다. 서울 남대문 경찰서 측은 "최근 명동에서 프리허그를 하는 학생들의 음주와 흡연, 과한 스킨십이 자주 목격됐다. 학생들의 안전사고와 탈선행위 예방을 위해 관련 기관들의 협조를 요청했다"고 밝혔다. 교육계 역시 프리허그의 좋은 취지는 이해하지만, 자칫 청소년 사이에 불건전한 하위문화로 자리 잡을 가능성을 우려하는 상황이 되었다.[21]

통계청 자료에 의하면 2009년 우리나라 19세 이하의 출산은 2,915명이고, 2010년은 2,500명 정도로 추정하고 있으며, 이들 중 2009부터 2011년까지 3년간 각 교육청을 통해 위탁교육시설, 미혼모시설 등과 연계해 학업을 지속하는 사람이 중학생 13명, 고등학생 42명 등 총 68

---

21) 이투데이 2012. 1. 9.

명으로 전체 출산자 중 학습권을 보장받고 있는 사람은 2.5%에 불과하다.[22) 즉, 대학생이 되기 이전부터 이미 많은 청소년이 성 경험을 하고 임신으로 이어지고 있는 것이 현실이다. 그러나 성적 감정 표현과 임신은 신중해야 한다.

조선시대의 양반가에서는 태교와 유아기의 교육부터 매우 중요하게 생각하였다. 조상님들은 임신과정과 임신 후의 몸가짐에 대해서 매우 신중하게 처신할 것을 가르쳤다. 그동안 양반가에 전해 내려오던 태교의 내용을 보면, 남편은 항상 바른 몸가짐과 절제된 성생활을 하고, 천지합일의 좋은 날을 골라 아내와 동침하게 했으며 아내는 임신에 좋은 음식을 먹고 바른 마음가짐을 가지도록 하였다. 태교 활동을 하는 동안 산모 자신이 덕(德)을 쌓아 훌륭한 자녀를 생산하여 훌륭한 인물로 키우기 위해 몸가짐을 바르게 하였으며 태교는 선비교육의 첫걸음이었다고 할 수 있다.[23)

김수용 한국과학기술원(KAIST) 물리학과 교수는 전통태교를 연구하는 과학자다. 한문으로 기록된 옛 문헌을 뒤져 그 안에 담긴 '지혜'를 과학적으로 검증하는 작업을 한다. 태아의 뇌파를 검사해 모체와 얼마나 밀접하게 연결돼 있는지, 외부 자극에 어떻게 반응하는지 등을 살핀다. 그런데 물리학 교수가 왜 태교를 연구하는가 하는 의문이 생긴다. 그가 미국 컬럼비아대학에서 우주의 원리를 파헤치는 플라스마(plasma) 연구로 박사학위를 받았다는 사실을 알게 되면 더욱 그렇다. 우주로 상징되는 첨단 과학의 세계와 먼지가 하얗게 덮여 있을 것 같은 한문 고서 사이의 간격은 넓고 깊다. 그러나 그는 "인간의 뇌

22) 메디컬투데이 2011. 9. 19.
23) 상상 여행 네이버카페.

는 우주 못지않게 신비롭고 깊이 있는 탐구의 대상"이라고 말한다.

　"『논어』에 '생이지지자 상야, 학이지지자 차야, 곤이학지 우기차야(生而知之者 上也 學而知之者 次也 困而學之 又其次也)'라는 말이 있습니다. 나면서부터 저절로 아는 사람이 최고요, 배워서 아는 사람은 다음이며, 막힘이 있어 배우는 자는 또 다음이라는 말이죠. 이게 태교의 비밀입니다. 주위를 보면 별로 노력하는 것도 없는데 일이 술술 되는 사람이 있죠. '생이지지자', 부모가 태교에 성공한 사람이에요."

　『태교신기』에는 '임신부는 항상 마음을 맑게 하고 조용하게 거처하며 정신을 통일한다'는 구절이 있다. 산모가 스트레스를 받으면 태아에게 영향이 미친다는 걸 적시한 부분이다. 최근의 연구 결과에 따르면 임신부의 심장박동이 분당 60~70회지만, 태아는 평균 140회에 달한다. 임신부가 스트레스를 받아 심장박동이 10회쯤 빨라지면, 태아의 심장은 20회나 더 많이 뛸 만큼 크게 영향을 받는다. 그 사실이 수백 년 전 문헌에 이미 기록돼 있는 것이다.

　'마음에서 허욕이 생기지 않게 하며 몸에서 사기(邪氣: 요망스럽고 간악한 기운)가 생기지 않게 해 자식을 낳는 것은 아버지의 도(道)'라는 구절도 눈에 들어왔다. 태아에게 아버지가 얼마나 중요한지는 서구에서 최근 과학적으로 검증된 사실이다. 김 교수는 "성리학을 숭상하던 조선시대에 아버지의 역할을 강조했다는 건 '태교신기'가 과학을 기반으로 한다는 점을 보여준다"고 했다. '태교는 임산부 혼자 하는 것이 아니라 온 가족이 항상 공경하고 삼가라'는 대목도 인상적이다.

　미국 플로리다의대 연구팀은 1992년 재미있는 실험을 했다. 임신부 8명의 자궁 안에 특수 수중마이크를 부착한 뒤, 안에서 들리는 음량을 측정했다. 그 결과 남자와 여자가 각각 90db로 말할 때 자궁 안에서 들리는 크기는 남자 목소리는 87.9db, 여자 목소리는 86.8db인 것으로 나타났다. 8명의 임신부 모두에게 공통으로 나타난 이 결과를 통해 태내에서는 엄마 목소리보다 아빠 목소리가 훨씬 잘 들린다는 사실이 증명됐다. '태교는 임신부 혼자 하는 것이 아니니 온 가족이 참여하라'는 메시지의 과학성이 확인된 셈이다.

『태교신기』는 궁극적으로 '부모가 태교를 신중히 하지 않으면 자식이 재주가 없을 뿐만 아니라 형체도 온전치 못하며 질병이 많고 태어나도 요절할 수 있다'는 메시지(message)를 전한다. 태교가 인간의 뇌와 신체 발달에 영향을 미친다는 결론이다. 김 교수는 이 내용을 과학적인 실험을 통해 뒷받침할 수 있다면 세계적으로 의미 있는 연구가 될 것이라는 생각을 했다. 그런데 1997년 미국 피츠버그대학 연구팀은 자궁 내 영양 상태, 산소의 공급 정도 그리고 산모의 정서와 같은 외적 환경이 태아의 지능 결정에 큰 영향을 미친다는 사실을 밝혀내고 이 결과를 네이처(Nature)에 발표했다. 『태교신기』의 저자가 이미 알고 있던 사실을 논문의 형태로 입증한 이 연구 결과에 세계는 뜨거운 반응을 보냈다.

"태교(胎敎)는 태중(胎中) 교육(敎育) 또는 태내교육(胎內敎育)의 약자로 아이 밴 여자가 언어·행동을 삼가 하고 태아(胎兒)에게 절로 좋은 감화(感化)를 주는 일인데, 외국에는 이런 단어 자체가 없어요. 그래서 '네이처'에 실린 논문도 당시 큰 화제를 모았죠. 한국에서는 수천 년 전부터 태어나기 전의 생명에 대해 연구했고, 그 결과 의미 있는 규범들을 만들어냈다는 사실이 널리 알려진다면 우리나라의 국격(國格)이 한 단계 성장할 것이라는 생각이 들었습니다." 뇌 과학 연구 좌절로 우울하던 김 교수의 가슴이 다시 뛰었다. 이것이 뇌 과학에서 전통 태교 연구로 김 교수의 관심 분야가 바뀐 계기라고 한다.[24] 남자와 여자는 어떤 마음가짐과 자세로 임신과 육아를 해야 하는지 그 방법을 잘 설명해주고 있는 것이 『태교신기』이다. 『태교신기』에 나오는 내용 중 대표적인 것 몇 가지만 옮겨보면 다음과 같다.

(1) 태교신기 서문(胎教新記序)

옛날의 본보기가 될 만한 사표들이 태움에 태어날 때부터 아는 생지(生知)가 있고 가르침에 선생을 힘들게 하지 아니함은 태교를 잘 받았기 때문이다. 그러므로 어진 스승의 십 년 가르침이 어머니 열 달 가르침만 같지 못하다 하니라. 이 책을 보는 자들이 진실로 능히 밝은 교훈을 널리 펴서 모든 총각과 처녀들이 거의 다 보게 한다면 임신부가 행하고 삼가 함이 의로운 가르침이 아님이 없어 나라 안에 나는 사람들을 모두 충신이 되게 할 수 있을 것이니라.[25]

(2) 태교의 도는 그 책임이 부(父)에게 있음

무릇 부모님께 고하고 중매(中媒)에게 맡기며 혼례를 주관할 만한 사자(使者)에게 명하여 육례[26](六禮)를 갖춘 후에 부부(夫婦)가 되거든

---

24) 신동아 통권 610호(2010. 7. 1.), pp.172~181.
25) 태교신기 다음카페.
26) 육례(六禮)는 혼인의 대례. 곧, 납채(納采)·문명(問名)·납길(納吉)·납폐(納幣)·청기(請期)·친영(親迎). 납채(納采)는 신랑 집에서 신부 집으로 혼인을 청하는 의례(儀禮). 지금은 '납폐(納幣)'의 뜻으로 통용됨. 문명(問名)은 혼인을 정한 여자의 장래 운수를 점칠 때 그 어머니의 이름을 물음. 납길(納吉)은 신랑 집에서 혼인날을 받아 신부 집에 알리는 일. 납폐(納幣)는 혼인 때 신랑 집에서 신부 집으로 예물을 보내는 일 또는 그 예물. 흔히 푸른 비단과 붉은 비단으로 함. 청기(請期)는 혼인할 때에 신랑 집에서 택일하여 그 가부(可否)를 묻는 편지를 신부 집으로 보내는 일. 친영(親迎)은 신랑이 신부의 집에 가서 신부를 친히 맞음.

▲날로 공경으로써 서로 대접하고 혹시라도 상스럽고 익살스러운 말로 대하지 말며 ▲지붕 아래와 평상 위에 단둘이 있을 때라도 오히려 입에 대지 못할 말이 있으며 ▲아내가 거처하는 안방이 아니거든 감히 머물지 아니하며 ▲몸에 질병이 있거든 들어가 잠자리를 같이하지 아니하며 ▲상복(喪服)을 입었을 때거든 내침(內寢)에 들어가지 아니하고 ▲음양이 고르지 아니하며 하늘 기운이 예사롭지 않거든 편히 쉬지 아니하며 ▲허욕(虛慾)이 싹트지 않게 하며 ▲사(邪)된 기운이 몸에 붙지 않게 하여 그 자식을 낳는 것이 아비의 도리(道理)니, 『시경(詩經)』 대아(大雅) 억지(抑之)편에 가로되, '네 방에 있음을 보아도 오히려 천신(天神)이 있는 신줏단지 모신 곳, 서북쪽 구석에 부끄러움이 없어야 할 것이다. 나타나지 않는다 하여 나를 보는 사람이 없다 하지 말라 귀신이 오는 것을 우리가 알지 못할 뿐이라' 하니라.[27]

(3) 태교는 그 어머니에게 책임이 있음을 논(論)함

지아비(夫) 성(姓)을 받아서 그 성을 아버지에게 돌려보낼 새 ▲잉태(孕胎)한 그 열 달 동안 감히 몸을 함부로 못하나니 예(禮)가 아니거든 보지 말며 ▲예가 아니거든 듣지 말며 ▲예가 아니거든 입으로 말하지 말며 ▲예가 아니거든 움직이지 말며 ▲예가 아니거든 생각지도 말아서 마음과 지각과 온몸으로 모두 순(順)하고 바르게 하여 자식을 기르는 것이 어미의 도리(道理)이니, 『열녀전(列女傳)』에 가로되 '부인이 자식을 배매 ▲잠자리를 기울여 옆으로 자지 아니하며 ▲앉기를 불편한 구석에 하지 아니하며 ▲서기를 기대거나 발돋움하지 아

---

27) 태교신기 다음카페.

니하며 ▲사기(邪氣)가 든 음식을 먹지 아니하며 ▲자른 것이 바르지 않거든 먹지 아니하며 ▲돗자리가 바르지 아니하거든 앉지 아니하며 ▲눈에 사기(邪氣)가 든 빛은 보지 아니하며 ▲귀에 음란(淫亂)한 소리는 듣지 아니하며 ▲밤에는 낙인(樂人)으로 하여금 시경(詩經)을 외우게 하며 ▲바른 일을 이야기하게 하면 자식을 낳으매 얼굴이 단정하고 재능이 남보다 뛰어나다' 하니라.[28] 더 구체적인 것은 『태교신기』를 참고하면 된다. 여기서 『태교신기』에서 강조하는 10가지를 살펴보면 [표 2-1]과 같다.

[표 2-1] '태교신기'가 강조하는 태교 10계명(誡明)[29]

1. 스승의 10년 가르침이 어머니의 배속 교육 10개월만 못하고, 어머니의 10개월 교육이 아버지가 잉태일 하루를 조심하는 것만 못하다.
2. 마음에서 허욕이 생기지 않게 하며 몸에서 사기(邪氣)가 생기지 않게 해 자식을 낳는 것은 아버지의 도이다.
3. 마음과 몸을 순정(順正)하게 하여 자식을 기르는 것은 어머니의 도이다.
4. 태교는 임신부 혼자 하는 것이 아니니 온 가족이 항상 공경하고 삼가라.
5. 임신부는 시끄러운 소리, 주정하는 소리를 삼가며 시를 외우고 좋은 음악을 들어 성정을 순화시킨다.
6. 항상 마음을 맑게 하고 조용하게 거처하며 정신을 통일한다.
7. 분해도 사나운 소리를 하지 말며 화나도 악한 말을 하지 말며 사람을 속이거나 해치는 말을 하지 않는다.
8. 엎드리거나 구부리거나 배불리 먹은 뒤 잠자지 마라. 몸을 덥지 않거나 한더위, 한추위에 낮잠을 자지 마라.
9. 태교는 보고 듣고 앉고 일어서고 잠자고 먹는 것을 삼가는 데서 시작한다.
10. 부모가 태교를 신중히 하지 않으면 자식이 재주가 없을 뿐만 아니라 형체도 온전치 못하며 질병이 많고 비록 태어나도 요절할 수 있다.

28) 태교신기 다음카페.
29) 신동아 통권 610호(2010. 7. 1.), pp.172~181.

19. 아르바이트

최근 몇 년 사이 대학가에 많은 신조어가 만들어지고 있다. 이것들은 대부분 대학생의 팍팍한 현실을 대변하는 말들로, 높은 등록금 부담과 취업난 등 우울한 시대상을 반영한 단어들이다. 아르바이트 사이트 알바인이 2011년 9월 16일 팍팍한 대학생들의 현실을 담은 신조어를 소개했다. '삼포세대'는 경제적인 이유로 연애·결혼·출산 3가지를 포기한 청년층을 뜻한다. 학자금 대출로 졸업 전 이미 빚을 생긴 학생들은 취업이 돼도 이를 갚다 보면 목돈을 마련하기 어렵다. 결혼과 출산이 엄두가 나지 않는 이유다.

등록금을 벌기 위해 다단계 일까지 하는 대학생도 있다. 주로 서울 송파구 거여동·마천동의 관련 업체 숙소에서 숙식을 해결하는 이들을 '거마대학생'이라고 부른다. 일부 다단계 업체들이 이들에게 비싼 물건을 팔기 위해 대출을 받도록 하는 수법으로 부당 이득을 챙긴 것으로 드러나 대대적 단속이 이뤄지기도 했다. 과거 시골 고향의 부모님은 서울에서 대학에 다니는 자식의 등록금을 보태기 위해 논과 소를 팔았다. 이 때문에 대학을 '우골탑(牛骨塔)'이라 부르기도 했다. 이 말은 이제 부모 등골을 빼는 '등골탑' 혹은 '인골탑(人骨塔)'이라는 신조어로 다소 격하게 변했다. '청년실신'은 대학생 대부분이 졸업 후 실업자, 신용불량자가 된다는 의미다. 졸업 전 마지막 학기를 다니는

'졸업예정자'를 대신해 '실업예정자'라는 말을 쓰기도 한다.

대학에서 보편화한 스터디(study: 공부, 학습)도 힘든 현실을 반영하는 단어로 바뀌고 있다. 비슷한 기업, 직종에 취업하려는 준비생들이 같이 공부하며 정보를 공유, 학습효과를 높이려는 스터디는 최근 공무원, 임용고시까지 확대됐다. 또 온종일 시간을 함께 보내거나 숙식을 하기도 한다. 이에 따라 모든 생활 전반을 같이 한다는 '생활스터디'라는 말도 나왔다. 줄여서 '생스'라고 부르기도 해 취업 카페에서는 "생스 구해요"라는 글을 쉽게 찾아볼 수 있다. '알부자'는 흔히 알짜 재산을 가진 실속 있는 부자를 말한다. 대학생 중에는 '알부자족'이 있다. 아르바이트(알바)로 부족한 학자금을 충당하는 학생들에 대한 반어적 표현이다.[30]

부모는 나름대로 노력해 열심히 자녀의 뒷바라지를 한다고 하지만, 스스로 돈을 벌지 않는 대학생들의 생활은 언제나 여유가 있기 어렵다. 서울에서 대학을 다니는 지방 학생들의 경우, 생활비만 한 달에 백만 원이 넘는다. 자취방은 월세가 50만 원이 대부분이고 공과금과 교통비, 점심 등 밥값을 합하면 한 달에 쓰는 생활비는 100여만 원이다. 한 학기 350~450만 원인 등록금까지 합하면 한 해 필요한 돈이 2천만 원에 이른다. 생활비가 떨어져 부모님께 전화해서 돈 부쳐달라고 할 때가 제일 속이 상하고 죄송하다는 것이 학생들의 공통된 목소리이다. 학생들이 반값 등록금에 이어 반값 생활비 운동에 나선 것도 이 때문이다. 이화여대 총학생회는 학생식당 개선 운동을 시작으로 밥값 줄이기에 나섰다.

한국대학생연합 등 대학생단체들도 교통비 할인과 주거문제 해결,

---

30) 경향신문 2011. 9. 16.

교재비 지원 등 대학생들의 생활을 안정시킬 수 있는 반값 생활비 정책을 정부에 요구하기로 했다.[31] 그러나 중요한 점은 학생들의 최고 관심은 돈이 아니라 공부와 잠재력 개발, 독자적인 삶을 위한 준비이다. 사회에 진출하여 세파를 헤치고 나아가다 보면 대부분 학창시절의 어려움은 큰 어려움이 아니라는 것을 느끼게 된다. 그러므로 자신의 현실이 힘들고 어렵다고 생각하는 대학생일수록 자신의 미래를 위해 더 열심히 노력하고 더 철저하게 준비하고 더 많이 투자해야 한다.

학창시절에 아르바이트를 하는 목적은 대부분 경제적인 문제 해결에 있다. 아르바이트하여 번 돈은 자기가 사고 싶은 것을 사거나 용돈, 생활비, 등록금, 유흥비 등에 주로 지출한다. 다른 사람이 보기에는 '왜 힘들여 번 돈을 저렇게 쓰나?' 하는 생각이 들더라도 누구나 지출하는 순간에는 필요하다는 생각에 따라 지출한다. 비록 유흥비로 지출하고 후회를 할지라도 마찬가지이다. 대학에 다니는 동안 아르바이트를 해 보아야 하는 이유는 경제관념을 갖는 데 목적이 있다.

돈은 벌기는 어렵고 쓰기는 쉬운데 직접 노동을 통하여 돈을 버는 것을 체험하는 일은 돈을 버는 방법 터득, 자신의 능력이나 사회적 인지도 평가, 사회구조와 사회생활 체험 등을 통해 자신과 부모 등 돈과 연관된 부분에 대해 생각할 수 있는 시간을 갖게 하는 등 여러 가지 의미가 있다. 그러나 학생의 본분은 공부다. 공부하는 데 바빠 시간을 낼 수 없는 사람은 아르바이트하는 것보다는 공부하는 것이 옳다.

---

31) EBS 2011. 12. 27.

1) 등록금 마련

학생이 직접 등록금을 마련하는 방법은 크게 네 가지가 있다. 첫째는 현재하고 있는 공부를 더욱 열심히 해서 학교에서 장학금을 받는 것이다. 둘째는 아르바이트를 해서 돈을 버는 것이다. 셋째는 창의성을 발휘하여 아이디어를 제공하고 대가를 받거나 실용신안이나 발명 특허 획득, 소설을 쓰거나 작곡을 하는 등 수입이 되는 창조력을 발휘하는 것이다. 넷째는 경시대회와 경진대회 참가를 통해 획득한 상금 활용이다. 어렵기는 하지만 퀴즈대회 등 학업에도 도움이 되고 상금도 적지 않은 경진대회가 찾아보면 여러 가지가 있다. 이렇게 등록금을 마련하기 위해 아르바이트를 하더라도 될 수 있으면 공부에 도움이 되는 일을 선택하는 것이 바람직하다.

여기서 한 가지 고려해야 할 점은 가정 형편상 어쩔 수 없이 자신이 등록금을 마련해야 하는 경우가 아니면, 자력으로 등록금을 마련할 목적으로 아르바이트하는 것은 기간이 너무 길지 않아야 한다. 아르바이트를 하면 그것을 통해 느끼고 배우는 것이 있다. 그러나 학창시절은 제한되어 있고 돈은 졸업 후 사회에 나가 벌 기회와 시간이 많지만, 자신의 미래를 위해 공부에만 전념하고 집중할 수 있는 시간은 주어지지 않는다. 그러므로 학교에 다니는 동안 우선순위는 항상 공부라는 것을 잊지 말아야 한다. 잘못된 우선순위 선택에 따른 집중은 반드시 훗날 후회하게 한다.

2) 생활비 마련

우리나라 물가는 대략 매년 4% 정도 오른다. 부모님의 경제적 능력이 뛰어난 가정은 별로 문제가 될 것이 없지만, 가정 형편이 어려워 자신이 생활비를 마련해야 하는 학생들에게 물가 상승은 큰 부담으로 작용한다. 돈을 벌기가 쉽지 않기 때문이다. 그러나 부모의 경제적 능력과 상관없이 대학생은 이미 성인이므로 아르바이트를 해서 자신에게 필요한 생활비를 스스로 해결하는 등 경제력을 갖추기 위해 노력해야 한다. 자신에게 돈을 버는 뛰어난 수완이나 능력이 있다면 학업과 병행하는 것도 나쁘지 않다. 이것은 특화 대상으로 자신의 진로로 활용할 수도 있다. 그러나 경험을 목적으로 하는 일반적인 학생들의 아르바이트 기간은 두 달에서 석 달이면 충분하다.

공부하는 데 지장이 되는 아르바이트는 바람직하지 않으므로, 그보다 더 적거나 더 많은 시간을 투입하는 것은 피하는 것이 좋다. 학생들이 할 수 있는 아르바이트는 그 종류가 많지만, 창의력을 발휘하거나 교수 능력을 배양하는 등 공부에 도움이 되고, 건전하게 땀을 흘린 대가를 받을 수 있는 일을 선택해야 한다. 우선 돈을 버는 것이 재미있고 잘 벌린다고 그것에 빠져들어서는 안 된다. 특히, 가정 형편이 어려워 아르바이트를 하거나 휴학을 하고 취업하는 사람들은 고수익의 유혹에 빠져들지 않도록 주의해야 한다. 소탐대실(小貪大失: 작은 것을 탐내다가 큰 것을 잃음) 하여 인생을 망치는 것은 대단히 안타까운 일이다.

20. 자기 인생에 대한 설계

자기 인생에 대한 설계는 '나는 이런 삶을 살고 싶다'는 생각을 구체화하는 작업이다. 이 작업이 먼저 이루어져야 그것을 달성하기 위해 준비하고, 그 방향으로 나아갈 수 있다. 사람은 꿈과 목표, 이상이 없이도 살 수는 있다. 그러나 자신이 원하는 삶을 사는 것과 그렇지 않은 삶을 사는 것은 엄청난 차이가 난다. 자신이 원하는 삶을 사는 사람들은 대부분 자기 내부에서 동기가 유발되고 능동적으로 행동한다. 힘들고 어려움을 잘 견뎌내고 높은 성취도를 나타내는 등 좋은 성과를 내고 성공적인 삶을 하는 사례가 많다.

인생은 뜻대로 잘 안 되고 누구나 원하는 대로 살 수 있는 것도 아니다. 그리고 원하는 대로 산다고 반드시 행복한 것도 아니다. 하지만 한번밖에 기회가 주어지지 않는 인생을 사는 것이므로 자신이 원하는 삶을 통해 행복할 수 있다면, 그런 삶을 사는 것이 사리에 맞다. 설계(設計)는 계획을 세움, 어떤 제작·공사 등에서 그 구조, 소요되는 재료, 비용 따위를 미리 어림잡아 계획을 세우고, 도면 등으로 명시하는 일, '설계도'의 준말이다. 설계도(設計圖)는 미래에 대한 설계를 담은 전체적인 생각을 말한다. 계획을 세우거나 설계도를 가지고 있다는 것은 이미 목표가 설정되었다는 것을 의미한다. 이것은 대단히 중요하다.

목표가 설정되면 어떤 길로 나아가 그 목표를 달성할 것인가 하는 진로와 방법까지 마련하고, 그에 따라 효율적으로 목표를 달성할 수 있기 때문이다. 그런데 설계를 하지 않으면 그때그때 돌출하는 문제를 해결하고, 그날그날 주어진 공부나 일에 충실하게 된다. 너무 힘들 때는 멀리까지 내다보지 않고 그 순간을 넘기는 방법으로 일을 진행하면 도움이 된다. 하지만 거시적인 목표를 갖고 움직일 때와 근시안적인 행동을 일삼았을 때의 결과는 현저하게 차이가 난다.

예를 들어 산의 정상에 도달하는 것이 누구나 추구하는 일반적인 목표라고 했을 때, 자신이 산 정상에 도달하겠다는 목표를 세우고 사전에 높이와 등산로, 산장 등을 미리 조사하여 등산을 시작하여 정상에 오르는 것과 산에 오르고 싶다는 마음이 앞서 준비도 없이 되는대로 길을 따라가는 것은 전혀 다르다. 높은 산은 계획을 세우고 등반을 시작해도 정상에 도달하기가 쉽지 않다. 그런데 사전에 계획하고 체계적으로 준비하지 않은 사람은 어떻겠는가? 당연히 정상에 오르기가 더 어렵다. 인생도 마찬가지이다. 원하는 목표를 달성하는 좋은 결과를 창출하기 위해서는 미리 설계하고 사전에 체계적인 준비를 한 후 도전에 나서야 한다. 전체를 보는 사람은 부분도 동시에 볼 수 있지만, 부분만 보는 사람은 전체를 볼 수 없다. 이것이 거시적인 목표가 필요한 이유이다.

1) 진로 탐색과 결정

살다 보면 계획이 뜻대로 되는 일은 드물다. 하지만 그런 가운데서도 항상 목표나 이상, 꿈은 잃지 말아야 한다. 이것을 잃으면 내가 분출하는 에너지가 제대로 효과를 발휘하기 어렵다. 목표가 없이 나아가는 배는 제대로 나아가는 것이 아니다, 진로(進路)는 앞으로 나아가는 길인데, 진로를 따라 나아가는 것과 진로 없이 나아간 후 만들어진 길은 전혀 다르다. 인생에서 진로는 목표가 있어야 그 방향에 맞추어 준비하고 도전할 수 있다. 진로는 목표와 불가분의 관계를 가진다. 목표를 미리 설정했을 때는 목표를 향해 나아갈 진로도 자연스럽게 결정된다. 목표가 설정된 사람은 목표를 향해 나아가면 된다. 그러나 목표가 설정되지 않은 사람은 먼저 진로를 탐색하고 목표를 결정하여 나아가든지 아니면 나아가면서 동시에 진로 탐색과 결정을 통해 목표를 설정하는 방법도 있다.

진로 탐색과 진로 결정은 나에게 있는 그대로의 온갖 것의 참모습을 살피어 찾고 결단하여 앞으로 나아갈 길을 정하는 것이다. 그런데 이 일을 하기 위해서는 내 속에 존재하는 또는 내가 가지고 있는 것이 무엇인지 어떤 재주와 능력을 갖추고 있는지 알아야 한다. 그래야 나의 타고난 성질과 성격이 그 일에 알맞은지, 내가 진정으로 하고 싶은 일인지 알고 목표를 정하는 데 도움이 된다. 우리가 재능을 파악하기 위해 적성검사를 하는 이유가 여기에 있다. 하지만 적성검사는 평가 기준을 표준화한 것이므로 개인의 적성이나 재능을 파악하는 데는 한계가 있어 실제 적성검사를 해보아도 내가 원하는 결과를 얻기가 쉽지 않다. 이렇게 진로를 찾아가다 보면 대부분 어느 시점에는 난관에 봉착한다. 하지만 이때도 길이 전혀 없는 것은 아니다.

자신의 적성과 재능을 파악하여 진로를 결정하고 목표를 정하면 좋겠지만, 그것이 어려울 때는 자신이 하고 싶은 것, 원하는 것, 잘하는 것을 하면 된다. 이런 것들 속에는 대부분 자신의 무의식 속에 잠재하는 자신의 능력이 발현되고 자신이 바라고 자신에게 도움이 된다는 판단이 작용한다. 그리고 사람은 어떤 일을 하다 보면 생각이 바뀌고 스스로 나아갈 길을 발견하기도 한다. 대학에 다니는 동안 자신의 재능과 적성을 파악하여 목표까지 정하면 좋겠지만, 그것이 어려울 때는 억지로 목표를 정할 필요는 없다. 멀리까지 내다볼 수 있는 앞길이 안 보일 때는 현재 눈앞에 있는 길을 따라 열심히 가는 것이 상책이다. 그러나 중요한 것은 현재의 길을 따라가더라도 나의 진로 탐색과 결정, 적성과 재능을 파악하기 위해 관심을 두고 꾸준히 노력해야 한다.

2) 목표를 정할 것

목표(目標)는 어떤 목적을 이루려고 하거나 어떤 지점까지 도달하려고 함 또는 그 대상, 심리학에서는 행동을 취하여 이루려는 최후의 대상을 말한다. 공부할 때나 일을 할 때는 목표를 세우고 해야 한다는 것은 기본이다. 그래야 시간이 지난 후 진척된 공부와 일의 분량은 어느 정도인지, 계획과 준비는 잘 된 것인지, 결과는 좋은 것인지 아닌지, 문제의 내용을 파악하고 보완해야 할 점은 무엇인지 알고 평가할 수 있다. 이러한 자료는 다음 공부와 일을 하는 데 상당한 도움이 된다.

목표는 단기목표와 장기목표가 있으므로 하나가 될 수도 있고 여럿이 될 수도 있으며 상황이나 여건 변화에 따라 바뀔 수도 있다. 하지만 인생을 설계할 때의 목표는 다음에 어떤 계기로 바뀌더라도 우선은 하나여야 한다. 한 번에 여러 개의 목표를 정하고 그것을 동시에 달성하려고 하면 하나도 제대로 달성하기 어렵다. 그러므로 여러 가지 일을 동시에 하고 싶으면 우선순위를 정해야 하고 집중력을 발휘해야 한다. 특히, 준비하는 기간이 짧고 능력이 부족하다고 느끼는 경우 목표의 내용 크기와 숫자는 적은 것이 바람직하다.

자신의 지능지수나 재능이 경쟁자보다 낮거나 부족하다고 생각하는 사람은 목표 수준을 낮추고 준비하는 시간은 늘리고 집중력을 높이는 방향으로 대응해야 한다. 그리고 하나의 거시적인 목표를 설정하면 그 내용이나 공부하는 과목, 진도 등에 따라 여러 개의 작은 목표로 세분화할 수도 있다. 하나의 거시적인 목표를 갖든 아니면 여러 개의 세분된 목표까지 갖든 어느 쪽이든 목표를 정했으면 그것을 달성하기 위해 온 힘을 기울여 한다. 어느 시대를 막론하고 세계적인 지도자로 천하를 평정하는 큰일을 한 사람들도 처음에는 모두 자신의 작은 목표를 실현하는 반복적인 노력을 통해 힘을 키우고 강인해졌다. 그러므로 자신을 잘 다스리는 사람은 세상도 능히 다스릴 수 있다.

자존감(self-esteem)은 미국의 의사이자 철학자인 윌리엄 제임스(James)가 1890년대에 처음 사용한 용어다. 자존감의 상처가 우울증으로 이어지고 자살에 이르게 된다는 게 그의 견해였다. 자존감은 다분히 주관적이며 자신에 대한 평가다. 자존감 수치가 떨어져 경고등이 들어온다고 해도 실제로 내가 엉망인 사람은 아닐 수 있다. 그러나 많은 이들이 자존감 계기판의 수치에 따라 낙담하고 우울해하기 일쑤다. 자존감은 '내가 이룬 것'에서 '내가 목표로 한 것'을 뺀 값이 클수록 높아진다. 자신의 목표가 지나치게 높으면 이 수치가 마이너스로 떨어져 자존감을 느끼기 어렵게 된다. 모순되게도 자존감을 높이기 위해 가정, 학교, 직장에서 치열하게 노력해온 사람일수록 자존감은 떨어진다. 일단 달성한 목표는 순식간에 상향 조정돼 자존감을 느끼는 것은 잠깐이고 더 높은 목표를 위해 또다시 자신을 몰아세우기 때문이다.

결국 목표를 낮추는 게 대안이다. 자신의 성취와 상관없이 목표를 낮게 잡고 사는 겸손함이 필요하다. 겸손한 사람이 성취를 덜하는가. 전혀 그렇지 않다. 목표가 낮기에 작은 성취에 만족하고 주변의 비판에도 자존감 체계가 안정을 유지한다. 이 때문에 길게 보면 지속해서 성과를 낼 가능성이 높다. 목표를 낮추자는 게 1등 할 것을 2등에 만족하자는 이야기는 아니다. 사회적 지위가 곧 자신의 가치라는 속물적 가치관에서 자유로워지자는 것이다. 이런 관점에서 좋은 리더는 누구일까. 윤대현 서울대병원 강남센터 정신과 교수는 자신의 지위에 고개 숙이는 사람들을 보며 얄팍한 자존감을 세우기보다는 이를 경계하고 본질적 가치에 충실하며 자신의 목표를 낮추는 '기능적 겸손'을 실천하는 사람이 아닐까 싶다고 말한다.[32]

---

32) 한국경제 2011. 6. 3.

21. 자원봉사 참여

1) 자원봉사와 자원봉사 활동의 개념

(1) 봉사와 자원봉사의 차이

자원봉사가 사회문제를 해결하는 데 얼마나 큰 힘이 될 수 있는 것인지를 잘 보여준 대표적인 사례가 태안 앞바다 기름유출 사고이다. 우리 사회에도 자원봉사에 참여하는 사람들이 점차 늘어나 이제는 재해가 발생하면 어디에서나 자원봉사자를 볼 수 있게 되었다. 이렇게 자원봉사에 대한 사회적 관심사가 높아지면서 학교에서도 봉사를 교육과정에 포함해 이수하게 하는 등 자원봉사의 저변확대를 위한 노력이 이루어지고 있다.

2011년 12월 26일 서울대에 따르면 현재 일부 모집단위에서 제한적으로 시행하고 있는 '사회봉사 졸업요건제도'를 이르면 2014학년도부터 전체 학부 모집단위로 확대하여 전교생 봉사활동을 의무화하는 방안을 검토하고 있는 것으로 알려졌다. 서울대는 기초교육원 주관으로 2006년부터 사회봉사 I, 사회봉사 II, 사회봉사 III 등 1학점짜리 사회봉사 교양과목을 운영해 왔다. 현재 자유전공학부 학생들은 2과목, 공과대학 건설환경공학부 학생들은 1과목의 사회봉사 수업을 이수해야 졸업할 수 있다. 학교 관계자는 "봉사활동을 학점으로 주는 것이 봉사의 취지에 맞지 않는다는 지적이 있었다. 학생들의 자율적인 사회봉사 활동을 학교가 졸업장에 기록해줌으로써 '인증'해주는 방식 등 현재 여러 가지 방안을 놓고 검토 중"이라고 말했다.

서울대는 2011년 12년 현재 학생처, 대학생활문화원, 기초교육원 등에서 분리·운영하고 있는 교내 사회봉사 활동을 체계적으로 관리·운영하는 지휘소(control tower)인 '우정 세계 사회공헌센터'를 건립하고 있으며, 이 센터의 완공과 함께 사회봉사와 관련한 제도 도입을 검토하고 있다고 한다.33) 서울대가 어떻게 봉사 관리를 하던, 그것은 서울대가 알아서 할 일이다. 봉사를 체계적으로 관리하고 학생들이 적극 참여하도록 유도하겠다는 의도는 바람직한 것으로 보인다. 하지만 학점이수를 위한 요식행위로 전락시키지 않을까 하는 우려를 하게 한다.

자원(自願)은 어떤 일을 자기 스스로 원함, 봉사(奉仕)는 국가 사회 또는 남을 위해 헌신적으로 일함이다. 자원봉사는 어떤 일을 대가 없이 자발적으로 참여하여 도움 또는 그런 활동, 자원봉사자는 무료 봉사로 자진해서 어떤 일에 참여하는 사람을 말한다. 봉사는 대가를 받고 하는 것이 포함되므로, 대가 없이 노동하는 자원봉사와는 개념이 다르다. 대학에 다니는 동안에 해야 할 것은 봉사가 아니라 자원봉사이고, 그 대상이 노약자와 빈곤층 등 자활이 어려운 사람들이다. 자력으로 살아갈 수 있는 사람들을 위해 자원봉사를 할 필요도 없고 한다고 하더라도 의미가 없다. 그런 활동을 통해서는 안목을 넓히고 책임감을 자각하고 행복을 실현하기 어려우며, 사회 문제 해결이나 균형

---

33) 머니투데이 2011. 12. 26.

발전을 통해 더불어 사는 좋은 세상을 만드는 데 도움이 되지 않기 때문이다.

(2) 자원봉사 활동

자원봉사 활동(volunteer activity)은 자유의사에 의해 자발적으로 하는 실천행위 그 자체이며 복지사회를 만드는 데 적극 참여하는 의도적이고, 계획적인 일상 활동이라 할 수 있다. 즉, 시민의식을 기초로 지역사회를 위해 더 살기 좋고 밝은 생활로, 상호 연대하면서 구축해가는 끊임없는 활동이다. 자원봉사 활동의 기점은 17세기 유럽국가의 부인들이 생활을 지키는 활동을 토대로 해서 발전해오고 있다. 독일의 자선자매단, 프랑스의 애선부인협회 등과 같이 빈곤자에게 옷과 음식을 주기 위한 직접행위를 통해 연대의식을 고양하여 제도화를 촉진한 예도 있다.[34]

자원봉사 활동의 대상은 단순하게 불우이웃을 돕는 데 국한되는 것이 아니다. 민주주의 발전을 위한 바람직한 자원봉사 활동은 시민 누구나 심각한 사회문제 해결 과정에 집단으로 참여해서 변화 개혁을 통한 발전을 추구하는 일이다.[35] 자원봉사를 활용할 수 있는 영역은 넓다. 선거에 적용하면 금권선거 같은 부정부패를 근원적으로 차단함으로써 투명하고 공정한 사회를 건설하는 원동력이 될 수도 있다.

---

34) 사회복지학사전.
35) 주성수(2005), 『자원봉사 이론 정책 제도』, 아르케, p.412.

2) 자원봉사의 필요성

자원봉사는 왜 필요한가? 한 사회에 자원봉사가 필요한 이유는 역사와 전통뿐 아니라 복잡 다양한 현실에서 제기되는 다양한 근거들에서 찾을 수 있다. 그중에서 '심각한 사회문제'를 해결하기 위한 대안으로 시민 자원봉사 활동이 활성화된 것을 가장 보편적인 근거로 꼽을 수 있다. 나아가 더욱 원대한 목표로 시민 사이의 신뢰, 유대, 네트워킹(networking)에 기초하는 사회자본 생성을 위해 자원봉사가 필요하다는 '사회자본(social capital)' 시각이 최근에 강한 이론적 설득력을 얻고 있다. 또 자원봉사는 신뢰로 구축되는 시민의 자율적인 공론의 장인 공동체를 건설하고 민주주의의 질적 발전에 이바지한다. 그러므로 시민사회의 건설과 민주주의 발전을 위해서도 반드시 필요다고 볼 수 있다.36)

3) 자원봉사를 하는 목적

봉사학습이 지향하는 보다 구체적인 교육적 목표를 학생 개인 차원에 비추어 정리해보면 아래와 같이 다양하다. 첫째는 학생 개인의 지적 발전을 꾀해준다. 예컨대 자원봉사 활동 현장과 같은 특정 상황에 대한 문제의식을 갖추고, 문제를 합리적으로 해결하기 위한 문제해결 능력을 키워준다. 둘째는 학생 개인의 기본 기술 습득을 도와준다. 자원봉사 활동을 통해 자신과 다른 계층 사람들과 의사소통(communication) 기술과 같은 능력을 키워준다. 셋째는 도덕과 윤리의

---

36) 주성수(2005), 『자원봉사 이론 정책 제도』, 아르케, p.64.

중요성을 일깨워준다. 학교 교육이 추구하는 교양교육 중 가장 중요한 부분이 도덕과 윤리에 대한 교육이라면, 자원봉사 활동은 자신의 직접 체험을 통한 도덕과 윤리적 가치판단 능력을 자연스럽게 갖추도록 하는 교육적 효과를 잘 발휘한다. 넷째는 시민으로서 사회적 책임감을 갖도록 한다. 학교를 졸업하여 시민의 자격을 얻기 위한 준비를 자원봉사 활동으로 익힐 수 있다. 예비시민으로 사회적 책임의식을 갖추고, 더불어 사는 공동체를 만드는 방안에 대한 탐구와 같은 교육적 가치를 지닌다. 다섯째는 경력을 쌓기 위한 준비를 하게 해준다. 사회진출을 앞둔 학생들은 먼저 사회가 어떻게 움직이고 있는지, 사회에 대한 이해와 더불어 장차 사회에 진출해서 자신이 어떤 일을 직업으로 선택할 수 있는지, 자원봉사 활동을 통해 넓은 안목을 갖출 수 있다. 여섯째는 다양한 문화에 대한 이해를 갖출 수 있다. 자신의 출신 배경을 초월해서 다른 문화권에 있는 사람들에 대한 이해를 넓힘으로써 다양한 문화적 배경을 갖고 있는 사람들이 대립과 갈등의 소지를 줄이고 함께 더불어 사는 지혜를 넓힐 기회를 가질 수 있다. 일곱째는 개인적 성장에 적지 않은 도움이 된다.[37]

(1) 자기 계발을 위한 자원봉사

자기 계발 차원에서 보면 자원봉사 활동은 개인이 한 인간으로서 자신을 사회적 존재로 자각하게 하고 봉사 경험을 통하여 자신의 인격적 성장과 발달 그리고 자신의 잠재력을 실현하는 기회를 갖게 한다. 또한 자기 발전을 도모하며 삶을 보다 의미 있고 보람되게 꾸밀 수 있는

---

37) 주성수(2005), 『자원봉사 이론 정책 제도』, 아르케, p.225.

계기를 제공해 준다. 자원봉사 활동은 인간의 가치와 존엄성에 대한 신념을 강화시켜 주고, 공동체 감정 또는 지역사회 감정의 존중과 충성심을 자극하여 개인이 이웃, 지역사회 나아가서는 전체 사회와 국가 발전, 국민의 삶의 질 향상을 가져오는 데 참여할 기회를 제공해 준다.

(2) 사회발전을 위한 자원봉사

발전(發展)은 더 낫고 좋은 상태로 나아감이다. 어느 시대와 사회를 막론하고 정부 예산이나 행정체계만으로 사회에서 발생하는 각종 문제를 모두 해결하기에는 역부족이다. 어쩔 수 없이 빈곤층이 발생하고 그들을 모두 돌볼 수 없는 한계를 노출한다. 이때 사회문제를 해결할 수 있는 가장 합리적인 방안이 자원봉사를 통한 해결 접근이다. 자원봉사에 대한 중요성이 인식되면서 오늘날 사회문제를 해결하기 위한 대안으로 자원봉사 활동이 국가와 국제기구 차원에서 널리 권장되고 있으며, 노약자와 빈곤층의 삶의 질 개선을 통한 지역사회 균형발전 등에 상당한 이바지를 하고 있다.

자원봉사 활동은 외형상으로는 힘들고 어려운 이웃을 돕는 일처럼 보이지만, 사실은 자신의 안전과 안정을 확보하고 발전과 행복을 위한 일이다. 자원봉사를 통해 행복을 느끼는 사람은 도움을 받는 사람이 아니라 자원봉사를 하는 사람이다. 그리고 인간은 불완전한 존재인데다 필연적으로 생로병사[38]를 겪기 때문에 서로 도와가며 사는 것이 마땅하다. 누구나 자기 주위에 노약자와 빈곤층 등 자력으로 살아가기 어려운 사람, 질병과 자연재해 등으로 갑자기 생계와 생업을

---

38) 생로병사(生老病死)는 인생이 겪는 네 가지 고통. 곧, 나고 늙고 병들고 죽는 일.

유지하기 어려운 곤경에 처한 사람들이 있으면, 그들이 자기 힘으로 생활할 수 있도록 도움을 주어야 한다.

이러한 도움은 자신을 위한 일이고 사회 발전의 바탕이 되는 일로 인간이면 당연히 해야 할 일이다. 다른 사람을 배려하고 베풀고 도움을 제공하는 방법은 자원봉사만 있는 것이 아니다. 재화의 나눔, 봉사와 헌신, 구조와 구원, 친절 등 여러 가지가 있다. 각자 현실적인 여건을 고려하여 자신에게 적합한 것을 골라 실천하면 된다. 중요한 것은 마음이고 실천이다.

이것만은 하지 말았으면

1. 규칙과 질서를 무력화시키는 행위

1) 도서관 자리 잡아주기

열심히 공부하는 학생이 많은 학교에서는 평상시에도 도서관에 자리를 잡기가 쉽지 않다. 시험기간에는 더욱 그렇다. 전국 어느 대학이나 중간고사나 기말고사 등 시험기간에는 다른 친구들의 자리 잡아주기 현상이 나타난다. 아침 일찍 나오면 자리를 잡을 수 있으므로 꼭 자리가 필요한 사람은 다른 사람보다 더 일찍 나오는 수고를 감수하면 된다. 그런데 어느 학교 할 것 없이 꼭 자리를 잡아달라고 부탁하고, 다른 친구의 자리를 잡아 주는 학생들이 있다. 그 때문에 상당히 일찍 학교에 왔으면서도 자리를 못 잡아 도서관 밖에서 자리가 나길 기다리며 서성거리는 사람들이 있다.

또 다른 모습은 일찍 와서 자리를 잡았으면 공부를 해야 하는 것이 정상이다. 그런데 얄밉게 장시간 자리를 비워 놓고 밖에 나가 자신도 공부하지 않고 다른 사람도 공부하지 못하게 하는 사람들이 있다. 이것은 죄악이다. 죄악(罪惡)은 죄가 될 만한 나쁜 짓을 말한다. 다른 사람의 발전을 가로막고 기회를 앗아가며 공익을 해치는 것은 죄가 될 만한 나쁜 짓이다. 학교 측에서는 자리 잡아 주기와 장시간 지정석을 사용하지 않는 폐단을 막기 위해 다각적인 노력을 벌이고 있다. 출입

할 때 학생증 확인 또는 학번에 비밀번호까지 입력하게 하고 사용시간을 제한하는 등 관리를 강화하고 한편에서는 도서관을 신축하는 학교도 있다. 하지만 역부족이다. 일찍 도서관에 오는 친구에게 자리를 잡아 달라고 부탁하면서 학생증을 맡겨 두고 학번과 비밀번호를 제공하는 사람이 있기 때문이다.

학생들이 도서관 자리 잡아 주기와 장시간 사용하지 않고 비워두는 것을 하지 말아야 하는 이유는 공정성을 해치고 좀 더 가까운 사람의 편리(便利)를 봐주기 위해 다른 사람의 노력을 허사로 만들며, 공부하고 싶은 사람들의 의욕을 감퇴시키고 좌절시키는 일이기 때문이다. 좋은 습관을 익히기도 어렵지만, 몸에 밴 나쁜 습관은 좀처럼 제거하기 어렵다. '세 살 버릇 여든까지 간다'는 말이 그냥 생긴 것이 아니다. 나쁜 습관이 몸에 배면 행동거지와 표정 등을 통해 나타나기 마련이다. 나이 든 사람과 면접관 중에는 그런 것을 꿰뚫어 볼 수 있는 능력을 갖춘 사람들이 많다.

2) 커닝과 리포트 베끼기

사람이 살아가는 데 가장 중요한 것은 자력을 갖는 일이다. 학창시절에 커닝과 리포트 베끼기를 몇 번 하는 것이 자력을 갖추는 것과 무슨 상관이 있느냐고 생각하는 사람들도 있을 수 있다. 그런데 이것은 대단히 중요하다. 시험이나 리포트는 공부하고 교육한 내용에 대한 개인의 실력 상태를 알아보는 평가의 한 방법이다. 실력(實力)은 실제의 힘이나 능력, 능력(能力)은 일을 감당해 내는 힘을 말한다.

학교에 다니는 동안에는 부모와 사회로부터 여러 가지를 지원받고 보호받는 가운데 자신의 잠재능력을 육성하는 중이므로 능력이 뛰어나지 않고, 자신이 할 일을 제대로 못 하더라도 크게 문제가 될 것이 없다. 그러나 졸업을 하면 상황은 달라진다. 자신의 실력이 부족하면 취업은 물론 하고자 하는 일을 하기 어려워진다. 어떻게 운이 좋아 취업을 하더라도 실력이 부족하면 승진하기 어렵다. 승진을 제때 못 하면 원하지 않는 퇴사를 해야 하는 일이 생길 수 있다. 시험과 리포트를 통한 정확한 실력 평가는 자신의 부족한 부분을 채우고 분발하여 실력을 더욱 확충하고 잠재능력을 키우는 바탕이 된다. 그런데 평상시에 커닝하고 리포트를 베끼면 자신의 실력을 키우는 일이 어려워진다. 이뿐이 아니다.

좋지 않은 습관은 잘못된 생각을 하게 이끈다. 한번 의지하고 두 번 의지하고 몇 번 하다 보면 그것이 습관이 된다. 좋지 않은 습관이 몸에 배어 반복되면 그것을 당연한 것으로 받아들인다. 뭔가 잘못되었는데도 자신은 그것을 알지 못하기 때문에 문제가 계속 확대된다. 실력을 제대로 키우지 않고 잘못된 습관을 갖고 잘못된 행동을 반복하는 가운데 문제가 확대되면 반드시 폐해가 드러나는 날이 온다. 이를 예방하기 위해서는 사전에 정상적인 자기 실력을 파악하고 보완해야 한다. 그 시작은 커닝과 리포트 베끼기를 멈추는 것이다.

3) 대리출석

대리출석은 기만행위(欺瞞行爲)이다. 단순한 대리 출석을 지나치게 확대해석하여 문제를 제기하는 것은 바람직하지 않다. 하지만 인간에게 있어 믿음은 대단히 중요하다. 모든 인간관계의 기본이 믿음에서 시작된다. 믿음이 인간관계를 통해 발전하면 신뢰가 생긴다. 믿고 의지할 수 있어야 안심할 수 있다. 세상을 살다 보면 적으로 간주하는 사람이나 국가 등과 대립하고 대치 상태에 있을 때 등 기만이 필요한 때도 있다. 하지만 일상 속에서 기만은 경계하고 배척해야 한다. 교단에서 보면 대리출석을 하는 것인지 아닌지 알 수 있다. 교수님께서 애교로 보아 넘어가는 것을 자주 이용하는 것은 바람직하지 않다. 자신을 위해서는 더욱 그렇다.

2. 잘못된 의사 표현과 행동

1) 이대생 865명 정봉주 지지광고

대학생들이 BBK 주가 조작 사건[1] 관련 유죄 판결로 정봉주 전 민주당 의원이 구속된 2011년 12월 26일, "사람을 감옥에 가둘 수는 있어도 진실을 감옥에 가둘 수는 없다"는 취지로 법원의 판결을 비판하는 광고를 게재했다. 한겨레는 26일 자 1면, 경향신문은 20면에 '민주주의를 염원하는 이화여자대학교 재학생과 졸업생 865명' 명의로 각각 5단, 전면 광고를 실었다. 이들은 '진실은 감옥에 가둘 수 없습니다'라는 제목의 글에서 정봉주 전 의원의 실명을 명시하지는 않았지만, 사실상 BBK 재판을 비판하고 정봉주 전 의원에 대한 지지 의사를 표명했다. 그동안 경향, 한겨레에 의견 광고가 줄곧 실렸지만, 대학생들이 자발적인 모금으로 광고를 게재한 것은 이례적인 일이다.

이들은 이 광고에서 "2011년 겨울 우리는 보았습니다"라며 "무너진 삼권분립과 짓밟힌 민주주의를, 비리가 도덕을 억압하고, 거짓이 진실을 구속하는 것을 보았습니다"라고 밝혔다. 이어 이들은 "잊지

---

1) BBK 주가 조작 사건은 김경준이 1999년에 설립한 회사인 BBK를 통해 주가 조작으로 수백억 원의 부당이익을 남기고 이 돈을 횡령한 사건이다. 김경준은 이명박이 BBK의 실제 소유주이며 자신도 피해자라고 주장했고, 이명박은 자신도 김경준에게 사기를 당했다고 주장했다. 이 사건을 수사한 검찰은 김경준을 기소하고 이명박은 무혐의 처분했다.

않겠습니다"라며 "행동하겠습니다"라고 다짐했다. 이들은 또 "사람을 감옥에 가둘 수는 있어도 진실을 감옥에 가둘 수는 없습니다"라며 "민주주의를 향한 모두의 발걸음에 우리의 한 걸음을 더합니다"라고 밝혔다. 이 광고는 '이화인의 자발적인 모금으로 게재됐습니다'라는 말로 마무리됐다.

경향신문 광고국 관계자는 "노조나 사회연대 단체 쪽에서 의견 광고가 많은데, 학생들이 광고를 한 것은 이례적"이라고 말했다. 이 관계자는 "요즘 정권 말기에 여러 것들이 있으니까 의견 광고들이 늘어나는 추세"라며 "MB(이명박) 정권 말기에 나타나는 여러 문제에 대한 학생들의 의식 수준이 커뮤니티(community)를 통해 의견 광고로 발현된 것으로 보인다"고 말했다.[2]

민주주의에서는 누구나 언론을 통해 광고를 할 수 있다. 그리고 잘못된 결과에 대해 항의할 수도 있고, 싸워야 할 때도 있다. 그러나 사법부의 판결에 대해 확실하게 잘못되었다는 구체적인 증거나 근거 없이 신문 광고를 통해 비판하는 것은 잘못된 방법이다. 법원의 판결에 대해 잘못을 지적하고 문제를 제기하거나 비판하려면 잘못 판단했다는 증거를 제시해야 한다. 그리고 이명박 대통령이 BBK 주가 조작 사건에 연루된 증거가 있는데도 그것이 드러나지 않아 정봉주 씨가 연관된 발언을 하여 억울한 일을 당해 구속되었다고 생각할 때는 더욱 그렇다. 증거가 드러나면 국민이 나설 것이다. 그러나 우리 마음에 안 든다거나 우리 생각과 다르다는 것을 이유로 문제가 있는 것처럼 행동하는 것은 옳지 않다.

우리 사회에 질서가 유지되는 것은 대다수의 국민이 법규를 존중

---

2) 미디어오늘 2011. 12. 26.

하기 때문이다. 그러므로 이화여대생들은 이명박 대통령의 행위와 법원의 판결을 제대로 비판하려면 광고를 할 것이 아니라 이명박 대통령의 위법 사실, 검찰이나 법원이 잘못 판단하고 판결했다는 근거와 증거를 찾아 그것을 제시하는 것이 옳다. 증거가 확보되면 그때는 광고나 시위, 비판이나 비난, 많은 사람의 서명을 받아 탄원서를 내거나 국회에서 이명박 대통령과 담당 판사를 탄핵하게 하는 등 여러 가지 방법이 사용될 수 있다. 그러나 위법 사실과 잘못 판결했다는 구체적인 근거나 증거 없이 내 마음에 안 든다고 또는 내가 좋아하거나 추종하는 사람에게 유죄 판결했다고 항의하고 비판하고 잘못이 있는 것처럼 비난하는 것은 잘못된 방법이다. 악법이라도 현행법일 때는 그것을 지키면서 더 좋은 법으로 절차에 따라 개정해 나가야 한다. 그것이 진정한 민주주의이다.

2) 낮엔 아르바이트 밤엔 절도 이중생활

등록금을 마련하기 위해 낮에는 아르바이트생으로, 밤에는 도둑으로 이중생활을 하던 대학 휴학생이 덜미를 잡혔다. 경남 김해서부경찰서는 늦은 밤 상가와 사무실 등을 돌며 금품을 훔친 혐의(야간 건조물 침입 절도)로 모 대학 휴학생 김두팔(가명·23) 씨를 검거했다고 2011년 6월 24일 밝혔다. 김씨는 2011년 5월 30일 오전 2시 20분쯤 김해시에 있는 한 사무실에서 일자 드라이버로 창문틀을 열고 침입, 노트북과 귀금속, 현금 등을 훔쳐 달아나는 등 13차례에 걸쳐 이 일대 상가와 사무실, 단독주택 등지에서 시가 2,000만 원 상당의 금품을 훔친 혐의이다.

경찰 조사 결과 김씨는 모 대학에서 2년간 공부하다 비싼 등록금 때문에 휴학한 뒤 학비를 마련하기 위해 낮에는 모 상가 사무실 관리 기사로 일했지만, 돈을 모으기 어려워지자 절도 행각을 벌인 것으로 드러났다.[3] 아무리 힘들고 어렵더라도 해야 할 일과 하지 말아야 할 일이 있다. 학비가 없어 대학을 못 다닐 형편이면 돈을 번 후 다니면 된다. 대학에 다니는 기간이 늘어나고 졸업이 늦어지더라도 꼭 학교에 다니고 싶으면 졸업이 좀 늦어지는 것은 문제가 되지 않는다. 욕심과 조급한 마음 때문에 자신의 인생을 망치는 일을 하는 것은 안타까운 일이다.

---

3) 국민일보 쿠키뉴스팀 2011. 6. 24.

3. 어정쩡한 시간을 보내지 않는 것

사람이 능력을 기르고 일을 하고 크게 되는 것은 자기 마음대로 되는 것이 아니다. 능력을 기르려면 많은 시간과 노력이 따라야 한다. 특히, 현재 하는 일이 있는 상태에서 별도의 시간을 만들고 노력하기는 참으로 어렵다. 대학을 다니면서 별도의 능력을 기르는 것도 마찬가지이다. 일도 내가 하고 싶다고 무조건 할 수 있는 것이 아니다. 사회에는 질서와 규칙이 있다. 내가 일을 하고 싶다고 해도 업체(業體)에서 받아들지 않으면 안 되고 남의 땅에 농작물을 마음대로 심을 수도 없다. 크게 되기는 더욱 쉽지 않다. 그런데 살다 보면 보통의 사람들은 신년이나 신학기가 되면 새로운 계획을 세우지만 대개 작심삼일(作心三日)이나 용두사미(龍頭蛇尾)로 끝난다. 그다음에는 무기력하고 어정쩡하게 시간을 보낸다.

마음속으로는 무엇인가 해야 한다고 생각하면서도 행동은 일상적인 삶으로 돌아가 되는대로 살아간다. 그러나 우리 주변에는 소수이기는 해도 반드시 괄목상대(刮目相對)할 만큼 빠른 성장과 발전을 하는 사람들이 있다. 다른 사람들로부터 괄목상대할 사람이나 군계일학(群鷄一鶴)이라는 말은 듣지 못하더라도 내가 행복할 길을 열기 위해 온 힘을 기울여 노력해야 한다. '어정쩡하다'는 '모호하거나 어중간하다'는 뜻이다. 즉, 말이나 태도가 흐리터분하여 분명하지 못하고 하는 것도 아니고 안 하는 것도 아닌 또는 이것도 저것도 아닌 어중간한 상태를 말한다.

대학생활 4년은 나의 능력을 기를 수 있는 절호의 기회다. 이런 중요한 기회를 어정쩡하게 시간을 보내 허송하는 것은 자신에 대한 죄악이다. 죄악(罪惡)은 죄가 될 만한 나쁜 짓을 뜻한다. 좋은 기회와 소중한 시간은 잘못 보내면 반드시 훗날 후회한다. 다른 사람들에게 능력을 인정받으며 내가 좋아하는 것, 잘하는 것을 할 수 있는 삶을 사는 사람들은 행복한 사람이다. 지금 이 순간 나에게 주어진 시간을 어떻게 보내느냐 하는 것이 미래 내 행복을 결정하는 요소로 작용한다. 자신이 스스로 행복을 만들지 않았으면서 행복하지 않다고 생각하는 것은 어리석은 짓이다. 행복은 누가 만들어주는 것이 아니라 내가 만들고 느끼는 것이다. 제대로 노는 것도 아니고 열심히 노력하는 것도 아닌 어정쩡하게 시간을 보내는 것은 아무것에도 도움이 되지 않는다.

놀고 싶으면 의식적으로 마음먹고 실컷 놀고 제대로 놀아야 한다. 계획적으로 놀면 더 바람직하다. 그러면 노는 것으로 무엇인가를 건질 수도 있고, 자신이 나아가야 할 길이 열릴 수도 있다. 그리고 시간이 지나 아무것도 못 건지더라도 자신이 노는 것을 선택했고 열심히 놀았으므로 후회하지 않을 수 있다. 그러나 공부를 열심히 하고 능력을 길러야 하겠다고 생각하면 온 힘을 다해 몰입해야 한다. 치열한 경쟁 속에서 나의 능력을 인정받으려면 당연한 일이다. 공부하는 중간에 스트레스를 없애기 위해 휴식이나 취미생활을 하는 것은 괜찮다. 하지만 하는 것도 아니고 안 하는 것도 아니고 한다고 말은 해놓고 실제로는 아무것도 하지 않는 무기력한 삶은 살지 말아야 한다.

4. 동거

동거(同居)는 정식 부부가 아닌 남녀가 한집에서 부부처럼 생활을 함을 뜻한다. 결혼 적령기(適齡期)에 있는 건강한 남녀가 사귀고 여러 가지 형편을 고려하여 결혼을 전제로 여건상 어쩔 수 없어 한시적으로 동거하는 것까지야 나무라기는 어렵다. 하지만 자력으로 가정을 꾸리고 가족의 생계를 부양(扶養)할 수 있는 능력이 없는 대학생들이 동거하는 것은 바람직하지 않다. 성인이 된 남녀가 서로 좋아 사랑하게 되면 당연히 같이 있고 싶고, 같이 살고 싶은 생각이 드는 것은 정상이다. 문제는 능력과 책임이다.

상호 자신의 사랑에 대해 책임을 지고 자력으로 생활을 유지해 나갈 수 있는 상태라면 별다른 문제가 발생하지 않는다. 그러나 능력이 부족하고 책임도 질 수 없는 상황에서 동거하면 아픔을 겪기 마련이다. 대학에 다니는 중에 동거하지 말아야 한다는 것은 그것이 정도가 아니기 때문이다. 남자와 여자는 어떤 상대를 만나도 같이 살 수는 있지만, 행복한 삶을 위해서는 상대의 선택에 신중하고 자신의 처신을 대단히 조심스럽게 해야 한다. 사랑은 단순하게 남녀가 사귀고 육체적인 관계를 맺는 것을 의미하는 말이 아니다.

어떤 어려움이 생기더라도 감내하며 내가 사랑하는 사람을 위해 헌신하고 봉사하며 내 사랑과 가정, 가족을 지키겠다는 강한 의지와 마음가짐이 필요하다. 이것이 순리이고 도리이다. 그래야 기쁨도 슬픔도 함께하고 행복을 나누며 어려움을 넘을 수 있다. 부귀영화도 행복하지 않으면 소용이 없다. 내가 행복하지 않은데 일방적으로 희생만 강요하는 것은 사랑이 아니다. 사랑은 상호 존중과 상호 만족을 추구하며 강한 책임감을 바탕으로 역할분담과 협력이 바탕이 되어야 한다. 마음에 들면 좋아하고 마음에 안 들면 언제라도 돌아서는 것이어서는 곤란하다.

오늘날 우리나라는 교육 기간은 길어지고 결혼을 해야 할 적령기는 늦어지지만, 청소년의 성징은 일찍 나타나고 있다. 이런 문제에 대처하기 위해 교육 기간에 성교육이 강화되고 있다. 하지만 인터넷 등을 통해 왜곡된 성문화의 접촉기회가 증가하면서 20대 초중반의 청년기(靑年期)에 있는 청춘 남녀를 곤혹스럽게 하고 있다. 즉, 몸은 이미 모두 성장하여 본능적 욕구는 분출되고 지식은 충만한데 가정을 꾸려나갈 수 있는 준비가 제대로 이루어지지 않아 성적 본능을 쉽게 해결하지 못하는 상태에서 자유로운 대학생활을 하기 때문이다. 그렇다 보니 여러 가지 사회 문제가 발생한다. 성인에게 동거나 성관계를 하지 마라고 말한다고 하여 문제가 해결되는 것은 아니다.

현재 상태에서 대학생의 성관계 문제를 해결할 뚜렷한 대책은 없다. 성인이므로 각자 자신의 의사에 따라 행동하고 그 행동에 합당한 책임을 져야 하며, 여건이 성숙하지 않았거나 잘못된 것으로 생각하면 스스로 절제하는 수밖에 없다. 우리나라 대학생들의 성 의식과 성경험 문제점에 대해 참고할 수 있도록 언론에 보도된 내용을 인용하여 소개하면 다음과 같다.

1) 한국 대학생의 성 의식

대학생들의 성(性) 의식은 자유분방하다. 캠퍼스(campus)에서 진하게 애정 표현을 하는 것이 자유스러울 만큼, 성이 금기시되던 시대는 지났다. 친구들과 '성 고민'과 '성 경험담'도 스스럼없이 공유한다. 대학에서 '성(性)'은 이제 하나의 '문화'라고 해도 틀린 말이 아니다. 하지만 성 개방으로 말미암아 부작용도 나타나고 있다. 원하지 않은 임신이 낙태로 이어지는 등 정신적·육체적인 건강을 해칠 뿐만 아니라 사회 문제로까지 비화하고 있다. 대학생 '성문화의 현주소'는 어디쯤일까.

한때 '혼전 성관계'가 죄악시되던 시기가 있었다. 배우자가 아닌 다른 사람과 혼전 성관계는 결혼의 큰 결격 사유였다. 혼전 성관계가 탄로 나서 이혼하는 부부도 적지 않았다. 그래서 결혼 전의 성관계는 일종의 '불문율'처럼 되어 있었다. 하지만 요즘 대학생들의 생각은 판이하다. '혼전 성관계를 어떻게 생각하는가'라는 질문에 무려 89%가 긍정적인 반응을 보였다. 물론 '결혼이 전제되어야 한다(18.5%)'거나, '서로 동의해야 한다(35.0%)'는 조건을 내건 대학생도 있었다. '절대 안 된다'라고 한 부정적(10.1%) 입장은 상대적으로 적었다.([표 3-1] 참조4))

모 대학 3학년에 재학 중인 박민환(가명·23) 씨에게는 1년 넘게 사귄 여자친구가 있다. '결혼 상대'냐고 묻자 고개를 절레절레 흔들었다. 박씨의 여자친구도 자신과 같은 생각이라고 했다. 그런데도 이들은 일주일에 서너 번씩 만나 데이트(date)를 즐긴다. 술도 마시고 여행

---

4) 시사저널 1154호(2011. 11. 30.)

도 간다. '둘의 관계가 어느 정도냐'라고 묻자 "보통의 연인들과 똑같다"라고 말했다. 스킨십은 물론 성관계도 한다는 뜻이다. 여기서 의문이 생긴다. 두 사람은 왜 미래가 없는 '위험한 만남'을 지속하고 있느냐는 것이다. 이에 대해 박씨는 "연애와 결혼은 엄연히 다르다. 나뿐만 아니라 다른 학생들도 그렇게 생각한다"라고 말했다.

그렇다고 연애 상대와 결혼 상대에 큰 차이가 있는 것은 아니다. '결혼하느냐, 안 하느냐'일 뿐이다. 나머지는 다른 연인들과 같다. 서로 좋으면 결혼과 상관없이 '성관계'는 자연스럽게 이어진다. 박씨에게 '여자친구가 임신하면 어떻게 할 것이냐'라고 묻자 "그럴 일은 안 생기겠지만, 만약 그렇게 된다면 그때 가서 생각해보겠다"라고 말했다.[5]

[표 3-1] 혼전 성관계에 대해 어떻게 생각하는가? [표 3-2] 성관계를 한 경험이 있는가?

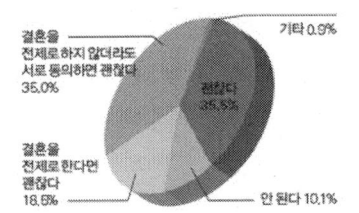 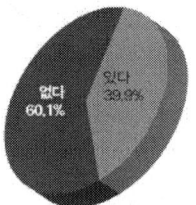

[표 3-3] 성관계 경험이 있다면 언제였는가? [표 3-4] 성관계 경험이 있다면 상대는 누구였나?

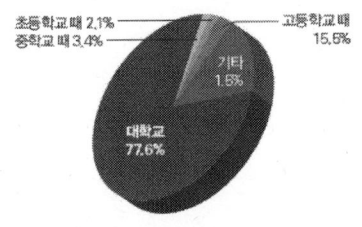 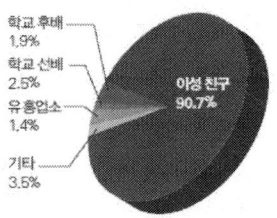

5) 시사저널 1154호(2011. 11. 30.)

◈ "성관계 경험 있다" 39.9%

대학생들이 피임을 소홀히 하면서 생기는 부작용은 심각하다. 보건복지부 자료를 보면 대학(원)생의 낙태율(15~44세 가임기 여성 1천 명 기준)이 2009년 3.8건에서 2010년에는 8.8건으로 두 배 이상 상승했다. 전체 가임기 여성의 낙태는 줄어들고 있지만, 유독 대학(원)생들의 낙태율은 급상승하고 있었다. 개방적인 성관계에 비해 뒷수습이 잘 안 되고 있는 것이다. 이에 따라 보건 당국과 각 대학에서는 대학생들의 인공 임신 중절(낙태 수술)을 예방하기 위한 '생명 사랑 대학생 지지자(supporter) 활동' 등을 통해 다양한 홍보 캠페인을 벌이고 있다.

대학생 임신이 증가하는 데는 여러 가지 이유가 있다. 그중 하나가 혼전 성관계가 임신이 될 수 있다는 것을 대수롭지 않게 생각하는 점이다. 게다가 성관계가 순간의 감정에 휩쓸려 이루어지는 경우가 많아 임신이 늘어나는 원인이 된다. 그렇다고 임신이 결혼으로 연결되는 것도 아니다. 대학생 부모들도 '아이가 생겼기 때문에 결혼해야 한다'라는 생각에는 망설여진다. 자신의 미래를 상당 부분 희생해야 하기 때문이다. 또 상대방이 '결혼 상대'라는 확신이 서지 않는 것에도 이유가 있다.

임신과 출산으로 '대학생 부부'가 되는 것은 흔한 경우가 아니다. 아이의 부모인 학생들과 양가 부모가 만나 결혼에 합의해야만 가능하다. 이것은 그나마 행복한 결말에 속한다. 부모에게 결혼 허락을 받지 못하면 공개 입양 절차를 밟는다. 출산 자체를 숨기려는 일부 대학생 부모는 '비밀 입양'을 가장해 돈을 받고 아이를 밀매하는 파렴치한 행동에 나서기도 한다. 지금도 '아기 매매'는 인터넷 포털 사이트에서 은밀하게 이루어지고 있다.

대학생들이 어느 정도 성경험을 하고 있는지도 궁금하다. 설문 대상 1천 명 중 39.9%가 '성관계 경험이 있다'라고 털어놓았다. 첫 성관계 시기는 대학생 때(77.6%)가 가장 많았다. 다음으로 고등학생 때(15.5%), 중학생 때(3.4%) 순이었다. '초등학교 때 성경험을 했다(2.1%)'는 의외의 답변도 있었다. 이를 토대로 보면 미성년자일 때 성경험을 한 대학생들이 전체의 21%나 되는 셈이다.([표 3-2], [표 3-3], [표 3-4] 참조)

대학생들의 성관계 대상은 누구였을까. 최근 대학가의 '연애 풍속도'는 크게 달라졌다. 눈에 띄는 것이 '나이 파괴'이다. '연상 연하' 커플(couple)이 마치 유행처럼 번지고 있다. '누나 같은 여자친구', '동생 같은 남자친구'가 짝을 이룬다. 영화나 드라마의 주요 소재로도 등장하고 있다. 사랑에는 '국경이 없는 것이 아니라 나이가 없다'라는 말이 실감 난다. 보통 남자 대학생들은 서너 살까지의 연상녀를, 여자 대학생은 한두 살 연하남을 선호하는 것으로 나타났다.[6]

◈ 성관계 상대는 이성 친구가 압도적

모 대학 2학년생인 유지니(가명 · 21) 씨는 "소개팅을 통해 만난 연하 남자를 5개월 정도 사귄 적이 있다. 처음에는 '누나, 누나' 하면서 잘 따라서 좋았다. 또 내가 나이가 많아서인지 항상 존중해 주었다. 그런데 사귀다 보니 요구하는 것도 많고, 너무 의지하려고만 했다. 나도 힘들고 기대고 싶을 때가 있는데 그렇게 하지 못했다. 그래서 헤

---

6) 시사저널 1154호(2011. 11. 30.)

어졌다. 스킨십 정도는 했지만, 성관계까지는 가지 않았다"라고 말했
다. 조사 결과 대학생들의 '성관계 대상'으로는 '이성 친구(90.7%)'가
압도적으로 많았다. '학교 선배(2.5%)'와 '학교 후배(1.9%)'라고 응답
한 숫자는 비슷했다. 성관계 상대자가 '유흥업소 종사자(집창촌 포
함)'라고 밝힌 대학생은 1.4%에 불과했다.[7]

◆ 동거는 하고 싶은데 행동이 안 따른다

우리 사회에서 '동거'와 '혼외 출산'에 대한 인식은 상당히 부정적
이다. 주변 사람들의 눈총도 따갑고 여러 가지 제약도 따른다. 그러나
'동거'를 보는 대학생들의 인식은 완전히 달라졌다. 대학 내에서는 가
끔 동거하는 연인도 찾아볼 수 있다. 기성 사회와 대학생들의 '동거'
를 보는 시각이 극과 극을 달리고 있다. 이런 현상은 설문조사 결과
에서도 그대로 나타났다. 대학생들에게 혼전 동거에 대한 생각을 물
었더니 '괜찮다'가 36%였다. '결혼을 전제로 하면 괜찮다(34.6%)'까지
합치면 전체 70.6%가 동거에 찬성했다. 하지만 인식과 현실의 차이는

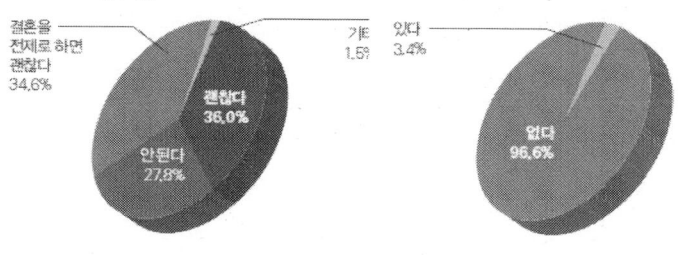

[표 3-5] 혼전 동거에 대해 어떻게 생각　[표 3-6] 이성과 동거한 경험이 있는가?
　　　　　하는가?

결혼을
전제로 하면
괜찮다
34.6%

기타
1.5%

괜찮다
36.0%

안된다
27.8%

있다
3.4%

없다
96.6%

7) 시사저널 1154호(2011. 11. 30.)

상당했다.([표 3-5] 참조[8])

　'이성과 동거한 경험이 있다'라는 응답은 3.4%에 불과했고, 96.6% 는 '없다'라고 답했다.([표 3-6] 참조) 동거를 해볼 생각은 있지만, 실제 동거까지는 실행을 못 하고 있는 것이다. 의사들의 말에 따르면 우리나라 대학생들의 성에 대한 지식은 아직 많이 부족하고 한다. 홍영재 산부인과 의원의 홍영재 원장은 "우리나라 대학생들은 성에 대해 너무 무지하다. 미리 알고 대비하거나 사후에 조치를 해도 임신은 얼마든지 막을 수가 있는데도 말이다. 성생활을 하면서도 피임하는 방법에 대해서는 잘 알려고 하지 않는다. 사전에 피임하지 않았어도 당황하지 말고 72시간(만 3일) 이내에만 사후 피임을 하면 임신을 막을 수 있다"라고 설명했다.[9]

2) '학생맘'을 아시나요… "휴학은 짧고 보육시설은 없고"

　대학생 아기 엄마인 윤지희(가명·24) 씨는 개강을 앞두고 두 달 된 아기에게 수유할 공간이 없어 고민이 이만저만이 아니다. 복학하고 분유를 먹이자니 아기에게 미안한 마음이 든다. 윤씨는 "학교에 모유를 보관할 공간도 마땅치 않아 걱정"이라며 한숨을 내쉬었다. 최미라(가명·27) 씨는 3년 전까지만 해도 학업과 육아를 병행하는 데 어려움을 호소하는 학생맘(학교에 다니는 엄마) 중 한 명이었다. 최씨는 "낯가림이 심해 엄마에게서 좀처럼 떨어지지 않으려는 아이 때문에 공부를 제대로 할 수가 없었다. 할 수 없이 시간제 돌보미를 고용

---

8) 시사저널 1154호(2011. 11. 30.)
9) 시사저널 1154호(2011. 11. 30.)

했지만, 억지로 등에 업혀 울면서 나가는 아이를 보면 마음이 아팠다"고 말했다. 그는 "공부할 시간이 부족해 속상해서 울기도 많이 울었지만, 지금은 모든 게 다 끝나서 기쁘다"는 소회를 밝혔다.[10]

◈ 휴학 규정 때문에 제적당하는 20대 대학생 엄마

학교를 졸업한 최씨는 그나마 사정이 나은 편이다. 학생맘 중에는 출산과 육아문제로 복학을 미루다 제적 위기에 처하거나 학교를 자퇴하는 사람도 많다. 갓난아기를 맡길 곳이 마땅치도 않은데다, 갓 태어난 아이만큼은 직접 돌보고 싶다는 바람에서다. 친정엄마에게 손을 내밀고 싶지만, 그마저 어려운 경우가 많다.

함혜진(가명·26) 씨는 2008년에 임신을 해서 졸업을 1년 남겨두고 휴학 신청을 했다가 2년 뒤 제적 위기에 처했다. 함씨가 다니는 대학에서 (군 휴학기간 2~3년을 제외하고) 휴학은 3년까지 할 수 있지만, 연속 휴학 신청은 2년만 가능하기 때문이다. 함씨는 "복학하기 위해 10개월 된 아이를 맡길 어린이집을 찾아봤으나, 집에서 제일 가까운 어린이집에는 만 0세 반 대기자만 89명이나 되더라"며 혀를 내둘렀다. 구혜정(가명·23) 씨 또한 2년 휴학 끝에 제적 위기에 처한 아이 엄마다. 이공계열에 입학해 2학년 때 휴학했다가 복학통지서를 받은 구씨는 "차라리 학교를 중퇴하고 자격증을 취득할지 고민 중"이라면서도 "다른 한편으로는 지난 2년간의 학교생활이 아까워 미련이 남는다"고 아쉬워했다.

이들은 학교 측이 부모인 학생에게 '출산·육아에 따른 추가 휴학'

---

10) 프레시안 2010. 10. 24.

만 허용해줬더라도 상황은 달라졌을 것이라고 주장했다. 만 1세 미만 아이를 둔 학생맘들은 '임신 기간 학교에 다니기 어렵다'고 호소하면서 '24시간 돌봄이 필요한 갓난아기만큼은 직접 키우고 싶다'는 소망을 말한다. 하지만 학교 규정상 임신 기간 2학기를 제외하고 나면 엄마는 아이가 걸음마를 떼기도 전에 곧바로 복학해야 한다.[11]

◆ 젊은 학생 부부, 탁아시 '맞벌이' 규정에 못 들어 발만 동동

공부하는 아기 엄마 수는 대학원에서 더욱 늘어난다. 연세대학교의 2009년 1학기 대학원 재학생 수는 일반대학원만 5,947명이고, 그중 석사의 48.5%, 박사의 38.4%가 여성이었다. 학교 측에 대학원생의 혼인 여부나 자녀에 관한 통계가 있지 않아 정확한 파악은 어렵지만, 이 대학 인사팀 관계자는 "6세 미만 자녀를 둔 대학원생이 100명 이상은 있을 것"이라고 말했다. 22개월 된 아이 엄마이자 같은 대학 경영학과 박사과정을 밟고 있는 전미숙(가명·30) 씨는 "경영학과 안에서 내가 아는 대학원생 부모만 해도 10명은 된다"고 말했다.

구립어린이집에 아이를 맡길 때도 학생 부모는 맞벌이 부모보다 조건이 불리하다. 맞벌이 부부는 기초생활보장 수급자, 한 부모 가족, 장애인과 동등하게 입소 대기 순서에서 우선권을 부여받는다. 2순위는 한 부모 조손 가족, 소득 하위 60% 이하, 세 자녀 이상 가정의 영유아 등에게 주어지고 나머지는 선착순이다. 하지만 부모 중 한 명이라도 학업 중일 때는 맞벌이로 인정받기 어렵다. 보건복지부가 맞벌이를 '1일 8시간 이상, 월 20일 이상 근로를 하고 근로를 서류로 증빙

---

11) 프레시안 2010. 10. 24.

할 수 있는 근로자 부와 모'로 정의하기 때문이다.

대학원생인 전미숙 씨가 여기에 속한다. 다행히도 전씨는 2010년 3월부터 22개월짜리 아기를 학내 보육 시설에 맡길 수 있었다. 전씨는 "대기명단에 있다가 간신히 들어갔다. 학교가 운영하는 시설이라 믿고 맡기지, 그렇지 않았다면 고생하고 고민했을 것 같다"고 안도했다. 전 씨는 "주변의 다른 학생맘들은 보육 도우미를 고용하기도 하지만, 보육 도우미가 말썽(trouble)을 일으켜 스트레스를 받기도 한다"고 덧붙였다.

"학교에 오면서 오전 9시에 어린이집에 아기를 맡기고 오후 7시에 집에 가면서 데리고 가요. 덕택에 감사하게 다니고 있어요. 아기가 어린이집을 보낼 수 없을 정도로 어릴 때 큰 문제거든요. 학교가 운영하니 믿고 맡길 수 있고, 저도 학교에 있으니까 아기가 아프다거나 급한 일이 생겨도 수시로 연락받고 바로 갈 수 있어서 좋아요." 그러나 전 씨는 예외적인 사례다.[12]

◈ 학생맘 위한 보육시설 갖춘 대학 턱없이 부족

대학 중에는 교직원 자녀만 다니는 보육시설조차 갖추지 않은 곳도 많다. 현행법상 '상시 여성근로자 300명 이상 또는 상시근로자 500명 이상을 고용하고 있는 사업장'은 직장보육시설을 설치해야 하지만, 서울 유명 사립대학 10곳 중 직장보육시설을 갖춘 곳은 한두 군데에 불과하다. 그나마 대학 내 설치된 보육시설에서도 '근로자'가 아닌 대학원생들은 혜택을 받을 수 없다. 대학원생 자녀가 다닐 수 있

---

12) 프레시안 2010. 10. 24.

는 직장보육시설을 갖춘 대학은 서울 안에서도 서울대와 연세대 정도밖에 없다.

서울대학교는 '공부하는 부모 문제'에 대처하기 위해 1998년부터 어린이집을 운영해왔다. '자녀의 보육을 통해 대학원생의 연구 활동과 학업을 지원하겠다'는 것이 설립 취지다. 입소 대상은 같은 학교 대학원생과 교직원의 자녀로 만 1세~초등학교 3학년인 아동이다. 이곳에 맡긴 어린이 190여 명 중 절반 가까이는 대학원생 자녀다. 학교 내 보육에 대한 수요가 늘면서 2009년 10월에 대기자 수만 430여 명, 평균 대기시간이 2년에 달하자 이 학교는 부설 어린이집 확장 신축공사에 착수했다.

연세대학교도 대학원생 보육 지원에 첫걸음을 뗐다. 교직원 자녀만 입학대상으로 삼다가 유진그룹이 대학 내에 유진 하이마트 어린이집을 기증하면서 2010년 3월부터 새로 대학원생 자녀도 받기 시작한 것이다. 반응은 폭발적이었다. 이곳에 입소한 만 6세 미만 어린이 80명 중 40~50%가 대학원생 자녀로 구성됐다.

'대학생'이라는 이유로 발걸음을 돌려야 했던 학생맘도 있다. 익명을 요구한 연세대학교 학부생은 "학교에 보육시설이 있다는 정보를 듣고 대학생 자녀도 지원 가능한지 문의했으나 '대학생 자녀는 수요가 없다고 판단해 지원 대상에서 제외했다'는 답변을 듣고 포기했다"고 밝혔다. 그는 "아기를 맡길 곳이 없어 직접 아기를 데리고 학교에 간 적도 있었다. 아기 보느라 공부할 시간이 부족해서 우울하고 힘들었다"고 말했다.[13]

---

13) 프레시안 2010. 10. 24.

◈ 양육 걱정 없이 마음 편하게 공부하고 싶다

전씨는 "회사 생활을 했을 때는 퇴근 후에 회사 일을 할 필요가 없었지만, 지금은 학생이라 집에 가서도 과제하고 공부하고 논문도 읽어야 한다"며 워킹맘(workingmom)[14]과는 또 다른 학생맘의 어려움을 호소했다. 학교가 끝나고 집에 와서도 육아와 학업이 계속 맞물려 있다는 것이다. "그나마 학교에 있는 동안에는 마음 놓고 아이를 맡길 수 있어서 다행"이라는 설명도 덧붙였다. 하지만 대학 내 보육시설도 앞으로 갈 길이 멀다. 전씨는 현재 둘째를 임신한 상태다. 아이가 돌이 지날 때까지 다시 친정과 시댁에 손을 벌려야 한다. 유진 어린이집 신윤승 원장은 "대학원생들의 문의가 많이 오지만 아직 만 0세 반과 유치반이 없어서 학부모들이 발걸음을 돌리는 경우가 많다"며 안타까워했다.[15]

3) 정자 팔아 용돈 버는 '대학생 대리부'들이 설친다

요즘 대학생들 사이에서 신종 아르바이트가 유행처럼 번지고 있다. 불임 부부에게 자신의 정자를 팔고 돈을 받는 일명 '대리부'가 그것이다. 여기에 남자 대학생들이 용돈 벌이를 위해 몰려들고 있다. 실제 인터넷 포털 사이트에 개설된 '불임 카페'는 대학생들로 문전성시를 이룬다. 네이버 불임 카페에는 대리부지원자들의 글이 하루 평균 30~50여 개 올라오고 있다. 이 가운데 70~80%는 대학생들이다. 대학생들은 대리부를 일컬어 '누이보고 뽕도 딴다'라고 말한다. 돈도 벌

---

14) 워킹맘(workingmom)은 영아나 유아를 두고 사회생활과 가사를 병행하는 주부. 직장 다니는 엄마.
15) 프레시안 2010. 10. 24.

고 성관계까지 할 수 있다는 뜻에서다. 일부 대학생은 '무료 대리부'를 내세우며, 숨김없이 그대로 성적 욕심을 드러내고 있다. 도대체 '대리부'가 어떤 것이기에 대학생들이 너도나도 나서는 것일까. <시사저널>이 은밀하게 횡행하는 '대학생 대리부'의 충격적인 실상을 추적했다.

대리부와 의뢰인의 연결 창구는 주로 인터넷 포털 사이트의 불임 카페이다. 대리부가 등장하기 시작한 것은 2010년 중반으로 거슬러 올라간다. 처음에는 인터넷 카페와 블로그 등에 '정자를 기증해 드린다'라는 글을 게시했다. 그러다 '대리부 지원'으로 바뀌었다. 법적 제재가 없자 공개적으로 대리부를 하겠다고 나선 것이다. 대리부지원자들은 불임 부부가 많이 찾는 '불임 카페'를 집중적으로 공략하기 시작했다. 이들은 '대리부 지원(전국 가능)', '확실한 성공 보장', '우월한 대리부가 지원해 드린다', '젊은 대리부 지원' 등의 제목으로 시선을 끌었다. 이렇게 해서 불임 정보를 제공하던 불임 카페는 어느 순간부터 불임 부부와 대리부를 연결하는 '뚜쟁이 카페'로 전락했다.

대리부지원자들의 글을 보면 혀가 내둘러진다. 자신의 신상 정보인 외모, 학교, 성적, 질병 유무 등을 거리낌 없이 올리고 있다. 일부 대학생은 우월성을 강조하기 위해 신체 비밀이나 성 경험까지 서슴없이 공개한다. 의뢰인이 원하면 사진을 보내기도 한다. 대리부들 사이에서도 '선택'을 받기 위한 치열한 경쟁이 이루어지고 있음을 알 수 있다. 이를 빗대어 "취업 경쟁보다 심한 것이 대리부 경쟁이다"라는 말까지 나돈다.

대리부지원자들은 왜 비밀스러운 개인 신상까지 공개하는 것일까. 여기에는 그럴 만한 사정이 있다. 대리부는 여대생들의 돈벌이 수단이 되고 있는 '대리모'와는 차원이 다르다. 대리모는 단순히 자궁을 빌리는 것이기 때문에 산모의 건강 상태 외에는 직접적인 영향을 받지 않는다. 반면 대리부는 남자의 정자를 여성의 몸에 착상해서 임신하는 방식이다. 즉, 대리부가 누구냐에 따라 아이에게 유전적인 특징이 그대로 나타난다. 그래서 불임 부부들이 우월한 유전자를 얻기 위해 대리부를 선택하는 기준은 까다로울 수밖에 없다. 외모는 물론 성격, 가족력, 지능(IQ) 등까지 세세하게 따진다.

'외고 졸업, SKY(서울대 · 고려대 · 연세대) 중 한 곳 경영학과 학생, 회계사 시험에 1차 합격, 아버지와 누나 모두 명문대 출신'이다. 대리부에 지원한 최 아무개(25) 씨가 내건 자신의 자격조건이다. 최씨가 '대리부'를 알게 된 것은 "피임 때문에 고민하다가 우연하게 (대리부를) 검색했다"라고 한다. 여기서 피임을 강조한 것은 '임신이 잘된다'라는 것을 내세운 것으로 보인다. 최씨는 또 "남들이랑 어울리는 것을 좋아하는 유형이고, 식성도 좋아서 음식을 가리지 않는다"라며 성격과 식생활습관 등도 소개했다. 키(1백74cm)에 자신이 없었던지 "(내) 누나는 여자치고는 큰 편이다"라고 적었다. 외모에 대해서는 "인상 좋다는 소리를 많이 듣고 대학 생활 내내 여자친구는 계속 있었다. 성관계는 여자친구들 외에는 가져본 적이 없다"라고 강조했다. 그는 증빙 서류로 대학교 재학증명서를 보여줄 수 있다고까지 했다.[16]

◆ 직업 대리부에 전문 브로커도 등장

대리모와 마찬가지로 대리부 브로커도 등장했다. 아직 브로커의

---

16) 시사저널 1154호(2011. 11. 30.)

실체가 정확하게 드러나지는 않고 있다. 하지만 대리부지원자들 사이에서 브로커의 존재가 조금씩 알려지고 있다. 20대인 한 대리부지원자는 "브로커에게 제의를 받았지만 안 한다고 했다. 브로커들은 단순히 돈만을 위해 일을 한다"고 말했다. 대리부 브로커들은 돈을 목적으로 한다. 대리부 브로커가 등장했다는 것은 상업적인 생명 거래가 활개를 친다는 뜻이다. 대리모 브로커들이 의뢰인과 대리모 양쪽에서 사례금을 챙겨왔듯이 대리부 브로커들도 비슷한 방식을 취할 가능성이 크다.

이렇게 되면 정자 매매 사례비가 더 높아질 수밖에 없다. 대리부 브로커들은 돈벌이를 위해 우수한 대리부들을 확보하려 들 것이다. 직업 대리부들의 양산이 우려되는 대목이다. 대리부는 중독성이 강한 특성을 가지고 있다. 때문에 한번 하면 그 유혹에서 벗어나기 힘들다고 한다. 상업적인 대리부가 많아지면 그에 따른 피해자도 덩달아 늘어날 수밖에 없다. 그러나 불임 부부들의 대리부 선도도는 갈수록 높아지고 있다. 현재 우리나라는 전국 1백39곳에 정자은행을 운영하고 있다. 출산을 원하는 불임 부부들을 위해 정자를 제공받아 확보하고 있다. 그런데 보건복지부에 따르면 정자은행들이 확보한 정자보다 시술하는 정자가 훨씬 많았다.

제일의료재단 제일병원은 2010년 정자를 직접 공여한 건이 71건이었으나, 불임 부부가 가져온 것은 두 배가 넘는 1백91건이었다. 차병원은 정자 공여 건수는 하나도 없었으나 정자 피공여 건수는 65건이나 되었다. 불임 부부들이 정자은행을 꺼리는 현상은 갈수록 심화하고 있다. 정자은행을 이용하면 절차가 까다롭고 기증자에 대한 신상파악이 안 되어 불안하기 때문이다. 비밀이 보장되고 우수한 유전자를 확보할 수 있는 '대리부'를 선호하는 현상이 생겨나는 이유이다.

불임으로 고통을 받고 있는 김정숙(가명·여) 씨는 "남편이 미성숙 정자뿐이라 '무정자'라는 검사 결과를 받았다. 시험관 아기도 여섯 번째 시도했으나 실패했다. 우리에게는 지금 정자 기증이 마지막 선택이다. 혈액형만으로 정자은행을 통해 정자를 기증받는 것은 망설여진다. 믿을 수 있는 경험자에게 인공 수정으로 정자 기증을 받고 싶다"라고 토로했다. 현행 생명윤리법상 정자 거래는 엄연한 불법이다. 정자를 제공하는 대가로 금품을 받으면 안 된다. 하지만 명백하게 법 적용을 하기에는 다소 모호한 점이 있다. 대리부가 불임 부부에게 정자를 주고 금품을 받지 않으면 불법이 아니다. 실제로 금품 거래를 했더라도 대리부와 불임 부부가 부인하면 그만인 것이다. 이를 의식해서인지 대리부지원자들 중에는 '선의 제공'을 강조하기도 한다.

대리부가 횡행하면서 여러 가지 부작용이 우려된다. 얼굴도 모르는 형제·자매가 본의 아니게 결합해서 희귀한 유전성 질환이 생길 수도 있다. 이에 대해 국회보건복지위원회 소속 윤석용 한나라당 의원은 "현재 정자 매매는 법에 따라 원천적으로 금지하고 있다. 하지만 불임 부부들은 우월한 유전자를 원하고 있는 것도 현실이다. 이때문에 음성적인 정자 거래는 지속할 것으로 보인다. 자칫 희귀 유전성 질환을 발생시킬 수도 있다. 이를 막기 위해서는 정자 거래를 양성화하고 보상비용에 대해 규제의 범위(guideline)를 정해야 한다. 정자 기증 횟수도 제한하는 것이 시급하다"라고 강조했다.[17]

---

17) 시사저널 1154호(2011. 11. 30.)

4) 책임감 있게 행동하고 절제해야 행복할 수 있다

인간에게는 여러 가지 본능적 욕구에서 발현하는 동기가 있다. 성적 동기도 그 중 하나다. 세상 모든 일이 그렇듯이 넘치거나 부족하면 문제가 발생하게 되어 있다. 사람들은 원활한 공동체 생활의 바탕이 되는 질서 유지를 위해 법규를 넘어서면 제재하도록 규정을 만들었다. 그러므로 법규를 벗어난 일은 삼가야 한다. 교육은 사회화의 대표적인 방법이다. 사회화(社會化)는 개인이 집단의 성원으로 생활하도록 기성세대에 동화함 또는 그 과정을 말한다. 사회에 나가 자신의 잠재력을 발휘하고 행복한 생활을 하기 위해서는 법규가 허용하는 범위 내에서 능력을 발휘하는 방법을 반드시 익혀두어야 한다. 이를 위해 절제는 필수적이다.

욕망이나 욕심을 쫓아가서는 행복하기 어렵다. 욕심은 끝이 없기 때문이다. 그러므로 행복하려면 자신의 행동에 대해 책임(責任)을 지고 절제하는 생활을 해야 한다. 책임(責任)은 도맡아 해야 할 임무나 의무, 어떤 일의 결과에 대하여 지는 의무나 부담 또는 그 결과로 받는 제재(制裁)를 말한다. 책임은 회피하고 쾌락만 추구하는 사람은 이기주의자다. 이기주의자가 많아지면 세상은 갈등이 늘어나 혼란하고 각박해진다. 현대 민주주의에서 권리에 대한 책임과 의무를 강조하는 이유도 이러한 폐단을 막기 위함이다. 절제(節制)는 정도를 넘지 않도록 알맞게 조절하여 제한함이다. 절제에는 고통과 인내가 요구되지만, 그것이 기쁨과 즐거움을 배가시키고 행복을 느끼게 한다.

참고문헌

〈서적〉

권석만(2003), 『젊은이를 위한 인간관계 심리학』, 학지사, pp.162~167.
김만기(2011), 『20대에는 사람을 쫓고 30대에는 일에 미쳐라』, 위즈덤하우스,
      pp.166~213.
김종현(2007), 『콘디의 글로벌 리더십』, 일송북, p.206.
김형경(2007), 『사람풍경』, 예담, p.248.
노용진(2005), "리더십 진화를 촉진시키는 리더십역량 평가 모델" <LG주간경
      제>, LG경제연구원, p.7.
맥스 드프리 저, 이영진 옮김(2010), 『성공한 리더는 자기 철학이 있다』, 북플
      래너, pp.32~52.
안은수(2008), 『행복한 인생』, 도서출판 문사철, pp.267~268.
웨인 W. 다이어 저, 최홍명 옮김(2011), 『성공으로 가는 길 긍정의 힘』, 새벽이
      슬, pp.57~59.
이신화(2011), 『희망이 청춘에게 답하다』, 화담, pp.4~6.
이재환 저(2010), 『내가 열망하는 삶 CEO』, 경향미디어, p.21
이진호(2011), 『지도자론: 지도자가 갖추어야 할 자질과 리더십』, 이담북스,
      pp.23~253.
이진호(2011), 『현명한 부모의 자녀교육』, 이담북스, pp.23~313.
정순우(2007), 『공부의 발견』, 현암사, pp.18~36.
정영근(2000), 『삶과 인격형성을 위한 인간이해와 교육학』, 문음사, p.103.
주성수(2005), 『자원봉사 이론 정책 제도』, 아르케, pp.64~412.
하봉규(2008), 『한국 정치와 현대 정치학』, 팔모, p.19.
할 어반 저, 김문주 옮김(2006), 『인생의 목적』, 더난출판, pp.221~227.
헤더 레어 와그너 저, 유수경 옮김(2008), 『열등감을 희망으로 바꾼 오바마 이
      야기』, 명진출판, pp.5~6.

〈신문 및 방송〉

경향신문   내일신문(중국망신문중심)
국민일보 쿠키뉴스   뉴스토마토

뉴시스
대학경제
데이터뉴스
데일리안
매일경제
머니투데이
메디컬투데이
문화일보
미디어오늘
서울경제
시사저널
신동아
여성신문
이투데이

조선일보
주간경향
중앙선데이
중앙일보
충청일보
투데이코리아
프레시안
한겨레
한국경제
한국일보
한국정책방송(KTV)
EBS
MBN뉴스
MK뉴스

〈사전〉

21세기 정치학대사전
교육학 용어사전
네이버 기관단체사전
네이버 지식사전
네이버 지식 오픈사전
사회복지학사전
시사경제용어사전

위키백과
컴퓨터인터넷IT용어대사전
특수교육학 용어사전
한국민족문화대백과
행정학사전
doopedia 두산백과
IT용어사전

〈기타〉

지식경제부 경제다반사 블로그
네이버 블로그
맛있는 교육
상상 여행(네이버카페)
인터넷 교보문고

태교신기(다음카페)
한국학중앙연구원 한국역대인물종
합정보시스템
한국민족문화대백과, 한국학중앙연
구원

이진호(李津鎬) ―――――

대구대학교 불어불문학과 졸업
한국방송광고공사 광고교육원 매체과정 수료
부산대학교 지방자치 및 NGO과정 수료
부산대학교 환경대학원(환경공학 전공) 졸업
전) 한국가스신문사 근무
    한중씨아이티 품질보증팀장
현) 교육 · 부정부패 · 행정개혁 · 리더십 · 정치 · 사회갈등문제
    연구 · 저술가

『독도 영유권 분쟁 과거, 현재 그리고 미래』
『부정부패 원인과 대책』
『한국 공교육 위기 실체와 해법』
『한국사회 대립과 갈등 진단』
『현명한 부모의 자녀교육』
『지도자론: 지도자가 갖추어야 할 자질과 리더십』

귀뚜라미그룹 기술아이디어 경진대회 동상 수상

연락처: 010-8724-5910
이메일: bljh5910@nate.com

그대여, 사색의 시간을 가져라

초판인쇄 | 2012년 3월 30일
초판발행 | 2012년 3월 30일

지 은 이 | 이진호
펴 낸 이 | 채종준
펴 낸 곳 | 한국학술정보㈜
주   소 | 경기도 파주시 교하읍 문발리 파주출판문화정보산업단지 513-5
전   화 | 031) 908-3181(대표)
팩   스 | 031) 908-3189
홈페이지 | http://ebook.kstudy.com
E-mail | 출판사업부 publish@kstudy.com
등   록 | 제일산-115호(2000. 6. 19)

ISBN   978-89-268-3255-4 03330 (Paper Book)
        978-89-268-3256-1 08330 (e-Book)